Irmlind Ettinger-Hengstebeck

Identitätsprobleme der dramatischen Personen in den frühen englischen Moralitäten

(1972)

HÄNSEL-HOHENHAUSEN
Egelsbach • Frankfurt • St. Peter Port

DEUTSCHE HOCHSCHULSCHRIFTEN®

1094

Die Deutsche Bibliothek - CIP-Einheitsaufnahme
Ettinger-Hengstebeck, Irmlind: Identitätsprobleme der dramatischen
Personen in den frühen englischen Moralitäten (1972) /
Irmlind Ettinger-Hengstebeck. -
Egelsbach ; Frankfurt (Main) ; St. Peter Port :
Hänsel-Hohenhausen, 1996
(Deutsche Hochschulschriften ; 1094)
Zugl.: Saarbrücken, Univ., Diss., 1972
ISBN 3-8267-1094-0
NE: GT

©VERLAG DR. MARKUS HÄNSEL-HOHENHAUSEN®
in Verbindung mit Knaresborough Ltd.
D - 63324 Egelsbach

ISBN 3-8267-1094-0
ISSN 0944-7091

1996

Dieses Werk und alle seine Teile sind urheberrechtlich geschützt.
Nachdruck, Vervielfältigung in jeder Form, Sendung oder Übertragung des Werks
ganz oder teilweise auf Papier, Film, Daten- oder Tonträger usw.
sind ohne Zustimmung des Verlags unzulässig und strafbar.

Gedruckt auf säurefreiem Papier.

Printed in Germany.

INHALT

EINLEITUNG	1
I. "THE PRIDE OF LIFE"	6
1. Der Prolog	6
2. Das Spiel	23
3. Rede, "Dialog", dramatische Person	49
4. Methodische Schlußfolgerung	57
II. DER BOTE IN "THE CASTLE OF PERSEVERANCE"	
1. Detraccio-Backbiter	62
2. Von Backbiter zu Iago	88
EXKURS: Strophenform und dramatische Person	97
III. VERSUCHER UND VERSUCHUNG	106
1. "The Castle of Perseverance"	106
2. "Wisdom"	112
3. "Mankind"	115
4. "Nature"	128
5. "Mundus et Infans"	138
6. "Magnificence"	145
IV. DRAMATISCHE PERSONEN UND SITUATIONEN	152
1. "The Castle of Perseverance"	152
2. "Wisdom"	156
3. "Mankind"	160
4. "Nature I"	166
5. "Nature II"	172
6. "Mundus et Infans"	180
7. "Hickscorner"	184
8. "Magnificence"	192
ZUSAMMENFASSUNG - AUFGABEN DER FORSCHUNG	193
LITERATURVERZEICHNIS	201
ABKÜRZUNGSVERZEICHNIS	249

EINLEITUNG

W. H. Auden schreibt 1964 in seinem Aufsatz "Shakespeares Welttheater":

Die elisabethanischen Dramatiker wußten in der Tat sehr wenig vom antiken Drama und hatten ihm kaum etwas zu verdanken. Die Lesedramen des Seneca mögen einigen Einfluß auf ihren Stil gehabt, die Komödien des Plautus und Terenz ihnen einige komische Situationen und Kunstgriffe an die Hand gegeben haben: aber das elisabethanische Drama wäre so ziemlich dasselbe, wenn man von diesen Dichtern nie gehört hätte. Selbst Ben Jonson, der einzige <u>high brow</u> unter jenen Stückeschreibern, der von den ästhetischen Theorien der Humanisten stark beeinflußt wurde, hat den Moralitäten mehr zu verdanken als der alten römischen Komödie[1].

Hier mag vielleicht zuviel behauptet worden sein, aber es steht heute dennoch außer Frage, daß die in den Moralitäten entwickelten Konventionen, gleich welcher Art, nachhaltig die Gestalt des elisabethanischen und shakespeareschen Dramas mitformten[2], wie nachhaltig, ist heute noch nicht genau zu sagen, doch in letzter Zeit mehren sich die Forschungsbemühungen, die hier Klarheit zu schaffen suchen:

There are, for example, accounts of stageing methods..., of the popular elements in these plays..., of the evidence of rudimentary tragedy contained in them..., or of such salient features as the role played by the Vice... Due notice has been taken of their contribution not only to the development of the making of other kinds of Renaissance tragedy, but also of Elizabethan drama, such as the history play..., the domestic drama..., tragicomedy..., or the comedy of forgiveness[3].

---

[1] Auden (374, 3o3). - (Hier wie in allen folgenden Fußnoten verweist die erste Zahl in der Klammer auf das Literaturverzeichnis, das unter dieser Nummer die Quelle des Belegs angibt; die zweite Zahl bezeichnet die Seite in der betreffenden Darstellung.)

[2] Siehe die jüngsten Studien von Robert Weimann (363) und Werner Habicht (226).

[3] Habicht (226, 257).

Viele Perspektiven; mannigfaltigste Elemente werden betrachtet; nur eine Darstellung, zudem eine Spezialstudie, über das Grundelement des Schauspiels überhaupt: die d r a m a t i s c h e   P e r s o n . Es gibt unzählige Untersuchungen über die Charaktere in Shakespeares 37 (?) Theaterstücken, doch die wohl doppelte Anzahl der Moralitäten harrt einer gründlichen Analyse ihrer dramatischen Personen.

Demjenigen, der nie eine Moralität gelesen und zu interpretieren versucht, stattdessen sich sein Urteil über diese Form des englischen Schauspiels allein aufgrund von Sekundärabhandlungen gebildet hat, dem mag die Antwort auf die Frage nach dem Fehlen solcher Arbeiten nicht schwer fallen, besonders dann nicht, wenn er, mit der Absicht sich schnell einen kurzen Überblick zu verschaffen, an solche zur Verallgemeinerung neigende und daher leicht in Verzerrung resultierende Darstellungen wie zum Beispiel die A. M. Kinghorns geraten ist. Wenn er dort liest: "Morality play personages were always personified vices and virtues,... since they were not characters but walking abstractions the playwright could not develop them much"[4], dann wird er - abgesehen davon, daß ihm nun die Lust zum Lesen eines solchen Dramas gänzlich vergangen sein mag - die Antwort leicht finden: Wozu eine Untersuchung dieser Gestalten, liegt doch ihre Identität - wenn sie nicht zu entwickeln sind - immer klar auf der Hand, gibt doch ihr Name genaue Auskunft über ihr eindimensionales Wesen, ist doch Mercy nie etwas anderes als die Personifikation des Begriffes 'Gnade'.[5]

Aber widerspricht sich mit dieser Feststellung nicht gleich der nächste Gedanke Kinghorns, wenn es hier lautet:

---

[4]Kinghorn (265, 116f.).

[5]Auch J.S. Allen behauptet: "In the early plays... only one theme was present: the salvation of the soul of Man. The story of this salvation was told by means of allegorical figures who represent both the virtues and the vices... Each of these figures was designed to represent one concept or value, and the relationship of the character to that concept or value was always that of one-to-one. These concepts of values which the characters represented were always theologically orthodox ones..."(155).

Nevertheless, these personages had in them the seeds of change,
... As the blatant didacticism of the early morality receded,
the stage was peopled with human beings, depicting nature's
infinite variety, and by this the transition from mediaeval to
modern drama may be seen.[6]

Wenn am Anfang "walking abstractions" stehen und am 'Ende'
"real-life characters"[7], dann war dieses Formelement der Moralität offenbar einem Wandel unterworfen. Die Frage nun, wie
sich diese Entwicklung vollzog, gab den Anstoß zu meiner
Untersuchung.

Die Beantwortung ist nicht leicht, schon deswegen nicht, weil
eine geeignete Methode fehlt, um die dramatischen Personen der
Moralitäten, diese angeblich charakter-losen, abstrakten Gestalten, so analysieren zu können, daß wir unter der Oberfläche
ihrer begrifflichen Namensbezeichnung die 'Keime des Wandels'
entdecken und ihren Wuchs beobachten und zeigen können. Es ist
demnach zunächst einmal festzustellen, welches Darstellungsprinzip der Gestaltung moralitätenhafter dramatischer Personen
- verglichen mit den "echten" Charakteren zum Beispiel elisabethanischer Schauspiele - zugrunde liegt. Daraus müßte die
Methode abzuleiten sein, die uns den Blick für den Wandel zu
öffnen vermag, und erst dann kann anhand dieser aus der Beschäftigung mit dem Text erwachsenen Kriterien die Frage nach
der Entwicklung des Formelements "dramatische Person der Moralität" zu beantworten versucht werden.

Ich beginne deswegen mit einer Gesamtanalyse der ersten überlieferten Moralität, The Pride of Life, um Darstellungsprinzip
und Methode zu benennen. Im Unterschied zu den meisten anderen
Schauspielen dieser Form ist The Pride of Life nur fragmentarisch überliefert. Dadurch wird man gezwungen, auch andere Probleme in die Analyse einzubeziehen. Hierbei wird sich erweisen,
daß die Personendarstellung in engstem Zusammenhang mit der
metrischen Gestalt des Dramas steht, wodurch sich gelegentlich

---

[6] Kinghorn (265, 117).

[7] Kinghorn (265, 117).

Textemendationen anbieten[8]. Es muß aber einer späteren Untersuchung überlassen bleiben, sich die Relation Metrik-Person-Gesamtdarstellung als Frage zu stellen, um aus dieser Perspektive eine "neue" Textausgabe zu wagen. Jetzt geht es darum, ein den einzelnen Dramen übergeordnetes Prinzip der Gestaltung moralitätenhafter Personen zu erkennen und daraus eine Methode zu abstrahieren, die den Wandel, der sich in den auf The Pride of Life folgenden Moralitäten an diesem Formelement vollzieht, sichtbar machen kann. Mit anderen Worten: Wenn aus der Analyse von The Pride of Life die Schlußfolgerungen gezogen worden sind, gilt es, ihre Allgemeingültigkeit zu beweisen.

Dafür nun bieten sich verschiedene Wege an: Es könnten weitere Gesamtanalysen einzelner Moralitäten, ähnlich der ersten Untersuchung, durchgeführt werden. Eine Kette solcher aneinandergereihter Einzelanalysen würde dann Spiegel der inneren Entwicklung sein. Da jedoch dieser Weg aufgrund der so zahlreichen Moralitäten und der Fülle dramatischer Personen weit über den Rahmen einer Arbeit wie dieser hinausführen würde, sollen statt dessen zwei der weiteren Wege exemplarisch aufgezeigt werden: Zunächst wird eine einzelne Schlüsselfigur der frühesten Moralitäten Gegenstand der Analyse sein; danach wird eine typische Situation und die damit verknüpfte dramatische Person vorgestellt, um hier den Wandel von allegorisch-moralitätenhafter zu wirklichkeitsnaher, "realistischer" Form über einen Zeitraum von ungefähr 100 Jahren zu zeigen. Die dabei eingehaltene zeitliche Begrenzung bis zu Skeltons Magnificence (ca. 1516) ergibt sich aus der Theater- und Dramengeschichte Englands: Elisabethanisches Schauspiel schöpft nicht nur aus den Quellen des Humanismus und des lateinischen Dramas, deren Ströme von der Tudorzeit an in England einfließen, sondern wird, wie bereits festgestellt, ganz besonders von jenen Konventionen und Techniken mitgeprägt, die sich vor der Zeit Skeltons und seiner

---

[8]Holthausens Verfahren, das - "metri causa" (10, 53, passim)- einzelnen Zeilen ganze Wörter hinzufügt, "um den Vers zu bessern" (10, 54), erscheint dann öfters fraglich, weil vorher nicht von ihm untersucht wurde, ob und wann diese 'unregelmäßige' Metrik bewußte Formung des Dramatikers sein könnte.

Nachfolger im heimischen Volksdrama herausgebildet hatten[9].
Im Schauspiel des 15. Jahrhunderts müßte sich demnach die
maßgebliche Entwicklung vollziehen, und deswegen wird diese
Zeit in den Mittelpunkt der Untersuchung gestellt.

Nach der Analyse eines Gesamtdramas, einer einzelnen Schlüsselfigur und einer typischen Moralitätensituation und -person
wählt das letzte Kapitel meiner Arbeit in chronologischer Reihenfolge weitere dramatische Personen und Situationen aus, die
einen Abbau der allegorisch-moralitätenhaften Darstellungsform
erkennen lassen. Hierdurch soll einerseits auf spezielle Probleme und noch offenstehende Fragen in den einzelnen Dramen
aufmerksam gemacht, andererseits aufgezeigt werden, wo sich
für die zukünftige Forschung eine Untersuchung lohnen könnte,
um weiter zur Lösung des Problems "Realismus" der Moralitäten
beizutragen.

---

[9]Siehe hierzu Weimann (363, 159ff.).

KAPITEL I

"THE PRIDE OF LIFE"

1. Der Prolog

Das englische Drama des Mittelalters weist ebenso wie die außerdramatische Literatur dieser Zeit häufig einen Prolog oder eine prologähnliche Einleitung auf[1]. Auch die anscheinend älteste, uns nur in Fragmenten überlieferte Moralität The Pride of Life[2] beginnt so. Es hieße aber die besondere dichterisch-dramatische Leistung dieses Prologs nicht erkannt haben, wollte man ihn lediglich als ein typisches Beispiel dieser mittelalterlichen Konvention abtun, denn zumindest unter den Prologen der Moralitäten des von uns behandelten Zeitraumes scheint er eine unvergleichliche Sonderstellung einzunehmen.

Dieser 112 Verse umfassende Prolog wäre von seiner Länge her nur mit den 156 Zeilen der "Banns" von The Castle of Perseverance vergleichbar. Eine objektive Gegenüberstellung ist jedoch wegen der disparaten Funktionen beider nicht möglich: Der Prolog des Fragments geht dem gespielten Teil des Dramas unmittelbar voraus und verlangt deswegen einen unterschiedlichen Interpretationsansatz als die "Banns" der zweiten Moralität, die bereits eine Woche vor der Aufführung dargeboten wurden[3] und dabei Ort sowie Stunde der Schaustellung bekanntzugeben und zum Besuch einzuladen hatten. Gemeinsam haben beide nur,

---

[1] Siehe hierzu die Untersuchungen von Otto Spaar (118) und Helmuth Hirte (70).

[2] Norman Davis (202, c) argumentiert, daß das Drama bereits um die Mitte des 14. Jh. entstanden sei.

[3] Siehe Vers 133, The Castle of Perseverance, ed. Mark Eccles (6). - Zu den "Banns" vgl. auch Southern (Theatre, 336, 3ff.).

daß sie den Inhalt des Stückes erzählen, doch selbst da zeigt die Form wesentliche Unterschiede.

Nur eine der restlichen Moralitäten bietet einen "dramatischen Auftakt"[4], der in seiner Form mit dem von The Pride of Life verglichen werden kann - Everyman. Hier findet sich ein weiterer, allerdings auch wieder nur 21 Verse umfassender Prolog, während die Eröffnungen der anderen Dramen entweder als "prologhafter Vorspruch" oder "prologisierende Szene" zu bezeichnen sind[5]. Beide Prologe werden, so scheint es, von einer neutralen Gestalt gesprochen[6] und mit der an die Zuschauer gerichteten Bitte um Aufmerksamkeit deutlich vom Beginn des Spiels abgesetzt. Der Sprecher in The Pride of Life fordert das Publikum auf:

> Nou beith in pes and beith hende,
> And distourbith no3t oure place,   (V. 109f.)[7]

während der Messenger des Everyman den Prolog mit den Worten schließt:

> Give audience, and hear what he doth say. (V. 21)[8]

Alle anderen Dramen beginnen die Aufführung mit einer prologisierenden Szene, die, meist verbunden mit einem kurzen Gebet[9],

---

[4]Ernst Th. Sehrt (333).

[5]Diese Differenzierung nimmt Sehrt (333, 26) vor, im Gegensatz zu Spaar. Ich halte sie ebenfalls für unumgänglich, da von mir nicht (wie bei Spaar) der Inhalt betrachtet, sondern die dichterisch-dramatische Leistung untersucht werden soll.

[6]Im Laufe meiner Untersuchung wird sich zeigen, welche Alternative für den Prologsprecher von The Pride of Life vielleicht vertretbar ist.

[7]Alle Belege zu The Pride of Life entstammen der jüngsten Ausgabe von Davis (5); andernfalls wird ausdrücklich darauf hingewiesen. - Emendierte Buchstaben und Wörter werden in runden Klammern erscheinen.

[8]Alle Belege zu Everyman entstammen der Ausgabe von A. C. Cawley (4).

[9]Zur Form und Funktion des Gebets von den Moralitäten bis zum elisabethanischen Drama siehe Gerhard Hoffmann (240).

unmittelbar und ohne deutlichen Abschluß zu einer Selbstvorstellung des Sprechers übergeht, der eine am dramatischen Geschehen beteiligte, keine neutrale Person ist. Daß diese Form des Auftakts, die also in das Wesen einer Dramenfigur einführt und sogleich in die Handlung einmündet, unbedingt zum Drama gehört, wird von kaum einem Interpreten bezweifelt[10]. Hingegen wertet man den Prolog von The Pride of Life entweder nicht als integrierten Bestandteil des Gesamtdramas[11] oder betrachtet ihn erst gar nicht auf diese Frage hin. Ob er eine solche Beurteilung verdient, kann eine Analyse zeigen.

Die Forschung erweist sich für den Prolog von The Pride of Life hauptsächlich deswegen dankbar, weil er uns in vielen Einzelheiten auch über den Inhalt des verlorengegangenen Teils Auskunft gibt. Doch scheint diese Ausführung manchem nicht präzis zu sein, denn sie rief mehr oder weniger umfangreiche Spekulationen sowohl darüber hervor, ob im verlorengegangenen Dramenabschnitt tatsächlich das vorher berichtete Streitgespräch zwischen "body" und "soul" stattgefunden habe, als auch darüber, ob eine Art göttlicher Intervention - von "Oure Lady mylde" (V. 97) oder den "Four Daughters of God" - für das endgültige Schicksal der Seele maßgeblich gewesen sei[12].

Ramsay untersuchte als einer der ersten die metrische Gestalt des Prologs, jedoch nicht gründlich genug, um keine Kritik an seinen, wie wir sehen werden, oft falschen Ergebnissen zuzulassen. Er stellt fest:

The first fragment (ll. 1-126), including the prologue and what remains of the King of Life's opening speech, is written in four-accent lines throughout. In the prologue these are light and show no effort at alliteration (abab^4); in the King's boastful speech (ll. 113-126) they are heavy and very alliterative

---

[10] Vgl. dazu Werner Habicht (226, 27f.).

[11] So z. B. Robert Lee Ramsay (103, clxvi). Er trennt zwischen "formal" und "informal prologue", und nur letzterer soll ein integrierter Bestandteil der Eröffnung sein.

[12] Zu dieser Diskussion siehe William Roy Mackenzie (Debate, 93), Ramsay (103, cxlviii, clvii), Arnold Williams (366, 13f.); letzteren kritisiert Davis (202, lxxxix fn. 1).

(ABAB[4]; I have ventured to distinguish between the heavy and light four-accent lines by using capitals for the former, small letters for the latter). The rest of the play, including dialogue and the Bishop's sermon, is written in alternate four and three-accent lines (a4b3c4b3) [sic]. We have apparently an attempt to indicate by contrast of line but not of stanza, the formality of the conventional opening and the dignity of the hero ... as distinguished from the level of the play. The loss of so much of the play prevents us from knowing how much further the attempt was carried[13].

Der erste Teil dieser Ausführungen mutet um so erstaunlicher an, als Ramsay seine Untersuchungen anhand der Textausgabe Alois Brandls vornahm[14], der bereits zehn Jahre vor ihm "eine ganz einfache Strophe" erkannte, "mit vier oder manchmal auch mit drei Hebungen, mit volksthümlich freier Behandlung der Senkungen, so daß das Metrum dem mancher alten Volksballaden gleichkommt"[15].

Zwanzig Jahre nach Ramsay erkennt Eduard Eckhardt wiederum nur noch, daß "Pride of Life ... durchweg in vierzeiligen, aus vierhebigen Versen bestehenden Strophen mit der Reimstellung abab abgefaßt" ist[16]. Norman Davis korrigiert nun einen guten Teil dieser Ergebnisse, doch herrscht immer noch allzu oft Unsicherheit - die sich freilich nicht völlig ausmerzen läßt - über die Wertung bestimmter metrischer Erscheinungen und ihre Bedeutung für die Gesamtkonzeption des Dramas[17].

Wir zählen von den 28 Strophen des Prologs in den beiden ersten (V. 1-8) durchweg vier Hebungen, doch bereits in den nächsten acht Zeilen (V. 9-12) wechseln sich vier- und dreihebige Verse ab. Auch durch die Anzahl an Alliterationen werden beide Strophenpaare voneinander abgesetzt, weist doch das erste fünf, hingegen das zweite nur eine auf[18]. Gleich in der ersten

---

[13] Ramsay (103, cxxxvi).

[14] Ersichtlich aus Ramsay (103, xiv fn. 2).

[15] Brandl (31, XIX); desgleichen Osborn Waterhouse (134, lxxiii).

[16] Eckhardt (49, 153).   [17] Davis (202, lxxxixf.).

[18] Eventuell auch zwei Doppelalliterationen, da V. 16 unleserlich ist. Ferdinand Holthausen (10, 56-59) bietet eine Zusammenfassung der im Stück vorkommenden Alliterationen.

Strophenvierergruppe erkennen wir also einen paarweisen, metrisch-lautlichen Gegensatz. Ein vierstrophiger Auftakt in dieser Form und vor der Schilderung der nachfolgenden Darstellung - die erst in der fünften Strophe beginnt (!) - findet sich in keinem Prolog und keiner prologähnlichen Szene der von uns untersuchten Moralitäten. Der vom <u>Inhalt</u> her erkenntliche Zweck dieser Eröffnung liegt darin, die sich um den Aufführungsplatz drängende Menge um Ruhe aufzufordern. Das geht klar aus Vers 1 und 9 hervor.

Das nächste Strophenquartett läßt ebenfalls eine innere Einheit erkennen: der König des Lebens wird in ihm vorgestellt. Nach mittelalterlicher Dichtungstheorie für ein vollständiges Personenporträt[19] wird zunächst in den ersten beiden Strophen das physische Bild gezeichnet: ein starker Mann, der sich darin von keinem Menschen unterscheidet, daß auch er aus Fleisch und Blut ist und vom Weibe geboren (V. 19)[20]. Seine Veranlagung hingegen tritt hervor: "dradd of no thinge" (V. 24). Diese Aussage am Ende der zweiten Strophe leitet von der <u>effictio</u> zur <u>notatio</u> des Personenporträts über, der Beschreibung moralischer Eigenschaften: Hochmütig-stolz, herrisch-tyrannisch führt er ein Leben nach seinem Willen, ohne Gedanken und Glauben an den Ruf des Todes.

---

[19] Siehe J. W. H. Atkins (528, 104).

[20] Davis' (5) Fußnote zu Vers 19, "<u>Holthausen, based on Brandl</u>", ist unkorrekt, sagt doch H. ausdrücklich (<u>10, 49, St. 5</u>): "18 f. habe ich etwas anders ergänzt als B. Natürlich ist die Ausfüllung der Lücke bloß eine Vermutung". - (H.s Ausgabe ist nur mit Vorsicht zu benutzen, denn er stellt nicht nur Vermutungen über die Ausfüllung von Lücken an (das wäre vertretbar), sondern er zweifelt auch die Richtigkeit vollständig überlieferter Verse an, weil er sie - wie aus dem Kommentar erkenntlich - mißversteht und emendiert sie dann zu Unrecht. - Auch D.s' Ausgabe ist, da sie viele Emendationen von H. übernimmt, deswegen vorsichtig zu benutzen. Dazu kommt, daß D. nicht immer den Kommentar des Vorgängers gelesen zu haben scheint - siehe oben -, so daß sich wieder neue Fehler einschleichen.) - Hier wie im Folgenden erscheinen H., D., sowie B., W. und M. für Holthausen, Davis, Brandl, Waterhouse und Mills. (Letzterer veröffentlichte 1891 das MS., nachdem es von ihm im <u>Public Record Office</u>, Dublin, gefunden worden war. Das MS. ist 1922 verbrannt.)

"Blisse" (V. 32) - das ist des "Königs" Lebenszustand und dahin strebt seiner Verse Quartett: Strophe für Strophe spiegelt die Sprache im Klang und Metrum eine Steigerung bis zum "blisse": nur doppelalliterierende, alternierend vier- und dreihebige Verse (Strophe 5 und 6) verstärken sich zu dreifacher Alliteration (Strophe 7) und schließlich wechselnder dreifacher und vierfacher Alliteration mit durchgängig vier Hebungen:

>   (He) hath a <u>l</u>ady <u>l</u>ouelich al at <u>l</u>ikinge,
>   Ne <u>m</u>ay he of no <u>m</u>irth <u>m</u>ene ne <u>m</u>isse;
>   He <u>s</u>eith in <u>s</u>wetnisse he wol <u>s</u>et his likinge
>   And <u>b</u>ringe his <u>b</u>ale <u>b</u>oun into <u>b</u>lisse.   (V. 29-32)

Aber nicht nur Versmaß und Alliteration, auch Reim und Assonanz setzen in diesem Strophenquartett dem Zuhörer die Akzente: alles strebt zum "blisse". Die Reime auf <u>o</u> und <u>e</u> (1. Str.) erhellen sich zu <u>o</u> und <u>i</u> (2. Str.), klingen dann höher in <u>e</u> und <u>ei</u> (3. Str.) und schließlich hinauf zu <u>i</u> (4. Str.). Assonieren zuerst noch dunkles <u>o</u> in "stronge to stond" (V. 21) und "londe" (V. 23), dem "starken" Bild des "Königs" angepaßt, so nähern sich "pride and likinge" (V. 25) schon klanglich und semantisch dem Leben des Herrschers in "blisse". Der Binnenreim "misse"-"swetnisse" leitet über zu einem weiteren - "likinge"-"bringe" -, der obendrein durch den Zusammenfall mit einem Zeilensprung die Versbewegung beschleunigt[21]. Und nachdem zusätzlich die nachdrücklichen, alliterierenden Spondeen "lady"-"louelich" und "mirth"-"mene" den Versen Gewicht verliehen haben, führt uns der letzte Spondeus noch einmal durch tiefste Klangtiefen - "bale"-"boun" -, um so das unmittelbar folgende "blisse" in seiner Helligkeit noch mehr herauszuheben.

<u>Bliss</u> - zu solchem Dasein erhob Gott seinen Erzengel Luzifer,

---

[21] Auch die unbetonte Silbe eines Wortes - wie in <u>swetnisse</u> oder <u>likinge</u> - konnte in mittelenglischer Zeit zur Herstellung eines Reims dienen. - Zur <u>Sprache</u> von <u>The Pride of Life</u> siehe D. (202, xc).

den Hochmut zu Fall brachte[22]; in solcher Höhe glaubt sich der
König des Lebens, den Vermessenheit zum Niedergang treibt. Auch
das spiegelt die Verskunst des Dichters:

>   Knytis he hat cumlic
>   In bred and in leint;
>   Not I neuir non suc
>   Of stotey ne off strynt.   (V. 33ff.)

Nur zweihebig und mit Doppelalliteration, das heißt metrisch
und klanglich um die Hälfte im Vergleich zu der unmittelbar
vorhergehenden Strophe vermindert, sind diese Verse Ausdruck
eines tiefen Sturzes, ausgelöst von den "knytis".

Doch wird von der nachfolgenden Strophe (V. 37ff.) die steile
Abwärtsbewegung der Metrik - und des Helden - wieder aufgefangen,
um sie auf geringerer Höhe weiterverlaufen zu lassen. Die
Sentenz (V. 37f.) markiert den Punkt, von dem aus sodann die
neue Richtung auf niedrigerer Ebene eingeschlagen wird.

Projizieren wir diese Bewegung in das Moralitätenschema, so
befinden wir uns jetzt an einer ersten Wendemarke: der zur
Sünde führende Weg des Helden kreuzt sich mit dem einer Tugendfigur,
die ihn ermahnt, einen besseren Weg einzuschlagen. Eine
ebensolche Gestalt stellt der Prolog den Zuhörern von <u>The
Pride of Life</u> nun in der Person der warnenden "Königin" vor.
Während der Landesherr sie über den Platz zu ihrem Sitz führt[23],
hat der Prologsprecher Zeit, sie zu beschreiben:

---

[22] Siehe "The Tannours" im <u>York Cycle</u>, ed. J. S. Purvis
(14, 16):"I make thee as master and mirror of my might;
   I set thee here by me in bliss for to be,
   And name thee now, Lucifer, as bearer of light".

[23] Ich vermute, daß hier während des Prologvortrags ein
Schauspielereinzug stattfand, ähnlich wie ihn Robert Weimann
(363, 124) für das "Passion Play II" des <u>Ludus Coventriae</u> aufgrund
einer dort zu findenden "Bühnenanweisung" nachweisen
kann. Meine Vermutung gründet auf Vers 42, den ich mit Brandl
"forth to led" 'heranführen' lese. Auch den nächsten Vers interpretiere
ich ähnlich Brandl "forth to stond" 'vordrängen':
Die Zuschauer drängten sich nach vorne auf den "Platz", um die
vom "König" herangeführte "Gemahlin" besser sehen zu können.

> (Here he ledith þe) ladi of lond,
> (þe loulie)st a lord for to led;
> (Bold) may ye be fort to stond
> (to b)e hold þat blisful bled.[24]
>
> (þa)t ladi is lettrit in lor
> As cumli becomit for a quen,
> And munit hir mac euirmor,
> As a dar for dred him to ten. (V. 41ff.)

Gleich die Anfangszeile spielt mit denselben leichten Liquiden als Alliterationskonsonanten, wie sie uns schon bei der allerersten Erwähnung der "Königin" (V. 29) dreifach begegneten. Sie tauchen immer wieder zum Malen des Klangbildes der Regina auf. Die Wirkung des _l_ wird erhöht durch ihre Verbindung mit dem weichen Verschlußlaut _b_, wie in der durch Spondeus unterstrichenen Zeile "_b_ehold þat _bl_isful _bl_ed" (V. 44) und mehreren nachfolgenden Versen. Schließlich fügt der Dichter eine Häufung des milden Nasals _m_ hinzu, wie in "cu_m_li beco_m_it" (V. 46) und "_m_unit hir _m_ac euir_m_or" (V. 47). Die nächsten Strophen mit der Wiedergabe der Warnungen Reginas sind gleichfalls durchzogen von _l_ und _b_.

Der Umschwung von "blisse" nach "sorou" (V. 39) - äußerlich symbolisiert durch die Ankunft der ersten ermahnenden Figur - wird auch durch Vokalwechsel verdeutlicht: Nach den Häufungen der hellen Klänge bei der Darstellung des sorgenfreien Herrschers, weisen nun wiederholte dunkle _a_-und _o_-Laute in den vor Unheil und Ankunft des Todes warnenden Reden der "Königin" auf die drohende Gefahr für die Seele hin.

---

[24]Dies ist mein eigener Ausbesserungsvorschlag: Das _he_ (V.41) schließt sich organisch an V. 40 an, in dem eben noch vom "König" die Rede war; dann setze ich V. 41 _ledith_ wegen des Heranführens (H. "Her _stant_ ek þe"; W. "And her _is_ ek þe"; D. "Her ek _is_ þe"), desgleichen V. 42 _louliest_ (vgl. V. 29!), so daß die Anzahl der Alliterationen mit denen in V. 44 übereinstimmt, denn mit ihm wird V. 42 durch Reim verbunden (H. "fairist", ebenso W.; D. "fainist", ohne Kommentar); um in V. 43 wenigstens Doppelalliteration herzustellen - die doch hier fast ein Muß ist -, ergänze ich _bold_ 'kühn', 'mutig' (vgl. V. 4); auch V. 100 ermutigt dazu, denn hier werden die Zuschauer nochmals vor Spielbeginn ermahnt: "Drängt nicht auf unseren Platz". (H., B., W., D. alle _glad_ statt _bold_.) Mein stärkstes Argument aber für diese Emendation ergibt sich aus der nun folgenden Analyse der Metrik und der Lautmalerei in der Strophengruppe Reginas.

Auffallend ist nun auch wieder die Darstellungsmethode. Noch einmal erkennen wir die mittelalterliche Dichtungstheorie mit dem Prinzip der Amplifikation. Von ihren acht Hauptmethoden wendet der Dichter hier zumindest "repetitio", "periphrasis" und "digressio" an[25]. Klar entkenntlich ist die vierfache Wiederholung ein und desselben Gedankens in verschiedener Weise ("repetitio"), die Warnung vor der Ankunft des Todes (V. 49f., 51f., 53-56, 58). Doch sagt Regina nie direkt zu Rex Vivus: Du mußt sterben. Sie umgeht diesen Satz mit Äußerungen wie 'der Tod werde in sein Land kommen' (V. 50; "periphrasis"), oder sie kleidet ihre Ermahnungen in eine Sentenz: 'Tod schont nicht Ritter, Kaiser oder König' (V. 55f.; "digressio").

Die Anwendung dieser Dichtungsprinzipien vermögen das übergreifende Thema dieser und jeder frühen Moralität - die Ankunft des Todes für alle Menschen, deren Repräsentant im Spiel Rex Vivus ist - klar und nachdrücklich für den Zuschauer herauszuarbeiten. Gleichzeitig wird dem homiletisch-didaktischen Zweck des Dramas gedient: Bereitet euch durch tugendhaftes Leben auf das Ende vor, um das Heil eurer Seele zu retten! - Für Rex Vivus jedoch sind diese Warnungen "Weibergeschwätz"; er nimmt sie nicht ernst (V. 60f.).

Die nächsten vier Strophen (V. 61-76) bilden wiederum eine Einheit, doch werden in ihnen weder Personen in Wesen und Funktion ausführlich beschrieben - wie es in den Strophengruppen für die "Königin" und den "König" jeweils geschah -, sondern in äußerst knapper Form wird nun dem Zuschauer die nach dem Abbruch der fruchtlosen Ermahnungen Reginas folgende Handlung geschildert: die "Königin" schickt nach dem "Bischof", "for he chout mor þan he" (V. 68)[26]. Obwohl er in der Tat später dreiundzwanzigeinhalb Strophen lang predigt und ermahnt, widmet

---

[25] Vgl. Atkins (528, 106).

[26] Nur noch einmal sei hier auf eine unkorrekte Fußnote von D. hingewiesen: "Holthausen, based on Brandl; MS. 3e" weist zwei Fehler auf: 1. H.s Vers lautet "for he couth mor þan he"; 2. B.s Wiedergabe ist "for he chont mor yan 3e".

ihm der Prolog genau zwei Zeilen (V. 69f.), die in keiner
Weise den Inhalt seiner Warnungen - wie vorher bei Regina -
bekanntgeben. Die nächsten Verse teilen bereits die Reaktion
des "Königs" mit: er schickt den "Bischof" zornentbrannt nach
Hause (V. 72) und dann seinen Boten zum Tode, um jenen herauszufordern:

     (Mirth þe me)ssenger þan send
     (To Deth) þe King of Lif.   (V. 75f.)

Der Tod nimmt die Herausforderung an und sendet dem Vermessenen umgehend Nachricht:

     (þan Deth) him wold do undirston(d)
     (þat al) he may del and dit:
     (He) wold cum into his ouin lond
     On him to kyt his mit.   (V. 77ff.)

Und schon heißt es:

     Deth comith and dremith a dredfful dreme -
             (V. 81)[27].

Diese Technik der ungeheuer raffenden Beschreibung könnte kaum
adäquater den mit Überstürzung nahenden, nun nicht weiter aufzuhaltenden Untergang des Helden veranschaulichen. Von einem
Vers zum andern wechseln "die Schauplätze", werden völlig neue
Handlungsabschnitte erzählt, ohne sich jeweils in eine ausführliche Schilderung der einzelnen Phasen zu verlieren. Das
formgebende Darstellungsprinzip dieser Strophengruppe liegt
also nicht darin, eine Wesens- oder Funktionsbeschreibung von
an der Handlung teilhabenden dramatischen Personen zu geben -
nur beiläufig schließen wir aus der Erwähnung der bischöflichen Ermahnungen, daß ihr Sprecher als typischer moralitätenhafter Repräsentant des Guten auftritt -, sondern darin, in
adäquater Form den Sturz des Helden in die Verblendung, seine
Vermessenheit der Herausforderung und die unaufhaltsame, kurz
bevorstehende Ankunft des Todes zu veranschaulichen[28].

---

[27]Dieser Vers ist bislang von allen Herausgebern in seiner
Bedeutung mißverstanden und deswegen zu Unrecht emendiert worden. Siehe I. Hengstebeck (235).

[28]Dieses Darstellungsprinzip ist die Ausgangsbasis meiner

eigenen Emendation der Verse 75-80, wie sie oben auf Seite 15 erscheinen. Es wurde von keinem Herausgeber erkannt, so daß jeder von ihnen eine andere Lösung bietet (vgl. die Ausgaben). - Meine Ausbesserung wird durch einige weitere, inhaltliche und formale Kriterien gestützt: Es ist richtig, wie H. und M. beobachteten, daß der König des Lebens einen Boten zum König des Todes schickt; diese Beschreibung des Prologs wird später im Spiel bewiesen (V. 455ff.). Die Emendation der Verse 75-76 von H. und D. stimmt also mit der Darstellung in gewisser Weise überein. Unbeachtet aber blieb von ihnen, daß Rex Vivus nicht einen, sondern seinen Boten, Mirth genannt, ausschickt. Wenn mein Vers also lautet: "(Mirth, þe me)ssenger þan send/ (To Deth) þe King of Lif", dann so aus folgenden Gründen: Als einzige dramatische Person wird Mirth in den noch lesbaren Stellen des Prologs, im Gegensatz zu allen anderen im Spiel auftretenden Gestalten, kein einziges Mal auch nur erwähnt, geschweige denn "vorcharakterisiert". Im Verhältnis zu der relativ bedeutenden Rolle, die der Nuncius spielt, wäre ein solches Versäumnis des Dramatikers, der sonst jede andere Figur auf irgendeine Weise berücksichtigt, überraschend und unglaubwürdig. Ich vermute daher, daß V. 75 ihn erwähnt. (Um nicht beschuldigt zu werden, hier so emendiert zu haben, damit die Stelle u. a. auch zur Untermauerung der eigenen Beweisführung zur Integration des Prologs diene, halte ich mit der noch weitergehenden Vermutung zurück, daß Mirth, der Nuncius oder Messenger ist, selber den Prolog gesprochen haben könnte (wie so viele seiner Nachfolger), und deswegen V. 75f. auch lauten könnten: "(Me, þe me)ssenger þan send" oder "(Me, Mirth, þe me)ssenger ..."). - Wenn wir akzeptieren, daß das Wort mirth hier erscheint, dann verstehen wir erstens die Bedeutung der Allegorie dieser Stelle und zweitens wird dann auch endlich offensichtlich, auf welche Weise die Verse 77ff. zu emendieren sind - ein Problem, das äußerste Verwirrung unter den Herausgebern stiftete: Mirth ist als allegorische Figur das personifizierte Lebensglück des "Königs" (vgl. 30ff.). In dem Augenblick nun aber, als Rex Vivus seinen Mirth zur Herausforderung des Todes fortschickt, wird allegorisch ausgesagt, daß nun das Leben des "Königs" ohne Glück und Freude ist. Dann kehrt der Messenger mit der Botschaft vom Tod zurück (so vermute ich) und läßt, nun als "Todesbote", Rex Vivus wissen, daß der König des Todes seine Herausforderung angenommen habe und kommen werde, um seine Macht, an die Rex Vivus nie geglaubt hatte, unter Beweis zu stellen. Deswegen emendiere ich also "(þan Deth) him wold do undirston/ (þat) al he may del and dit ...", denn es ist meiner Meinung nach unrichtig und gibt keinen Sinn, daß Rex Vivus dem König des Todes zu verstehen geben will, er beabsichtige (in das Land des Todes!) zu kommen, um jenem dort seine Macht zu beweisen. Das behauptet H. und emendiert daher "(þe kyng) him wold do undirstond"; ähnlich D. "(For he) him wold do undirston[d]", wobei sich das he auf Rex Vivus bezieht. B. und W. vermuten wohl richtig, daß der Tod einen Boten schickte, aber sie emendieren dahingehend bereits V. 75f., lassen also die im Text verifizierte Botschaft Rex Vivus' an den Tod unbeachtet, was natürlich auch unkorrekt ist. - Emendationen wie diese beweisen: Man erkannte nicht (a) das Darstellungsprinzip der Raffung, (b) die Bildung von Strophengruppen, meistens Quartetten, um innerhalb einer solchen Einheit eine bestimmte Aufgabe zu lösen (Personenbeschreibung, Phasenverdeutlichung); (c) man sieht nur den einen Vers, nicht über ihn hinaus, versäumt, ihn in den Gesamtzusammenhang zu stellen. - Zu (a): Es ist völlig im Einklang mit der Technik der raffenden Erzählung - wie in den Versen 61-76 kennengelernt -, wenn der Dramatiker noch in V. 75f. von der Botschaft des Rex Vivus an den Tod berichtet, im nächsten Vers aber schon von der Antwort des Todes; vgl. den Übergang in V. 67ff., als Regina nach dem "Bischof" schickt, im nächsten Vers der "Bischof" schon da ist; dann auch V. 80f., in dem erst noch von der Botschaft die Rede ist, im nachfolgenden Vers der Tod schon da ist, um seinen Totentanz zu veranstalten. Zu (b): Das Gestaltungsprinzip der Strophengruppenbildung kann die Emendation unterstreichen: Wir sahen, daß die Verse 61-76 eine Einheit sind, da in ihnen die vollkommene Verblendung des Helden das Thema war. Auch die Verse 77-92 gehören zusammen, denn sie beschäftigen sich mit der "Handlung" allein um den Tod. Die Erkenntnis also, daß V. 76 mit dem Abschluß einer Stropheneinheit zusammenfällt (und dieser Abschluß mit dem der Phase im Leben Rex Vivus' identisch ist), läßt ebenfalls den Schluß zu, daß V. 77ff. von der Nachricht des Todes, dem die folgenden vier Strophen gewidmet sind, handelt. (In diesem Kontext sei noch Folgendes erwähnt: D. (202, lxxxix) macht darauf aufmerksam, daß V. 69-76 als eine "eight-line stanza of the common pattern ababbcbc" aufgefaßt werden können - nur V. 101-108 zeigen ebenfalls dieses Reimschema, während sonst durchgängig abab auftritt. Einerseits ist nicht klar zu bestimmen, warum diese Zeilen so gestaltet sind. Nachdem wir die Verskunst des Dramatikers aber nun etwas näher kennen, möchten wir andererseits aber auch nicht mit D. unbewiesen behaupten: "...it is unlikely that these were designed in the eight-line form". Wie die Antwort auch lauten möge, das Reimschema ist vorhanden, und da es mit V. 76, der letzten Zeile dieses Strophenquartetts, abgeschlossen ist, unterstreicht es das Ende des bis dahin entwickelten Themas, so daß V. 77 den Beginn eines "neuen" Strophengruppenabschnittes und Themas, des Todes, markiert.) Zu (c): H. vermutet darüberhinaus, daß Rex Vivus in das Land des Todes gehen will (siehe oben). Mit "into his ouin lond" (V. 79) ist aber wohl das Land des Lebenskönigs gemeint, in das der Tod kommen will, um seine Macht unter Beweis zu stellen. Das wird bei einem Vergleich anderer Textstellen deutlich: Regina, so berichtet V. 49f. des Prologs, hatte Rex Vivus gewarnt "bewar or he smert/(f)or in his lond Det wol alend" 'er möge vorsichtig sein, andernfalls werde es ihn schmerzen, denn der Tod werde in sein Land kommen'. Auch V. 437 warnt den König des Lebens, daß der Tod kommen werde. Und schließlich verdeutlicht das Ausrufen des Boten, daß Rex Vivus keine Absichten hat, in das Land des Todes zu gehen: "þegh hit wer þe King of Deth/ And he so hardy were,/ Bot he ne hath miʒt ne meth/þe King of Lif to afere;/ Be he so hardy or so wode/ In his londe to aryue, He wol se his herte-blode/ And he with him stryue" (V. 495ff.). 'Selbst wenn es der König des Todes wäre...

und dieser so mutig, in sein (des Rex Vivus) Land zu kommen,
er wird sein Herz bluten sehen, wenn er mit ihm kämpft'. Und
tatsächlich heißt es ja dann auch schon in der nächsten Zeile
(V. 81) "Deth comith" und ein paar Verse später "And kith on
him his miʒtis" (V. 92).

Bei der Vorstellung des Todes nun hat das geübte Ohr des an
mündliche Übermittlung gewöhnten mittelalterlichen Zuschauers
keine Schwierigkeiten, das Klangmuster des schrecklichen Gegners herauszuhören. Wie schon bei seiner ersten Erwähnung, als
die Anmaßung Rex Vivus' beschrieben wurde ("He dredith no deth
for to deye", V. 28), hören wir auch jetzt wieder als dominierenden Alliterationskonsonanten das d, des öfteren begleitet
von einem assonierenden e, beides Laute, die das Wort deth
selbst aufweist, wie zum Beispiel in der bereits erwähnten
Zeile:

    Deth comit & dremit a dredfful dreme. (V. 81, Brandl)

In jener Strophe, die dann den Kampf zwischen beiden "Königen"
berichtet, tritt - zusätzlich zu diesem aus d- und e-Lauten erstellten Klangmuster - jetzt eine Häufung höchster Vokale -
besonders des i - auf, als ob damit der Dichter die Krise in
The Pride of Life unterstreichen wollte:

    With him driuith adoun to grounde,
    He dredith nothing his kniʒtis;
    And delith him depe deþis wounde
    And kith on him his miʒtis.   (V. 89-92)

Auch die Parallelismen in diesen Versen lassen in ungemein lebhafter Weise vor unserem geistigen Auge den Kampf der beiden
entstehen: "driuith" - "dredith" - "delith" - "kith(ith)".
Am Schluß der Strophe wird dann offenbar, daß der Tod das
Leben besiegt hat. Diese Zeile, die das Ende Rex Vivus' verkündet, ist auch das Ende dieser aus vier Strophen bestehenden Gruppe von Versen über die Handlung 'Tod-Leben'.

Das anschließende Strophenquartett (V. 93-108) berichtet über
das Schicksal der Seele nach dem Tode. Wie vorher im physischen Agon scheint auch hier die Diktion den Antagonismus

zwischen Körper und Seele spiegeln zu wollen, nur daß nun
eine Mischung von parallelistischer und antithetischer Konstruktion die Versform bestimmt:

> Owhen þe body is doun ibroȝt
>   þe soule sorow awakith;
>   þe bodyis pride is dere aboȝt,
>   þe soule þe fendis takith.
>
>   (V. 93-96)

Obendrein wird ein ironischer Effekt durch die Parallelsetzung von "þe body is doun" und "þe bodyis pride" erzielt.
Hätte die Sprache des Stolzes Sturz meisterhafter einfangen
können?

In dieser vornehmlich durch dunkle Laute erzeugten Klangatmosphäre erscheinen dann schließlich doch hellere Vokale –
"Oure Lady mylde" – der Beterin, die für "Jhesu Cristis
swete grace" (V. 112) betet, die Gnade für die Seele des
King of Life, mit der das Spiel enden soll.

Dieser Prolog wurde den Zuschauern unmittelbar vor dem nun folgenden Spiel vorgetragen. Worin besteht seine dichterisch-dramatische Leistung?

Der Zuschauer erhielt zunächst einmal eine Vorstellung der im
Stück erscheinenden dramatischen Personen; man könnte dies als
Figurenexposition eigener Art bezeichnen. Dabei begnügte sich
der Dichter keineswegs mit einer bloßen Aufzählung von Namen,
sondern wies durch Quantität und Qualität der Verse auf die
jeweilige Bedeutung der einzelnen Gestalten hin. Aufgrund von
drei gleichwertigen Strophenquartetten vermuten wir, daß die
in ihnen vorgestellten Personen – Rex Vivus, Regina und Mors –
im Spiel als gleichbedeutende Darsteller erscheinen. Die Hauptrolle allerdings wird wohl vom König des Lebens gespielt, zum
einen, weil es sein Schicksal ist, das erzählt wird, zum andern,
weil auch die Versform seiner Strophengruppe sich von der Reginas und Mors' abhebt: Sein Klangmuster aus extremer Anhäufung
von Hebungen, die durch Stabreim noch unterstrichen und durch
Spondeen, Binnen- und Endreim verstärkt werden, steht gegenüber

weniger kräftig akzentuierten Klangmustern aus Häufungen von solchen Vokalen und Alliterationskonsonanten, die jeweils den Figuren und ihren Namen - "lady" und "deth" - angemessen sind. Diese Klangbilder setzten die verschiedenen dramatischen Personen voneinander ab und "charakterisierten" sie rein äußerlich. Ohne ein solches rhetorisches Kleid erscheinen bei dieser Figurenvorstellung die beiden Rittergestalten sowie Episcopus. Damit wird auf ihre geringere Rolle hingewiesen, die sie im Stücke spielen.

Diese besondere Form der Personenexposition erklärt nun auch zu einem Teil den Sinn des vierstrophigen Auftakts: Der Dichter beginnt nicht gleich in der ersten Zeile mit seiner Darstellung, sondern gibt dem Publikum Gelegenheit, während des Vorspanns von 16 Versen seinen Lärm zu dämpfen, um so für die nötige Ruhe zum Verstehen seiner Personenvorstellung mit Hilfe von Laut, Reim und Akzent zu sorgen. Eine derartige Versgestaltung des Dichters ist ein Zugeständnis an die audience, die, wie noch das elisabethanische Publikum, die Fähigkeit besaß "to listen and to receive"[29]. Der mittelalterliche Zuschauer, so konnte der Dramatiker gewiß sein, hörte und erkannte die Klangbilder, jedoch immer nur unter der Voraussetzung, daß der Prologsprecher auch zu verstehen war. Und dafür leistete der vierstrophige Auftakt gute Dienste.

Dem aufmerksamen Zuhörer teilte sich auch durch den äußeren und inneren Aufbau des Prologs, durch Versmaß, Reimakzentuierung und Tempo der verweilenden oder raffenden Erzählung die spezifische Bewegung des plot mit - Aufstieg und Höhepunkt, Wende und Niedergang, Krise und Fall, Rettung. Mit anderen Worten: Der Dichter verzichtet auf eine bloße schmucklose Inhaltsangabe und verleiht stattdessen dem Vortrag der "Geschichte" eine Affinität zur Dramatik des Handlungsablaufs: Im Spiegel der Verskunst konnte der Zuhörer den steilen Weg des King of Life bis zum "blisse" verfolgen; den Beginn seines Niedergangs

---

[29] H. S. Bennett (377, 50).

durch die Ritterfiguren; die Verzögerung des Falls durch die
Ermahnungsversuche; die sich überstürzenden Ereignisse nach
der endgültigen Verblendung; das nochmalige Erhöhen der Spannung durch das Hinausschieben des Untergangs, denn der Tod
nimmt nach seiner Ankunft die Gelegenheit wahr, zunächst die
Sippschaft des "Königs" zu erschlagen, so den Vermessenen persönlich zu warnen; endlich wird in der Rhetorik der Darstellung auch der physische Agon Leben-Tod und der nachfolgende
Antagonismus Körper-Seele eingefangen, bis schließlich die
Bitte um Gnade für Rex Vivus und für den Zuschauer den Prolog
beschließt.

"You are aiming to write lines which will have an immediate
effect upon an unknown and unprepared audience"[30] ist der Leitsatz eines modernen Dichter-Dramatikers; doch spiegelte er sich
nicht auch in diesem Prolog? Noch weniger als der moderne Zuschauer war der mittelalterliche "vorbereitet", denn konnte
man von jenem vermuten, das Spiel gelesen zu haben, so war eine
solche Annahme bei diesem um die Mitte des 14. Jahrhunderts
schlicht unmöglich. Die Leistung des Prologs von The Pride of
Life besteht also nicht zuletzt auch darin, den Zuschauer für
die Dichtkunst und Dramatik des Nachfolgenden vorbereitet, ihn
eingestimmt zu haben[31], um so das Erleben des Schauspiels intensivieren zu können. Nicht zu vergessen ist schließlich, daß
der Dramatiker belehren will - The Pride of Life ist eine Moralität -, und welche Belehrung wäre erfolgreicher und angenehmer als eine in solch poetischem Gewand?

---

[30]T. S. Eliot (540, 79).

[31]Sehrt (333, 26) nimmt eine zu große Verallgemeinerung vor,
wenn er grundsätzlich von jedem Prolog behauptet: "Ein solcher
Prolog [wie der der mittelalterlichen Moralität] ist darum
ebenso wie die dumb show eine Art S c h w e l l e , die
vor dem Stück liegt. Über sie wird der Zuschauer in das eigentliche Stückgeschehen ausdrücklich und oft gewaltsam eingewiesen; keineswegs aber wird er unmerklich in das theatralische
Miterleben eingestimmt". **Meine** obige Analyse und Interpretation
des Prologs in The Pride of Life dürfte ein ausreichendes Argument für die Unzulänglichkeit der Aussage Sehrts sein. (Die
eckigen Klammern enthalten eine Hinzufügung von mir.)

Wenn nun aber in der Einleitung zur jüngsten Ausgabe (1970) von The Pride of Life nach einer eineinhalb Seiten umfassenden Versbetrachtung - gegenüber dreizehn Seiten, die sich mit der Sprache, mit dem Text und dem Manuskript beschäftigen - festgestellt wird: "... the metrical technique of the play... is unusually simple"[32], dann muß es schon allein aufgrund meiner Analyse des Prologs fraglich erscheinen, ob der Verskunst dieses mittelalterlichen Dichters Gerechtigkeit widerfahren ist. Da die metrische Gestaltung in engstem Zusammenhang mit der Personendarstellung steht, nimmt es zudem nicht wunder, daß derselbe Herausgeber eine "unsubtle presentation of character"[33] vermerkt, ohne daß seine Ausführungen irgendwo einen Versuch erkennen lassen, die Figuren des Spiels zu untersuchen.

---

[32] Davis (202, xcvii). 62 Jahre vorher lauteten die Ergebnisse kaum anders: "On the whole, the metrical features of the poem proclaim the poet to be anything but a great master of verse". (Waterhouse, 134, lxxiii).

[33] Davis (202, c).

2. Das Spiel

Rex Vivus eröffnet das Spiel der Personen mit einer Selbsterklärungsrede. Die durchweg vierhebigen, vierfach alliterierenden Verse greifen jenes im Prolog für ihn erstellte Klangmuster wieder auf, das die Zuschauer in der in "blisse" gipfelnden Strophe hörten. Des "Königs" Stolz und Vermessenheit, uns ebenfalls noch von vorher in Erinnerung, spiegeln sich nun in den nur im Befehlston gesprochenen Ankündigungen und Drohungen (V. 116ff., 120).

Diese Redeweise erinnert zunächst an den Herodes der Mysterienspiele:

> Peace, both young and old, at my bidding, I rede,
> For I have all in wold: in me stands life and dead.
> Who that is so bold, I brain him through the head;
> Speak not ere I have told what I will in this stead.
> (V. 91ff.)[34]

Die tyrannischen Anmaßungen des Bibelkönigs - "in me stands life and dead" und "I ... made bothe hevin and hell" (V. 487)[35] und andere mehr - erzeugten eine "furchtbare Komik"[36], die eine ganz bestimmte Funktion im Hinblick auf den Zuschauer hatte:

Der spielerisch durchlebte Schrecken feit vor der wirklichen Furcht oder vermindert sie doch. Die Imitation der Tyrannei wirkt befreiend. Der lähmende Anblick wird lachhaft, da die drohende Gewalt im mimischen Vorgang noch überspielt wird. Jetzt wirkt der Mächtige komisch; denn sein furchtbarer Zorn wird - nachgeahmt - zur Burleske [37].

In diesem wesentlichen Punkte unterscheidet sich aber nun Rex Vivus' Selbstvorstellung: Der Held der Moralität maßt sich derartige Aussprüche nicht an, wirkt deswegen auch nicht lachhaft.

---

[34]Siehe "Herod The Great" (Towneley Cycle) in ed. Cawley (4).

[35]Siehe "The Magi, Herod, and the Slaughter of the Innocents" (Coventry) in ed. J. Q. Adams (1).

[36]Weimann (363, 115); zur Gestalt des Herodes siehe dort S. 111ff.

[37]Weimann (363, 121).

Es scheint also weniger die erzielbare komische Wirkung als vielmehr der tyrannische Ton an sich zu sein, der den Dramatiker zu dieser bestimmten Form der Rede Rex Vivus' veranlaßte. Soll denn in der Hauptgestalt ein Willkürherrscher gezeichnet werden? Warum dann aber der allegorische Name Rex Vivus? Warum nicht einfach Rex?

Dieser durch die besondere Diktion erzeugte tyrannische Ton in der Rede Rex Vivus' scheint eine andere Funktion zu haben, als einen solchen Herrschertyp zu zeichnen, nämlich die, zusammen mit anderen Formen der Darstellung, das spezifisch allegorisch-moralitätenhafte Wesen und die Funktion dieser dramatischen Person zu verdeutlichen zu helfen.

In The Pride of Life haben wir eine Moralität vor uns, und die Hauptgestalt solcher Schauspiele stellt, zumindest in den frühen Stücken, die Menschheit dar. Rex Vivus nun, zwar nicht identisch mit Humanum Genus in The Castle of Perseverance oder der Titelfigur in Mankind, spielt ebenfalls die Rolle der Menschheitsfigur, nur mit dem Unterschied, daß er einen bereits spezifizierten Vertreter der Menschheit darstellt. Diese Spezifizierung ereignete sich aber nicht darin, aus der Abstraktion aller Menschen eine Abstraktion aller Könige geschaffen zu haben und schon gar nicht darin, in Rex Vivus einen "Standestyp", einen wirklichen König, gezeichnet zu haben[38]. Ihn so interpretieren heißt, ihm den zweiten Teil seines Namens, das "Vivus", einfach gestrichen, somit aus der allegorischen Bezeichnung eine nicht-allegorische gemacht, heißt seine Identität gar nicht erkannt haben.

Worin besteht Rex Vivus' Spezifizierung, wie wird sie dem Zuschauer erkennbar gemacht, und was hat der tyrannische Ton damit zu tun?
Betrachten wir zunächst den zweiteiligen Namen: Sowohl das Rex als auch das sich anschließende, modifizierende Vivus sind zu

---

[38] Als Standestyp, also König, sehen ihn Brandl (31, XVIII), Ramsay (103, cxcv), Eckhardt (Palaestra, 48, 113 fn. 126), C. F. T. Brooke (32, 51) u. a.

erklären. Welche Technik der Dramatiker dabei angewendet zu haben scheint, kann ein Vergleich der im Prolog durchgeführten Vor-Charakterisierung und der Selbsterklärungsreden Rex Vivus' mit den Selbsteinführungsmonologen eines anderen "Königs" aufdecken. D e u s in The Creation, and the Fall of Lucifer (York Cycle) stellt sich mit den Worten vor:

      I am foremost and first...,   (V. 4)[39]

im Prolog hören wir über Rex Vivus:

      (He stondith) first biffore.   (V. 18)

Gott ist so mächtig, daß er von sich sagen kann:

      ... as I bid shall it be,   (V. 4)

während der Held der Moralität von sich behauptet:

      King ic am, kinde of kingis ikorre,
      Al þe worlde wide to welde at my wil. (V. 121f.)

Deus ist

      Unending without any ending,   (V. 8)

Rex Vivus

      King withouten ende.   (V. 160)

Und beide charakterisieren ihre Existenz mit Worten gleicher Bedeutung, bliss und wele[40]:

(Deus)   My body in bliss ay abiding,   (V. 7)
(Rex Vivus) Al in wel ic am biwent.   (V. 131)

Eine solche Gegenüberstellung zeigt: Um zunächst den ersten Teil des allegorischen Namens - Rex - zu verdeutlichen und die "Höhe" seines Lebensgefühls herauszuarbeiten, scheint der Dramatiker sich geschickt jener Diktion zu bedienen, wie sie dem

---

[39] Diese und alle nachfolgenden Zitate aus "The Creation, and the Fall of Lucifer" entstammen der Ausgabe Cawleys (4).

[40] M. E. D. (ed. Stratmann), unter wele, sb., 'weal', 'wealth', 'happiness'; unter blisse, sb., 'bliss', 'joy' ("gaudium"); (blissien, v., 'make happy').

Zuschauer vom Deus der zahlreichen <u>Cycle Plays</u> bekannt sein dürfte. Allein - und darin liegt der wesentliche Unterschied - für Rex Vivus wird die Form der Rede durch den prahlerischhochmütigen Ton und die herodianischen Befehle und Drohungen derart modifiziert, daß der Zuschauer ihn unmöglich mit Gott gleichsetzen kann. Mit anderen Worten: Der Dramatiker verwendet zwar zum Teil ein Vokabular, wie es zur Zeichnung jenes "Himmelskönigs" diente, fügt aber dann der Rede Rex Vivus' durch Veränderung des Tones einen tyrannischen Zug bei. Deus würde nie drohen:

> ... lestenith to my hestis, I hote ʒu now her,
> Or [I] schal wirch ʒu wo with werkis of wil
> And doun schal ʒe drive, be ʒe neuer so dere. (V. 118ff.)

Diese Redeweise eines Willkürherrschers machen aus dem <u>Rex</u> einen Rex <u>Vivus</u>, das heißt, einen für den Zuschauer mit einem negativen, menschlichen, nicht göttlichen Attribut ausgestatteten Moralitätenhelden. Das wiederholte Betonen des tyrannischen Zugs entspringt also dem Bemühen, den "König" der Moralität menschlich erscheinen zu lassen, ihn als König des <u>Lebens</u>, nicht des <u>Himmels</u>, zu zeichnen. Auch an anderen Stellen wird das gleiche Prinzip bemerkbar. Es werden solche Worte der Beschreibung für Rex Vivus gewählt, die sein Wesen der himmlischen, jeder physischen Substanz baren Sphäre <u>entziehen</u> und auf das an diese Substanz gebundene, erdenhafte Leben <u>beziehen</u>. Der König des Lebens ist ein Mensch aus "flessch and fel" (V.19) und "of woman iborre" (V. 123; auch V. 20), hingegen Deus "maker unmade" (V. 2).

Nachdem der Dramatiker so einen <u>Humanum Genus</u>, einen typischen Moralitätenhelden, kein Individuum, gezeichnet hat, steht er als nächstes vor dem Problem, wie er das jenen Spezifizierende verdeutliche, denn Rex Vivus ist, wie gesagt, "abstract of all men"[41], jedoch in einer besonderen Weise: Der König des Lebens

---

[41] Farnham (213, 186); vgl. auch Spivack (338, 71), der ihn als "epitome of blindly confident mankind" bezeichnet; Mackenzie (<u>Debate</u>, 93, 263) sieht ihn als "the universalized type ... to represent the human race".

macht sich im Hochgefühl seines glücklichen Daseins der gleichen Sünde schuldig wie Luzifer, als jener von Gott über alle Engel gestellt worden war - pride.

Dieses Darstellungsproblem wird nun auf zweifache Weise gelöst: Einmal mit Hilfe von Beschreibung und Selbstbeschreibung, die uns noch einmal an The Creation, and the Fall of Lucifer, nur jetzt nicht an Deus, sondern eben an Luzifer selber erinnern, zum anderen in allegorischer Form, die erstaunlicherweise aber ebenfalls Ähnlichkeit mit dem Beginn des Zyklenspiels aufweist:

Der gute Engel Luzifer wird nach seiner Erhöhung zur "Inkarnation" von pride. Er prahlt:

 I am so mightily made my mirth may not miss. (V. 83)

Und im Prolog heißt es von Rex Vivus gleichermaßen:

 Ne may he of no mirth mene ne misse. (V. 30)

Luzifer beschreibt sein sorgenloses Dasein:

 All wealth in my wield is (V. 67)

 Me needs for to noy me right nought;
 Here shall never pain me be pining. (V. 71f.)

Und auch der König des Lebens ergeht sich so in seinem Glück:

 Al in wel ic am biwent,
 May no grisful þing me grou, (V. 131f.)

und wird von den Miles darin bestärkt:

 þou nast no mede to sike sore. (V. 163)

Doch wie ähnlich auch die Ursache des Sündigwerdens der beiden Gestalten sein mag, der Dramatiker der Moralität differenziert in der Sünde selber. Luzifer war gleichsam "The Pride of Heaven"; er maßte sich an, Gott gleich zu sein:

 I shall be like unto him that is highest on height. (V.91)

Rex Vivus hingegen stellt "The Pride of Life" dar; er hat die vermessene Ansicht, ewig leben zu werden:

 I schal lyue evermo
 And croun þer as kinge, (V. 175f.)

und darin besteht seine "menschliche" Sünde.

Wiederum also erkennen wir in der Gestaltung des Dramatikers
von The Pride of Life Übereinstimmungen mit der Darstellungstechnik in The Creation, and the Fall of Lucifer, nur erscheint
sie so umgeformt, daß für den Zuschauer der Moralität eine
akzeptable, weil "menschlich" sündigende Person dabei entstanden ist. Hinter dieser Transformation, die man fast als Adaption bezeichnen möchte, steht der spezifische, homiletischdidaktische Auftrag der Moralität: Wenn der Zuschauer durch
das Spiel mit Rex Vivus zur Einsicht darüber gelangen soll,
wie er sein diesseitiges Leben zu führen hat, dann muß er sowohl in der dramatischen Person, die ihn im Spiel vertritt,
als auch in der Sünde dieser Person sich selber und seine eigene Sünde wiedererkennen können. Er würde sich aber kaum,
oder ganz sicher nicht, mit Luzifer, dem jenseitigen himmlischen Wesen und dessen Vergehen identifizieren. Daher also ist
eine Umformung notwendig. Zweitens besteht der Lehrauftrag der
Moralität darin, die Erlösung des Menschen durch Gottes Gnade
zu zeigen. Und während Rex Vivus zum Ende des Spiels Gnade
erhält, wurde Luzifer hingegen hiervon ausgeschlossen, wie
wir nach seinem Fall von Deus hören:

> For some are fallen into filth that evermore shall
>   fade them,
> And never shall have grace to grith them.   (V. 132f.)

Die Darstellungsform zur Charakterisierung des Helden, die
prologische Vor-Beschreibung und die monologische Selbsterklärung, wird nun durch eine weitere, echt allegorische Enthüllung vervollständigt:

The allegorical hero is not so much a real person as he is a
generator of other secondary personalities, which are aspects
of himself..., and the finest hero will then be the one who
most naturally seems to generate subcharacters - aspects of
himself - who become the means by which he is revealed, facet
by facet.[42]

Genauso verhält sich die allegorische Gestalt Rex Vivus: Nachdem er sich - ohne Namen - vorgestellt hat, ruft er zwei Ritter herbei, "erzeugt" sie gewissermaßen:

---

[42] Fletcher (457, 35f.).

> Strent and Hel, knytis kete,
> [Douti], derrist in ded,
> Lok þat for no þing ʒe let
> Smartli to me sped.
>
> Bringit wyt ʒou brit brondis,
> Helmis brit and schen; (V. 135ff.)

Der blitzend-blinkende Glanz der Schilde und Helme symbolisiert rein äußerlich den Lebensglanz Rex Vivus' - <u>blisse</u>.
Ihre Träger sind echte allegorische Gestalten; sie personifizieren zwei Aspekte des Helden. Sie sind Mono-Personifikationen, das heißt, nach außen projizierte Abstraktionen der inneren Konsistenz des Rex Vivus[43]. Fortitudo unterstreicht durch seine Selbsterklärung uns bereits bekannte Züge des Herrschers:

> Ic am Strent, stif and strong,
> Neuar is suc non,
> In al þis world brod and long,
> Imad of blod and bon. (V. 147ff.)

Sanitas, Secundus Miles, vervollständigt nun das Porträt des allegorischen Helden. Er spricht seinen Herrn jedoch nicht einfach nur mit "lord" an, wie Primus Miles, sondern nennt zum ersten Mal dessen eigentlichen Namen - "King of Life". Diese Steigerung in der Anrede wird nach Sanitas' Selbstvorstellung - "I am Hele" (V. 157) - in weiteren Lobpreisungen fortgesetzt, und dadurch erkennen wir in ihm die Personifikation des Vermessen-Anmaßenden im "königlichen Charakter":

> þou art lord of lim and life,
> And king withouten ende;
> Stif and strong and sterne in strif,
> In londe qwher þou wende. (V. 159ff.)

---

[43]Eine Mono-Personifikation wäre:
1. eine immaterielle Seinsheit, z. B. Good Angel,
2. ein abstrakter Begriff, z. B. Peace,
3. eine allgemeine, allen Menschen mehr oder weniger in- oder adhärente Eigenschaft materieller oder immaterieller Art, z. B. Gluttony, Flesh. - Diese mir notwendig erscheinende Begriffsneuprägung wird in einem späteren Kapitel näher erklärt, wenn ein weiterer Begriff zur Abgrenzung der Identität von dramatischen Personen der Moralitäten erscheint. - Ramsay (103, clxxxvii) behauptet, im Gegensatz zu mir, "there are no pure abstractions in the play".

>ou nast no nede to sike sore
For no thing on lyue;
>ou schal lyue euermore: (V. 163ff.)

Diese beiden Reden der Miles zeigen eine Besonderheit, die
ganz deutlich erkennen läßt, daß ihre Sprecher Mono-Personifikationen, Teilaspekte des Helden, sind. Wer die Verse 147ff.
(siehe oben) liest, ohne den Namen des Redners zu kennen, aber
die früheren Worte Rex Vivus' im Gedächtnis hat, der könnte
meinen, einen Teil einer Selbsterklärungsrede des Helden vor
sich zu haben. Wer, zweitens, in der Rede des Sanitas das >ou
jedesmal durch ic ersetzte und die Verben dementsprechend konjugierte, der könnte gleichfalls meinen, einen Monolog Rex
Vivus' zu hören. Die nächste Rede des Lebenskönigs ist schließlich ein zusätzlicher Beweis, denn sie bietet eine zusammenfassende Wiederholung aller von den Rittern einzeln aufgedeckten Eigenschaften:

I schal lyue evermo   (vgl. V. 165)
And croun ber as kinge;
I ne may neuer wit of wo,   (vgl. V. 163f.)
I lyue at my likinge.   (vgl. V. 145)
                            (V. 175ff.)

Damit ist auch die allegorische Form der "Charakterenthüllung"
der Hauptgestalt abgeschlossen. Indem die letzte Rede Rex
Vivus' darüberhinaus nun auch wieder den von vorher bekannten
tyrannischen Ton erkennen läßt, verknüpft sie die zuerst kennengelernte Form der Darstellung - Beschreibung und Selbsterklärung - mit der allegorischen Darstellungsweise, die sich
der Mono-Personifikationen bedient, um bestimmte Aspekte der
Figur zu verdeutlichen: Die anmaßend-selbstsichere Behauptung:

>er is no man >at me dur bode
Any vileynye,   (V. 169f.)

sowie die Drohung:

Ful evil schuld he spede
To me >at wro3t striue,   (V. 173f.)

sind ebenso Wesensausdruck des moralitätenhaften Helden, wie
die beiden Mono-Personifikationen Sanitas und Fortitudo.

Oben wurde erwähnt, daß diese allegorische Darstellungsform
der Personenzeichnung - in der also der zu erkennende Held
selbst als "generator" ('Schöpfer') von Mono-Personifikationen
erscheint - Ähnlichkeit mit der Schöpfungsszene in The
Creation, and The Fall of Lucifer aufweist. Deus beschreibt
zunächst, wie Rex Vivus, seine Macht, und erschafft dann die
Engel:

> Bainly in my blessing I bid at here be
> A bliss all-bielding ["protecting"] about me;
> In the which bliss I bid at be here
> Nine orders of angels full clear,
> In lofing ay-lasting at lout me. (V. 20ff.)

Die Engel symbolisieren, wie die von Rex Vivus herbeigerufenen
Ritter, das bliss, hier der Existenz Gottes. Sie sind, ebenfalls
wie die Miles, Beschützer ("bliss all-bielding") und
fungieren gleichzeitig als Diener ("ministers mine", V. 29).
Beide, die von Gott erschaffenen himmlischen Geschöpfe und die
vom allegorischen Helden "geschaffenen" irdischen Miles, lobpreisen
ihren Herrn: Jene mit einem Gesang - The Deum laudamus[44]
-, diese mit ihren Reden (siehe oben).

Vorläufig kann also zusammenfassend über die Identität der
Hauptgestalt gesagt werden: Rex Vivus ist typische Moralitätenfigur
und allegorische Gestalt zugleich; Humanum Genus, der
Held der Moralität, und spezifizierter Humanum Genus, die Personifikation
der Sünde pride; weder König noch Abstraktion
aller Könige.

Da sich die Hauptgestalt von The Pride of Life vom Spielbeginn
an als sündige Figur zeigt, erübrigt sich eine Versuchung
zum Bösen. Stattdessen geht es darum, daß die Repräsentanten
des guten Prinzips Rex Vivus zum tugendhaften Leben zurückzugewinnen
versuchen. Dieser moralitätenhafte Handlungsteil
wird nun nach der Vorstellung des allegorischen Helden durch
die Ermahnungsversuche der dramatischen Person Regina eröffnet.

---

[44]Siehe szenische Anweisung nach V. 24.

Die dichterische Form von Reginas Rede steht in vollem Einklang mit ihrer Vorstellung im Prolog. Der aufmerksame Zuhörer wird sogleich wieder die Häufungen des hellen i, der weichen Konsonanten l und m in der ersten Strophe erkennen:

> Sire, þou saist as þe liste,
> þou liuist at þi wille;
> Bot som thing þou miste,
> And þerfor hold þe stille.   (V. 179ff.)

Wie beim Erstauftritt Rex Vivus' wird also auch bei Regina das im Prolog vorgestellte Klangmuster hier im Spiel wieder aufgenommen. Die Personendarstellung mit Hilfe eines rhetorischen Kleides ist also eine bewußt angewendete Technik des mittelalterlichen Dramatikers.

Der Inhalt von Reginas Rede spiegelt kein allegorisches Wesen, sondern die Funktion der Sprecherin innerhalb des vorgeschriebenen Moralitätenschemas:

> Thinke, þou haddist beginninge
> Qwhen þou were ibore;
> And bot þou mak god endinge
> þi sowle is forlore.
>
> Loue God and Holy Chirche,
> And haue of him som eye;
> Fonde his werkis for to wirch
> And thinke þat þou schal deye.   (V. 183ff.)

Solche völlig allgemein gehaltenen Ermahnungen vermögen keinen Hinweis auf eine beabsichtigte allegorische Bedeutung der Person Reginas zu geben. In der Thematik des memento mori ähneln sie zum Beispiel denen des Bonus Angelus in The Castle of Perseverance, wenn jener zu Humanum Genus sagt:

> Man, þynke on þyn endynge day
> Whanne þou schalt be closyd vndyr clay; (V. 407f.)[45]

Beide, Regina und Bonus Angelus, fordern auch den Helden auf – ein zweites typisches Thema der frühen Moralität – die Welt zu verachten (contemptus mundi), denn

---

[45] Ed. Eccles (6). Alle folgenden Zitate aus The Castle of Perseverance entstammen dieser Ausgabe.

(B. A.)	þe Werld is wyckyd and ful wod.	(V. 404)
(Reg.)	þis world is bot fantasye And ful of trechurye.	(V. 231f.)

Alle zwei berufen sich zur Untermauerung ihrer Ermahnungen auf die Heilige Schrift:

(B. A.)	Example I fynde in holy wryt, He wyl bere me wytnesse.	(V. 360f.)
(Reg.)	Holy writ and prophecye þerof I take to borowe.	(V. 225f.)

Die Gegenüberstellung der Reden macht deutlich, daß wir Regina, obwohl ihr Name eine Standesbezeichnung ist, keineswegs als eine typische <u>Königin</u> ansprechen dürfen. Andererseits aber wird auch keine hinter ihrem Namen liegende <u>allegorische</u> Bedeutung evident. Wollte man unbedingt eine Allegorie konstruieren und Regina darin einen Platz zuerteilen, dann könnte sie, ähnlich Bonus Angelus, die personifizierte gute Stimme des Gewissens von Rex Vivus darstellen. Vielleicht geht eine solche Deutung aber schon zu weit. Mit Sicherheit können wir aus ihren Reden nur schließen, daß sie typische Funktionsfigur einer Moralität, Ermahnerin, ist.

Der Dramatiker setzt also die mit der Zeichnung Rex Vivus' begonnene <u>Allegorie</u> nicht deutlich erkennbar fort,(auch die nur fragmentarische Überlieferung ändert nichts an dieser Feststellung, denn die Reden Reginas sind eindeutig nicht die einer Mono-Personifikation). Wenn es aber nun trotzdem möglich ist, wie wir hier sehen, den einer Moralität zugrundeliegenden, charakteristischen Handlungsablauf zu erstellen, ohne daß alle zur Erfüllung des vorgeschriebenen Schemas notwendigen Figuren Personifikationen mit offensichtlichen, ausgesprochen allegorischen Bedeutungen sind, dann kann daraus gefolgert werden, daß eine Moralität durchaus nicht unbedingt durchgeformte Allegorie zu sein braucht, um ihr eigentliches Ziel zu erreichen.

Zurück zum Geschehen: Es ist bedeutsam, wie der "König" die Ermahnungen aufnimmt:

> Douce dam, qwhi seistou so?
> þou spekis noʒt as þe sleye.
> I schal lyue euermo
> For boþe two þin eye.
>
> Woldistou þat I were dede
> þat þou miʒt haue a new?
> Hore, þe deuil gird of þi hede
> Bot þat worde schal þe rewe! (V. 191ff.)

Zunächst fällt die französische Anrede auf, die jedoch nicht
als besonders freundliche Koseform gedeutet werden darf, denn,
so beweist Rex Vivus' Reaktion, sie ist nur die nachäffende
Gegenanrede von Reginas "sire" (V. 179), eine gespielte Ruhe
vor dem Sturm, der den Bruchteil einer Sekunde später mit tobender Wut aus Rex Vivus hervorbricht. In dieser Eifersuchtsszene der grausam-furchtbaren Drohung trifft genau das zu,
was Robert Weimann von der Gestalt des Herodes sagt:

Die physische Handlung und die psychische Erregung, wütende
Gewalt und zornige Rede, Aktion und Ausdruck sind gerade in
<u>Magnus Herodes</u> so dramatisch verknüpft, daß nicht das Resultat einer Tat (didaktisch) beschrieben, sondern der Prozeß
des Tuns (dramatisch) vorgeführt wird. Dieser Herodes beschreibt
die Dinge nicht, sondern erlebt sie, und die Struktur seiner
Rede wird "emotional" und "assoziativ" (H.-J. Diller)[46].

Für einen kurzen Augenblick (V. 195-198) steht uns hier anstelle einer allegorischen Moralitätenfigur eine real mögliche
Person gegenüber. Der im Hinblick auf die moralische Integrität Reginas geäußerte Argwohn kommt von keiner der Erstellung
des Moralitätenschemas dienenden Funktionsfigur. Um die allegorische Gestalt Rex Vivus in ihrer Sünde zu zeigen, hätten
diese zwei Zeilen der Rede genügt:

> I schal lyue euermo
> For boþe two þin eye, (V. 193f.)

denn das sind die schon so oft gehörten Worte des anmaßenden,
sündigen Helden; sie schreibt das Schema vor. Die nächsten

---

[46] Weimann (363, 116). (Handelt es sich bei dem in Klammern
stehenden "didaktisch" um einen Druckfehler? In W.s Aufsatz
"Die furchtbare Komik des Herodes" (361, 118), der fast identisch mit diesem Teil seines Buches ist, erscheint anstelle
von "didaktisch" das mir passendere "episch".) - Der obige
Hinweis W.s auf H.-J. Diller bezieht sich wohl auf dessen Aufsatz "The Craftmanship of the 'Wakefield Master'" (205).

Verse hingegen (V. 195ff.) könnten eher von einem mißtrauisch-eifersüchtigen Ehemann stammen.

Reginas Antwort nimmt dann zunächst Bezug auf den Vorwurf des Mannes; sie erwidert, daß sie keineswegs derartige Hintergedanken hege (V. 200)[47]. Die nachfolgende Sentenz (V. 205) könnte jedoch wieder aus dem Munde einer jeden Ermahnerin stammen; sie besitzt keine spezifische Bedeutung für eine etwaige "reale" Spielebene.

Rex Vivus' Erwiderung spiegelt ebenfalls noch einmal das Ineinander seiner moralitätenhaften und - wenn auch schwach ausgebildeten - realen Wesenszüge: Er werde niemals sterben, denn er sei König des Lebens (V. 211f.), ist der ständige Ausspruch des typischen Moralitätenhelden, der Funktionsfigur; er wird vom Schema des Dramas diktiert. Die anschließende an Regina gerichtete Bitte des eben noch tyrannisch Wütenden:

>ou dost bot mak myn hert sore,
I prey >e spek of him no more,   (V. 215 u. 217)

zeigt ein hinter der Rede stehendes, emotionales Wesen, denn sie widerspricht seiner sonstigen, "allegorischen" Unbeirrbarkeit und Standfestigkeit, daß er stärker sei als der Tod und ewig leben werde:

Of Deth ne of his maistrie
Ne have I no drede.   (V. 261f.)

Dann lernen wir eine neue Figur kennen: Rex Vivus ruft seinen Boten Mirth herbei. Während dieser seinen Weg zum Thron macht, ergreift der "König" die Gelegenheit, ihn zu beschreiben:

Mirth and solas he can make
And ren so >e ro;
Li3tly lepe oure >e lake
Qwher-so-euer he go.   (V. 267ff.)

---

[47]Über die Bedeutung von ">at ne kepte I no3te" (V. 200) herrscht bei den Herausgebern Unklarheit. Die Interpretation 'Hintergedanken hegen', 'heucheln' - im Einklang mit der positiven Vorstellung Reginas im Prolog - erscheint mir passend.

Zur Erkenntnis der Identität des Nuncius ist es zunächst wichtig, möglichst den vollen Bedeutungsinhalt der vom König des Lebens für ihn benutzten Namen zu erfassen. Mirth kann nicht einfach nur als 'Spaß' und damit der Bote als Hofnarr interpretiert werden[48]. Welche tiefere Bedeutung dieses Wort im Mittelenglischen besaß, läßt sich, abgesehen vom genaueren Nachschlagen im Wörterbuch[49], besonders aufschlußreich aus den Mysterienspielen ersehen: Von mirth sangen die Seraphim in ihrem Glück, von Gott erschaffen und bei ihm in bliss sein zu dürfen:

> In bliss for to bide, in his blessing
> Of mirth nevermore to have missing.   (V. 45 u. 48)[50]

Mit mirth sollten sie Gott verehren:

> In myrth and joy euermore to wake
> In hevyn I bylde Angell fful bryth
> my servauntys to be and for my sake
> with merth and melody worchepe my myth
> I belde them in my blysse
> Aungell in hevyn evyr more xal be
> In lyth ful clere bryth as ble
> With myrth and song to worchip me
> Of joye þei may not mys.   (V. 31ff.)[51]

Mit solcher Bedeutung beinhaltet sind Übersetzungen wie 'Spaß', 'Scherz' und 'Lust' kaum allumfassend[52].

Es fällt bei dieser Betrachtung der Cycle Plays wieder ins Auge, daß das Dasein Gottes und seiner Engel, ihre Existenz

---

[48]Diese im Text nicht verifizierte Interpretation der dramatischen Person des Mirth, die bis heute noch nicht angegriffen wurde, findet sich mehr oder weniger sicher behauptet z. B. in folgenden Untersuchungen: Brandl (31, XV), Eckhardt (Palaestra, 48, 114), Waterhouse (134, lxxiii), Zühlsdorff (150, 60), Boughner (176, 36), Spivack (338, 71), C. F. T. Brooke (32, 51), Mares (277, 27) u. a.

[49]SOED unter mirth:"1. Pleasurable feeling; joy, happiness – 1696. 2. Rejoicing, esp. manifested rejoicing; merrymaking; jollity ME."

[50]The Creation, and The Fall of Lucifer, ed. Cawley (4).

[51]The Creation of Heaven and the Angels, ed. Block (2).

[52]'Spaß' bei Eckhardt (Palaestra, 48, 114), 'Scherz' bei Brandl (3); "Lust und Freude schafft er mir" (V. 267) bietet Holthausen (71).

im <u>bliss</u>, mit dem gleichen Wort <u>mirth</u> beschrieben wird wie der Lebenszustand des Rex Vivus im Prolog von <u>The Pride of Life:</u>

> Ne may he of no <u>mirth</u> mene ne misse;
> And bringe his bale boun into <u>blisse</u>.　　(V. 30 u. 32)

Wenn der Nuncius also von Rex Vivus mit Mirth angesprochen wird, dann können wir daraus schließen, daß er als Symbol für das glückliche Lebensgefühl des Helden stehen soll, und das wäre Mirths <u>allegorische</u> Bedeutung im Drama[53]. Der Prolog bestätigt diese Interpretation: Von dem Zeitpunkt an, als der Bote den König des Lebens verläßt, um nach dessen Wunsch den Tod herauszufordern (V. 75f.), ist das Dasein des Helden ohne <u>mirth</u>. Später kehrt dann auch nicht Mirth zurück, sondern der Todesbote, welcher die Ankunft eines mächtigeren Herren ankündigt[54].

Der Nuncius wird von seinem Herrn auch <u>Solas</u> genannt (V.295). Die Bedeutung dieses Wortes erschöpft sich aber nicht in "Zeitvertreib", "Sorglosigkeit" und "Leichtsinn"[55], sondern heißt auch 'Trost', 'Freude', 'Erleichterung von Kummer'[56], das wird auch in der Darstellung später noch offensichtlich.

Hätten wir damit nun auch auf differenziertere Bedeutungsinhalte von <u>mirth</u> und <u>solas</u> hingewiesen, wodurch wir auf die Funktion dieser dramatischen Person innerhalb der Allegorie von <u>The Pride of Life</u> schließen konnten, so wäre nun noch zu prüfen, ob damit die vollständige Identität erfaßt ist.

---

[53] Mackenzie (<u>English Moralities</u>, 96, 204) scheint dies auch in seiner Interpretation zu implizieren, wenn er sagt: "He stands, apparently, for high spirits, the joy of living which accompanies health and strength". – Dagegen behauptet Zühlsdorff (150, 60), daß "Queen, Bishop und auch Mirth ohne ausgesprochenen Nebensinn" seien, was für Mirth ganz sicher unzutreffend ist.

[54] Vgl. Anmerkung 28 oben. S. 15.

[55] Eckhardt (<u>Palaestra</u>, 48, 114f.).

[56] SOED unter <u>solace</u>: "1. comfort, consolation; alleviation of sorrow, distress, or discomfort. 2. Pleasure, enjoyment, delight; entertainment, recreation, amusement - 1667. 3. That which comforts, brings pleasure or enjoyment, etc. ME."

Der Auftritt Mirths beweist, daß seine Namen bei weitem nicht sein ganzes Wesen und seine Funktion bezeichnen: Wie die bösen Engel Luzifer zu Füßen fallen, um ihm zu huldigen, nachdem er sich auf Gottes Thron gesetzt hatte[57], so kniet auch Mirth unterwürfig vor dem Thron des stolzen, verehrungsheischenden "Königs" nieder[58]. Seine fünfstrophige Rede, besonders die Priorität seiner Gedanken, spiegeln seinen "Charakter": Obwohl der "König" nur wissen wollte, ob Solas schon einmal jemandem begegnet sei, der mit ihm, Rex Vivus, zu streiten wagte (V. 273f.), beantwortet der Bote diese Frage erst in seinem letzten Satz. Zunächst hält er es für vorrangig, den unterwürfigen Höfling zu spielen, der seinem Herrn zu Füßen liegend mit der Anrede "King of Lif and lord of londe" (V. 275) schmeichelt. Dann erklärt er, wie er heißt und welche Aufgabe er wahrnimmt:

>   I am Mirth, wel þou wost,
>   þi mery messagere;   (V. 279f.)

Die Betonung liegt dabei auf "messagere", denn er legt ausschließlich Wert darauf, seine Taten als <u>Bote</u> ins rechte Licht zu rücken:

>   þat wostou wel, withoute bost
>   þer nas neuer my pere
>
>   Doʒtely to done a dede
>   þat ʒe haue for to done,
>   Hen to Berewik open Twede
>   And com oʒein ful sone;   (V. 281ff.)

---

[57] Lucifer
    I am now set as ʒe may se
    now wurchyp me ffor most mythy
    and for ʒour lord honowre now me
    Syttyng in my sete.

Angeli mali
    Goddys myth we for-sake
    and for more wurthy we þe take
    þe to wurchep honowre we make
    and ffalle down at þi ffete.   (V. 58ff.)

Siehe <u>The Fall of Lucifer</u>, ed. Block (2). - Zu der Aufforderung Luzifers vgl. auch die Rex Vivus' in V. 125f.

[58] Holthausen (10, 53) meint zu V. 278: "Diesen Vers hat B. falsch übersetzt: 'Dir setze ich mich an die Knie'. Die bekannte me. Phrase bedeutet aber: 'vor dir knie ich nieder', wie schon K. bemerkt".

die prahlerische Behauptung seiner Unübertrefflichkeit[59] beleuchtet denselben negativen Zug in seinem Charakter wie er bereits bei Rex Vivus auftaucht.

Dann schließt er einen Lobpreis an, der auf seine ersten Interessen hinweist: Gold, Silber, reiche Roben und Pferde, wie hier zu finden, suchen ihresgleichen in der ganzen Welt (V. 287ff.). Erst jetzt, zum Schluß seiner Rede, beantwortet er die vorherige Frage des "Königs":

> I haue ben boþe fer and nere
> In bataile and in strife;
> Ocke þer was neuer þy pere,
> For þou art King of Life.   (V. 291ff.)

Hier präsentiert sich eine Person, die zunächst dem König des Lebens unterwürfig schmeichelt, dann ihre eigenen Vorzüge herauskehrt und ihre materiellen Wünsche durchblicken läßt, um schließlich in "schönen Worten" dem Herrn jene Antwort zu geben, die er hören wollte.

Für die Erkenntnis der Identität des Nuncius ist nun weiterhin bezeichnend, wie seine Rede von Rex Vivus aufgenommen wird:

> Aha! Solas, now þou seist so,
> þou miriest me in my mode;
> þou schal, boy, ar þou hennis go
> Be auaunsyd, bi þe rode.   (V. 295ff.)

Solas vermochte durch seine Schmeicheleien das durch Reginas Ermahnungen traurig gestimmte Herz des Rex Vivus aufzuheitern, ihn zu trösten und den Glauben an seine einzigartige Größe wiederzugeben. Zur Belohnung erhält der Bote das "castel of Gailispire on þe Hil/ And þe erldom of Kente" (V. 301f.)[60], was kaum zur Verwunderung Anlaß gibt, denn darauf war der Bote offensichtlich aus.

---

[59]Als Bote, nicht in seiner Lustigkeit - wie Eckhardt behauptet (Palaestra, 48, 114) - sieht Mirth sich ohnegleichen. - Zum Boten und Botenbericht siehe auch Wilhelm Grosch (63,30). Seinen Ausführungen über Mirth können wir jedoch nicht beipflichten: "Als Nuntius wird bezeichnet 'Mirt' [sic] (Scherz) in 'Priede [sic] of Life' (zugleich lustige Person)".

[60]Welcher Ort mit Gailispire angesprochen ist, konnte bislang nicht identifiziert werden; siehe Davis (202, xcviii).

Die Rede des Nuncius und die Reaktion des "Königs" zeichneten bisher das Bild einer dramatischen Person, das Züge eines Typs, des Parasiten, eines Boten und einer lasterhaften Gestalt zeigt. Wird sich das skizzenhafte, bisher nur zweiperspektivische Bild verdeutlichen, um zu zeigen, wo sein Schwerpunkt liegt?

Nach den Worten des Nuncius sieht sich Rex Vivus in seiner Macht bestätigt, und es folgt sein "Abtritt", indem er sich hinter den Vorhang des Zeltes, in dem sein Thron zu stehen scheint, zurückzieht[61], doch nicht ohne vorher in seiner vermessenen Weise verkündet zu haben:

> On erth in brede ne leynth
> Ne was nere ʒet my make. (V. 305f.)

Damit ist die Handlung zu einem Stillstand gekommen. Soll sie fortgesetzt werden, dann bedarf es eines erneuten, vor allem stärkeren Impulses, einer schwereren Provokation des Helden, um ihn - wie wir aus dem Prolog vorausgedeutet wissen - die kühne Herausforderung an den Tod schicken zu lassen.

Und wieder ist die auslösende Kraft Regina, die als keineswegs passive Figur ihren Kampf um Rex Vivus und dessen Seelenheil noch nicht aufgegeben hat[62] und nun Episcopus zur Unterstützung herbeiholen lassen will:

> Messager, I pray þe nowe
> For þi curteysye,
> Go to þe bisschop, for þi prowe,
> And byd him hydir to hye. (V. 307ff.)

---

[61] Auf die dramaturgische Bedeutung dieses Szenenabschlusses (V. 303f.), der in ähnlicher Form auch im Mysterienspiel zu finden ist, wird von Weimann (363, 125f.) im Zusammenhang mit seiner Betrachtung des Wechselspiels von platea und locus und dessen Auswirkung auf die Relation Naturnachahmung und Illusion im mittelalterlichen Drama hingewiesen.

[62] Mackenzie (English Moralities, 96, 204) erkennt diesen so offensichtlichen Kampf nicht: Strength, Health und Mirth "are not on the side either of vice or of virtue, and it is not necessary that personifications should be on either in this class of plays, where there is no struggle to win the hero to a life of virtue or of vice". (Meine Hervorhebung)

Es fällt auf, daß Regina sich an Mirth, den Boten, wendet, der doch, wie sie als Augenzeuge mit ansah, auf der Seite Rex Vivus' steht, also im Grunde gegen ihre eigenen Intentionen gerichtet sein müßte. Mirth legt jedoch keineswegs in dem Augenblick, als er die Botenaufgabe für die "Königin" übernimmt, seine Identität als Parasit ab, sondern der Dramatiker synchronisiert die Darstellung beider in einer Rolle, macht Mirth zu einem intriganten Boten[63]. Regina bittet den Nuncius nicht nur in seiner Eigenschaft als Diener des Hofes (V. 308) um seine Hilfe, sondern verspricht ihm ausdrücklich Belohnung - "for þi prowe"[64] (V. 309) -, nachdem sie gerade dessen reiche Beschenkung durch Rex Vivus beobachtet hatte. Hiermit hat der Dramatiker nun eine weitere Perspektive im Bild des Nuncius ergänzt: Wir sehen diese dramatische Person mit den Augen Reginas. Dieser Typ eines Menschen, der auch zwei Opponenten gleichzeitig unterstützt und gegeneinander ausspielt, solange es ihm nur zum Vorteil gereicht, erscheint von nun an immer häufiger in den Moralitäten. In dem schon recht späten Drama <u>Damon and Pithias</u> (1565?) weist C a r i s o p h u s kaum andere grundlegende Züge als Mirth auf[65]. Über ihn sagt Withington: " He seeks to please Dionysius's [des Königs] whims, feeding his humors,

      for mine own again,-
  or else I would not plod thus up and down,
   I tell you plain,

---

[63] Eckhardt (<u>Palaestra</u>, 48, 114) meint hingegen: "Als bloße Episode erweist sich das intrigante Schmeicheln des Boten "Mirth" auch dadurch, daß er gleich darauf der frommen Königin als williger Bote an den Bischof dient, also in gutem Sinne thätig ist, und so die Wirkung seiner eigenen vorherigen Intrige selbst wieder aufhebt".

[64] SOED unter <u>Prow</u> ab^2: "(ME) advantage, profit, benefit, weal, good - 1570".

[65] Es sind also nicht allein die in der Renaissance einströmenden Einflüsse des lateinischen Dramas, sondern ebenso stark die des heimischen Volksdramas für diesen Typ im englischen Schauspiel verantwortlich zu machen. Vgl. hierzu auch E. P. Vandiver (130).

and helping, the while, to develop the plot"[66]. Genau diese Rolle spielt auch Mirth: Er redet seinem Herrn nach dem Mund und sagt ihm das, was er hören möchte; als Bote macht er weite Wege für ihn bis "Berwick-upon-Tweed", und nun eilt er für die 'Gegnerin' zum "Bischof", womit er, wieder wie Carisophus, die Handlung vorantreibt.

Mit der Belohnung in Aussicht ist der Bote schnell überredet und antwortet Regina:

> Madam, I make no tariyng
> With softe wordis mo;...   (V. 319f.)

Jetzt steht außer Frage, wie der Dichter die dramatische Person des Nuncius konzipierte: er läßt den Boten sich selber objektiv charakterisieren, indem er seine Rede an den "König" - keine anderen "wordis" können gemeint sein, denn seitdem und außerdem hat er nichts weiter gesagt! - als "softe wordis" bezeichnet. "Softe" bedeutet: "Ingratiating, soothing, bland; tender, sentimental"[67]. Gerade so wirkte die Rede des Solas auf den "König": schmeichelnd, besänftigend. Diese Selbstcharakterisierung dürfte die letzten Zweifel beseitigt haben, daß die Identität des Nuncius mehr umfaßt als die eines spaßigen Hofnarren und episodischen Intriganten.

Dann zieht der Bote singend los, um seinen Auftrag zu erledigen. Da er gleich im nächsten Satz des Textes den "Bischof" anredet, erkennen wir die dramaturgische Funktion des Gesanges: Der Bote muß vom Vorplatz des königlichen Zeltes, wo Regina mit ihm sprach, zum erhöhten Sitz ("Se", V. 323) des Episcopus hinübergegangen sein, das heißt also, das Lied hatte den Schauplatzwandel zu überbrücken und, technisch ausgedrückt, die Szenen zu verknüpfen. Da der Weg den Boten auch notwendigerweise nahe an die Zuschauer vorbeiführte, brachte das

---

[66] Die Textstelle aus Damon and Pithias ist Zeile 172ff., ed. J. Q. Adams (1); Robert Withington (142) erwähnt allerdings Mirth nicht. - Vgl. auch D. C. Boughners Mirth: "seconding his strutting master's whims" (176, 36).

[67] SOED unter soft a.

Lied vielleicht nun das im Prolog versprochene "mirth" (V. 14)[68], denn hiervon abgesehen war die Darstellung bislang bar solcher Eigenart; die Reden des Nuncius spiegelten vielmehr seinen dominanten Wesenszug des Schmeichelns und vermittelten keinen Spaß oder gar "comic relief"[69].

Fassen wir kurz zusammen: Diese dramatische Person ist als Mirth Symbol für das Lebensglück der Hauptgestalt, besitzt also eine Funktion innerhalb der <u>Allegorie</u>. Als Nuncius nimmt sie eine dramentechnische und eine dramaturgische Aufgabe wahr. Auf der einen Seite verknüpft sie die Handlungsphasen – hat also eine Aufgabe innerhalb des <u>Moralitätenschemas</u> – auf der anderen ermöglicht sie im mittelalterlichen Theater mit <u>platea</u> und <u>locus</u> ein Zusammenspiel zwischen den voneinander entfernt sitzenden Figuren. Darüber hinaus erscheint diese dramatische Person aber auch noch als typischer Parasit, das wird sowohl durch Reden und Handlungen anderer dramatischer Personen – Reginas und Rex Vivus' – verifiziert, als auch durch seine eigenen Worte.

Mit Mirths Anrede des "Bischofs" bricht das Fragment ab und setzt dann mit einer "Predigt" Episcopus' wieder ein. Da Episcopus hier zum ersten und letzten Male auftritt, denn nach Voraussage des Prologs gibt es für ihn im späteren Handlungsverlauf keinen weiteren Tätigkeitsbereich, muß seine Identität als dramatische Person, wenn überhaupt, dann aus diesen nun folgenden Worten erschließbar sein[70]. Es soll gleich

---

[68] Der Prologsprecher hatte angekündigt: "Here ʒe schullin here spelle/ Of mirth and eke of kare;" (V. 13f.). – Da der Text des Liedes nicht überliefert ist, muß auch dies eine Vermutung bleiben.

[69] Boughner (176, 36) meint: "His minor part shows how the perception of comic possibilities diverted the early English morality from an exclusive preoccupation with its serious theme, the awful study of retributive death".

[70] Es kann also für ein Nichterkennen der Identität des Episcopus "die sehr mangelhafte Überlieferung des Stückes" nicht verantwortlich gemacht werden, wie Eckhardt es tut (<u>Palaestra</u>, 48, 113 fn. 126).

vorweggenommen werden, daß die Rede Episcopus' nicht die eines _typischen_ _Bischofs_ ist[71], sondern, wie wir sehen werden, die einer typischen Moralitätenfigur, die auf der Seite des Guten steht.

Bevor Episcopus sich an Rex Vivus wendet[72], spricht er einen Monolog von sechzehn Strophen. Wahrscheinlich hatte diese Rede eine dramaturgische Aufgabe, nämlich die Überbrückung des Weges, den der Schauspieler von seinem eigenen Sitz bis zu dem des Dialogpartners, Rex Vivus, zurücklegen mußte. Dies läßt sich zunächst daraus schließen, daß der "Bischof" in der Rede nicht den "König" anspricht, sondern wie ein Prediger allgemein die Verderbnis der zeitgenössischen Sitten beklagt[73]. Solche Worte werden auch Figuren in anderen Moralitäten in den Mund gelegt, wie ein kurzer Vergleich mit Pity in _Hickscorner_ zeigen möge:

(Episcopus)	þe world is nou, so wo-lo-wo. In suc bal ibound.	(V. 327f.)
(Pity)	We all may say weleaway For synne that is now-adaye.	(V. 549f.)
(Episcopus)	Frend may no man find Of fremit ne of sib; þes ricmen bet reuþyles, þe por got to ground.	(V. 347f.) (V. 351f.)
(Pity)	Fewe frendes poverte dooth fynde, And these ryche men ben unkynde, For theyr neyghboures they wyll nought do.	(V. 105ff.)

---

[71] Zu Episcopus als Typ siehe Eckhardt (_Palaestra_, 48, 113 fn. 126), Brandl (31, XV), Ramsay (103, cxcv), Brooke (32, 51), Mackenzie (_English_ _Moralities_, 96, 204).

[72] Szenische Anweisung nach V. 390: _Tunc_ _dicet_ _regi_.

[73] Carleton Brown (34, 72) zeigt auf, "the lament upon prevailing evil conditions voiced by Episcopus (vv 327-354) is modelled upon that well-known mediaeval rubric, 'The twelve abuses of the age'".

(Episcopus) Lou is nou al lecuri.   (V. 337)
(Pity)   Now is lechery called love. (V. 557)[74]

Von der neunten Strophe an markiert ein Sprichwort einen Umschwung (V. 361f.): Nun wird der Zuschauer direkt angesprochen, ermahnt, sich zu bessern und an das Heil der Seele zu denken. Dadurch erkennen wir die spezifische Funktion Episcopus' innerhalb der Moralität: er ist ermahnender Repräsentant des Guten.

Dann wendet sich Episcopus an Rex Vivus selbst. Sein Lehren gleicht hier zum Teil dem Reginas[75] und somit auch dem Bonus Angelus' in The Castle of Perseverance. In dem Versuch Rex Vivus zur Umkehr zu bewegen, ähneln sie auch Confessio der gleichen Moralität, der von Bonus Angelus zur Hilfe geholt wird, wie Episcopus von Regina, als die eigenen Aufforderungen zur Buße gescheitert waren. Doch während Confessios Bemühungen erfolgreich sind, wird aus der Antwort des "Königs" die Fruchtlosigkeit des Unterfangens von Episcopus offenbar. Rex Vivus steht unmittelbar vor dem Abgrund, in dem sein Hochmut zu Fall kommen wird. In der Explosion seines sprachlichen Ausdrucks und seiner Handlungen spiegelt sich der bis zum äußersten provozierte Held. Sechsmal stellt er wütende Fragen[76], doch läßt ihn seine Ungeduld die Antwort gar nicht erst abwarten. Seine Beschimpfungen sind begleitet von zynisch-blasphemischen Verwünschungen[77]. Ähnlich seinem vorherigen

---

[74] Hickscorner, ed. Manly (12). - Interessant ist in diesem Zusammenhang, daß die Verse aus Hickscorner ebenfalls einem "Überbrückungsmonolog" entstammen: Pity hatte ihn zu sprechen, damit seine eben abgetretenen Schauspielerkollegen Zeit zum Umziehen erhielten. Das heißt, in The Pride of Life spielen die szenisch-räumlichen Bedingungen bei der Form der Rede eine Rolle, hingegen in Hickscorner die Limitation der Truppe auf eine nur kleine Anzahl von Schauspielern und die daraus entstandene Konvention des doubling.

[75] Vgl. z. B. V. 395ff. (Ep.) und V. 183ff. (Re.); V.392ff. u. V. 190f.; V. 401 u. V. 205; V. 403f. u. V. 229.

[76] Vgl. V. 407ff., 411f., 417f., 419f., 423f., 424f.

[77] Vgl. V. 413f., 415, 419, 421f., 425f.

Verhalten gegenüber den Ermahnungen Reginas mündet hingegen
auch dieser "realistische" Zornesausbruch wieder in allegorische Rede und Darstellung ein:

> I wool let car away,
> And go on mi pleying.
> To hontyng and to o[þ] ir play
> For al þi long prechyng.
> I am ʒyng, as þou mit se,[78]
> And hau no ned to char...   (V. 427ff.)

Der "Bischof" erkennt die Hoffnungslosigkeit der zu tiefen
Vermessenheit des King of Life. Vermag er ihn nicht in die
Schranken zu weisen, der Tod kann es bestimmt tun, denn einmal begraben, wird ihm sein Maß gesetzt sein.[79] Episcopus empfiehlt sich und gibt den Sünder in Gottes Hände.

Den Sturz in die unvermeidliche Verblendung verdeutlicht der
Dramatiker durch eine veränderte Strophentechnik: Die Hast
und Ungeduld Rex Vivus' spiegelt sich in der sonst vierzeiligen Strophe für _eine_ Person, die nun zum ersten Male mit
nur je zwei Versen beide Sprecher zu Worte kommen läßt:

> (Episcopus)   Sire Kyng, haue goday,
>   Crist I ʒou beteche.
> (Rex Vivus)   Fare wel, bisschop, þi way,
>   And lerne bet to preche.   (V. 447ff.)

Der Dichter versuchte offensichtlich, mit diesem die Rede der
Figuren verkürzenden Strophenschema die überstürzende Eile
des "Königs" einzufangen. Dies glückte ihm allerdings erst
nur im äußeren, nicht im inneren Aufbau, denn der Satz des
"Bischofs" wird nicht von dem des "Königs" abgeschnitten, indem dieser ihn unterbricht, ihm über den Mund fährt, sondern
findet nach den ersten zwei Versen der Strophe seinen natürlichen Sinnabschluß.

Die darauffolgenden Strophen geben keine Beschreibung, sondern

---

[78] Genauso begründet Humanum Genus in _The Castle of Perseverance_ seine Lebensweise als man ihn ermahnt: "I am but ʒonge..." (V. 423).

[79] Zur Bedeutung dieses Verses (444) siehe I. Hengstebeck (235).

höchst dramatische Handlung, wenn auf kleinstem Raum in nur
acht Versen der reifende Plan, das Fassen des Entschlusses
und die Ausführung der Tat eingefangen werden:

> Nou, mafay, hit schal be sene,
> I trow, ʒit to-daye,
> Qwher Deth me durst tene
> And mete in þe waye.
>
> Qwher artou, my messagere,
> Solas bi þi name?
> Loke þat þou go fer and nere,
> As þou wolt haue no blame...   (V. 451ff.)

Dann erscheint die Strophenhalbierung noch einmal und zeigt
damit, daß sie eine bewußt angewendete Technik des Dramatikers ist. Jetzt entspricht es dem ungestümen Kampfesdurst
des Sünders, der seinem unabwendbaren Schicksal zutreibt, wenn
Rex Vivus und der Nuncius nur je zwei Verse sprechen:

(Rex Vivus) Loke þat þou go both est and west
            And com oʒeyne anone;
(Nuncius)   Lorde, to wende I am prest,
            Lo, now I am gone.   (V. 467ff.)

Gleichzeitig spiegelt diese Strophe auch im Inhalt die überstürzende Folge von Ereignissen, denn in nur vier Zeilen
vollzieht sich hier der Befehl des "Königs", die Bereiterklärung des Boten und dessen Abzug.

In dieser Strophentechnik, die "Dialog" und Handlung verdichtete und auf das knappste zusammendrängte, hat das bereits im Prolog erkannte Darstellungsprinzip der Raffung
ihr Äquivalent zur Gestaltung des Spiels gefunden.

Der Sinn dieser Szene innerhalb der Moralität und Allegorie
ist klar: Die letzte ermahnende Figur muß erfolglos fortziehen; das Ende des lasterhaften Helden naht mit Riesenschritten. Und Ironie liegt nun obendrein darin, daß es Rex Vivus
selbst ist, der "Mirth" fortschickt.

Der tyrannische Ton, mit dem der Nuncius dann die Herausforderung Rex Vivus' den Zuschauern übermittelt, gleicht den
furchtbaren Drohungen und Befehlen seines Herrn:

> As ȝe wol noȝt ben aslawe
> Be ȝe neuer so bolde. (V. 473f.)
>
> þat ȝe schal fulfil his talente
> On peyne of lym and lif. (V. 477f.)
>
> Lest ȝe be henge and todraw,
> Or kast in hard bonde. (V. 481f.)
>
> Be him sikir he is ilore
> As here in þis lyue, (V. 493f.)
>
> He wol se his herte-blode
> And he with him stryue. (V. 501f.)

Dies sind ganz sicher nicht die Worte eines lachenden Hofnarren[80], sondern enthüllen noch einmal des Nuncius lasterhafte Natur.

Das Fragment bricht hier ab.

---

[80] Brandl hingegen (31, XV) glaubt in V. 473f. eine Bestätigung seiner Vermutung gefunden zu haben, die Mirth als Hofnarren sieht, denn er meint, der Nuncius habe eine "Narrenpritsche" geschwungen, "womit er", wie Eckhardt sich anschließt (48, 114), "ganz nach Art der gewerbsmäßigen Spaßmacher das Publikum bedrohte". Ich teile diese Ansicht nicht, denn diese Drohung steht nicht allein, sondern furchtbarere folgen.

3. Rede, "Dialog", dramatische Person

Bei der Bestimmung der Identität der dramatischen Person erkannten wir, daß jede in The Pride of Life erscheinende Gestalt eine ihrer Funktion gemäße typische Redeform besitzt. Rex Vivus, Sanitas und Fortitudo sowie Mirth enthüllen ihre Identität entweder ausschließlich oder zum Teil durch einen Selbsteinführungsmonolog. Sie ist eine typische Form der Rede für Figuren einer allegorischen Moralität. Im späteren, nichtallegorischen Drama stellt sie eine Konvention dar; sie kann, aber muß nicht der Charakterisierung einer dramatischen Person dienen. Dort nämlich sind die Gestalten aufgrund ihres realen Wesens fähig, aus eigenen Motiven zu handeln und so sich selber direkt darzustellen, oder sie werden im Spiegel der Reden und Handlungen anderer dramatischer Personen charakterisiert[81]. In einer allegorischen Moralität hingegen ist die Selbstbeschreibung eine Notwendigkeit.

Die Moralitäten versuchen, mit Hilfe einer mehr oder weniger durchformten Allegorie ihr Ziel, das von Stück zu Stück unterschiedlich sein kann, zu erreichen. Während sich nun der Erzähler, zum Beispiel eines Romans, der mannigfaltigsten der allegorischen Darstellung zur Verfügung stehenden "Werkzeuge" bedienen kann, ist der Dramatiker der allegorischen Moralität fast ausschließlich auf das Mittel der Personifikation angewiesen:

The morality plays... do not have the metaphorical latitude enjoyed by other forms of allegorical literature. The representation of an abstract meaning through inanimate objects or through forms of life other than human, while congenial to narrative poetry and prose, is obviously not well suited to the physical limitations and uniquely human processes of the stage[82].

---

[81] Über die Möglichkeiten der Form der Personencharakterisierung im Drama siehe z. B. Schücking (438).

[82] Spivack (338, 100). Er gibt als ein Beispiel The Pilgrim's Progress: "The chief function of metaphor in Bunyan's allegory is topographical and scenic, expressing the vicissitudes in the inner life of the dedicated Christian through the variable landscape of his figurative journey" (99).

Der von einer Personifikation verkörperte Begriff muß, sobald diese Gestalt auftritt, dem Zuschauer erklärt werden, um die Voraussetzung für sein Verständnis der Allegorie zu schaffen. Dies kann bei einer Abstraktion aber unmöglich durch Handeln erfolgen, wie es bei einem echten Charakter möglich ist; eine Abstraktion kann nicht handeln, nur beschreiben, und deswegen bedient sich der Dramatiker zu ihrer Charakterisierung notwendigerweise der Selbsteinführungsrede.

Form und Inhalt dieser einzelnen Selbstvorstellungsmonologe sind bei den Personen von <u>The Pride of Life</u> verschieden. Rex Vivus fand bereits eingehende Untersuchung im Hinblick auf dieses Problem. Die zwei Miles enthüllen durch die in der Rede vorgenommene Beschreibung des <u>eigenen</u> allegorischen Wesens gleichzeitig bestimmte Aspekte des Helden <u>Rex Vivus</u>. Ein Ersetzen des "þou art" durch "ic am" und eine Verschmelzung der beiden Duologteile hätte die Reden von Sanitas und Fortitudo zu einem Selbsterklärungsmonolog der Hauptgestalt werden lassen.

Ähnlich läßt sich auch mit einer einzigen Strophe der Rede des Mirth verfahren. Der "König" hatte ihn gefragt:

>   Qwher any man, as þou hast wente,
>   Dorst with me to striue?   (V. 273f.)

Darauf antwortete der Bote in seiner letzten Strophe:

>   I haue ben boþe fer and nere
>   In bataile and in strife;
>   Ocke þer was neuer þy pere,
>   For þou art King of Life.   (V. 291ff.)

Schrieben wir statt "þou art" ein "ic am" und "my" anstelle von "þy" so könnte diese Prahlerei aus dem Munde Rex Vivus' kommen.

Diese Möglichkeit, sowohl in der Strophe des Mirth als auch in den Selbsteinführungsmonologen der beiden Miles die Pronomina auswechseln und dadurch die Rede zu einem Monolog für Rex Vivus zusammenschmelzen zu können, beweist, daß hinter den Reden keine Individuen stehen, keine gemäß der Eigengesetzlichkeit ihres Wesens handelnde dramatische Personen, sondern Gestalten, die die Funktion ausüben, simultan mit ihrer Selbstbeschreibung eine Beschreibung bestimmter Wesensmerkmale des allegorischen Helden zu geben.

Sanitas und Fortitudo charakterisieren sich als reine Mono-Personifikationen. Die Gestalt des Nuncius hingegen erscheint komplizierter; das läßt sich ebenfalls an seiner Rede ablesen: Die oben zitierte Antwort des Boten (V. 291-294) erfolgt, wie gesagt, erst in der letzten Strophe seiner Rede. Weder stellt sie also das einzige dar, was der Nuncius nach der Frage seines Herrn zu sagen hat, noch steht sie völlig desintegriert außerhalb der gesamten Rede: das "ocke " 'auch' in der dritten Zeile stellt eine <u>syntaktische</u> Bindung zu der zweitletzten Strophe her. Aber diese "Integration" ist nur äußerlich; der Inhalt dieses Teils der Rede kann, ebensowenig wie der der drei ersten Strophen (also zusammen V. 275-290), nicht als Antwort auf die zuvor gestellte Frage bezeichnet werden. In ihnen zeigt sich Mirth als Parasit und erklärt seine Funktion als "messenger". Als schmeichelnder Intrigant und als technische Figur, als Bote, ist Mirths Erscheinen aber nun nicht länger an die allegorische Hauptgestalt gebunden. Die Mono-Personifikationen Sanitas und Fortitudo sind gleichsam an**thropomorphe** Emanationen des inneren Wesens von Rex Vivus. Der Bote und der Intrigant jedoch stehen der Hauptgestalt unabhängig gegenüber. Aus diesem Grunde liegt in der Rede des Nuncius die Möglichkeit, sie zu einem echten <u>Dialogteil</u> werden zu lassen. Die Miles sprachen nur einen <u>Duolog</u>, das heißt einen unter zwei Figuren aufgeteilten Monolog; Rex Vivus hätte ihn sprechen können. Die fünfstrophige Rede des Nuncius aber beinhaltet auch eine Selbstdarstellung als Typ und eine Selbsterklärung als Bote. Aber der Dramatiker nimmt die Gelegenheit nicht wahr, hier mit dem Boten oder dem Parasiten echten dramatischen Dialog zu schaffen. Der Bote nimmt in seiner Rede wohl Beziehung zu seinem Gegenüber auf, indem er ihm schmeichelt, aber die Stellungnahme zu der Frage Rex Vivus' erfolgt erst ganz zum Schluß. Zwischen dieser Antwort in der fünften

Strophe und der vorher gestellten Frage, also innerhalb eines Frage-Antwort-Rahmens, steht die Rede einer potentiell unabhängigen, nicht-allegorischen Dramenfigur. Wenn es nun diese sich hier entfaltende Gestalt wäre, die die Frage beantwortete, dann könnte man das Gespräch Rex Vivus-Bote als echten Dialog bezeichnen, an dem eine erfolgreich integrierte dramatische Person teilhat. So aber bleiben der Typ und der Bote noch interpoliert; sie stehen wohl innerhalb des Frage-Antwort-Rahmens, aber außerhalb des eigentlichen Gesprächs, das die "Haupthandlung" ausmacht und vorantreibt.

Neben diesem fünfstrophigen, so differenzierten Zwecken dienenden Monolog wird Mirth auch in seiner technischen Funktion als Bote durch eine typische Redeform gekennzeichnet: Die Erfüllung seiner Aufgaben bringt ihn öfter als jede andere Figur in die publikumsnahe Position, und hier redet er die Zuschauer direkt an: Vielleicht war er es bereits, der durch den Prolog das Publikum aktivierte und auf die nachfolgende Darstellung einstimmte[83]. Im Spiel dann hat zunächst der Auftrag Reginas zur Folge, daß er den von den Schaulustigen umsäumten Platz überqueren muß, um zu Episcopus zu gelangen. Diesen Szenen- und Schauplatzwechsel überbrückt er mit - vielleicht fröhlichem - Gesang. Schließlich aktiviert er die Zuschauer nochmals, ja macht sie fast zu Mitspielern, indem er unter ihnen gemäß dem Auftrag Rex Vivus' nach dem Tode fragt.

Einer dramatischen Person, hier dem Mirth, die Funktion eines Boten zu geben, die sie dann in die Zuschauernähe bringt, ist primär auf die szenisch-räumlichen Bedingungen des mittelalterlichen Rundtheaters zurückzuführen[84]: Hier mußte es eine

---

[83] Siehe oben Anmerkung 28, S. 15.

[84] Schmitt (330) stellt heute die Frage "Was there a medieval theatre in the round?" Im ersten bisher erschienenen Teil ihrer Untersuchung wird Southerns (Theatre, 336) These nicht widerlegt, sondern zunächst, meines Erachtens überzeugend, gezeigt, daß Southerns Rekonstruktion der szenisch-räumlichen Verhältnisse von The Castle of Perseverance auf der Basis der diese Moralität begleitenden Zeichnung nicht immer mit dem Text des Spieles selber vereinbar ist. Schmitt bietet eine

Figur geben, die überhaupt erst ein Spiel zwischen den voneinander entfernt sitzenden Personen vermittelte. Dafür erfand der Dramatiker die Rolle des Nuncius. Sie erfüllt eine dramaturgische und gleichzeitig eine dramentechnische Funktion: Sie verbindet die Schauplätze und verknüpft die Handlungsphasen. Die Form ihrer "Rede" ist Gesang oder direkte, ins Geschehen hineinziehende Publikumsanrede.

Ähnlich wie der Nuncius wird auch Episcopus in eine zuschauernahe Position gebracht. Er mußte, um der Bitte Reginas zu folgen, von seinem Sitz zu dem des "Königs" gehen. Zur Überbrükkung des Weges nimmt er die Gelegenheit wahr, dem homiletisch-didaktischen Auftrag der Moralität zu dienen: er hält zunächst eine konventionelle Predigt und wendet sich dann in direkter Rede an den Zuschauer, um ihn zu ermahnen und zu tugendhaftem Leben aufzufordern.

Wenn wir sowohl den Gesang des Mirth als auch die Rede des Episcopus "Überbrückung" nennen, dann wird damit gleichzeitig gesagt, daß ihnen eine direkte personencharakterisierende Funktion, wie den Selbsteinführungsreden allegorischer Gestalten, nicht zukommt. Nun wurde uns Wesen und Funktion des Nuncius bereits in für ihn typischen Redeformen aufgedeckt, so daß wir zu seiner Identifizierung kaum noch auf seinen "Überbrückungsgesang" angewiesen waren. Episcopus hingegen erscheint hier zum ersten Male, doch der Dramatiker gesteht ihm keine Selbstvorstellungsrede zu. Man könnte nun hieraus schliessen, daß Episcopus keine Funktion innerhalb der Allegorie

---

stichhaltige Alternativerklärung der Spielanlage. (Der zweite Teil des Aufsatzes steht noch aus. Er soll die im Titel gestellte Frage zu beantworten versuchen.) Für The Pride of Life und meine Argumentation ist dieses Problem nur mittelbar relevant. Die in diesem Text erscheinenden Anspielungen auf den Sitz des Episcopus und des Rex Vivus, sowie die mannigfaltigen Erwähnungen des "Platzes" reichen aus, um die unterschiedlichen szenisch-räumlichen Verhältnisse, im Vergleich zum Bühnenraum, zu erkennen. Sie spielen bei der Figuren- und Raumdramaturgie sowie für die Form der Rede eine solch entscheidende Rolle, daß sie auf keinen Fall unberücksichtigt bleiben dürfen.

besitzt, denn sonst hätte ihn der Dramatiker wie die anderen mit allegorischen Namen bezeichneten Figuren "charakterisieren" müssen. Man könnte auch schlußfolgern, daß die dramatische Person des Episcopus wohl ein typischer Vertreter des mit seinem Namen bezeichneten Berufsstandes ist, also "typischer Bischof". Beide Interpretationen, so wird offensichtlich, gehen vom <u>Namen</u> der dramatischen Person aus. Betrachten wir nun seine <u>Rede</u> und die sich darin spiegelnde "Handlung", dann erkennen wir, daß Episcopus tatsächlich keine allegorische Personifikation, aber auch keinen Vertreter der Geistlichkeit darstellt, sondern Form und Inhalt seiner Rede weisen darauf hin, daß auch er reine Funktionsfigur ist, nur richtet sich seine Funktion nicht auf die Allegorie, sondern allein auf das zu erstellende, vorgeschriebene Moralitätenschema: Hier sind Repräsentanten des Guten notwendig, die sich für das Heil des Helden einsetzen. Episcopus stellt eine solche Gestalt dar. Er ist Ermahnungs- und Bekehrungsfigur und die für diese Person typische Form des Sprechens ist die <u>Ermahnungs-</u> oder <u>Bekehrungsrede</u>. Indem er also warnend und zum Tugendhaften aufrufend sich an Rex Vivus wendet, charakterisiert er sich durch seine Rede und sein "Handeln", das Ermahnen.

Diese Feststellung in bezug auf die Identität des Episcopus gilt analog für Regina. Auch ihre Namensbezeichnung ist nicht-allegorisch; sie stellt weder eine "typische Königin" dar noch kann sie einwandfrei als allegorische Mono-Personifikation identifiziert werden. Regina ist, wie Episcopus, Funktionsfigur des Moralitätenschemas und wird gleichfalls durch die für die Vertreter des Guten typische Redeform, die Ermahnungs- oder Bekehrungsrede, charakterisiert.

Oben haben wir gesehen, wie der Dramatiker Frage und Antwort verwendet, um die Integration einer potentiell "realen" dramatischen Person zu versuchen. Frage und Antwort sind nun auch das immer wieder auftretende Erscheinungsmerkmal des

Bemühens, die Illusion eines Dialogs[85] überhaupt zu erzeugen, die Reden zu verknüpfen: Der erste Übergang dieser Art tritt in Vers 166ff. auf. Der Gegenstand der Reden war bis dahin die Entfaltung des facettenhaften allegorischen Wesens der Hauptgestalt. Die Beschreibung des King of Life ist mit Vers 165 abgeschlossen. Nun wird die Fortsetzung des "Gesprächs" gleichsam erzwungen, indem Sanitas eine zu seiner vorher gegebenen Erklärung bezugslose Frage an Rex Vivus richtet:

>   þou schal lyue euermore:
>   Qwho dar with þe striue?   (V. 165f.)

Jetzt greift Rex Vivus das Verb auf, um es sofort wieder zu verneinen und seine eigenen Gedanken anzufügen:

>   Striue? Nay, to me qwho is so gode?
>   Hit were bot folye;   (V. 167f.)

Die gleiche Verknüpfungstechnik begegnet uns auch beim "Königspaar". Rex Vivus argwöhnt:

>   Woldistou þat I were dede
>   þat þou miʒt haue a new?   (V. 195f.)

---

[85] Über die Entwicklung des Dialogs in den englischen Moralitäten siehe Fehsenfeld (215); allerdings läßt sie The Pride of Life unberücksichtigt und beginnt in allen Kapiteln erst mit The Castle of Perseverance. - Ihre Untersuchung erscheint mir wertvoll, nur fehlt eine Differenzierung zwischen Duolog und Dialog. Der Duolog stellt aber eine wichtige Stufe der Dialogentwicklung dar, denn er ist nicht mehr Monolog und noch nicht Dialog. F. springt gleich von Monolog zu Dialog, wobei sie als "unterscheidendes Kriterium" für eine Abgrenzung "die Richtung der Anrede entweder auf die Mitspieler oder aber auf das Publikum" (215) zugrundelegt. Der bloße Übergang zur Anrede eines Mitspielers ist aber, wie ich meine, noch kein Beweis für echten Dialog. Von Dialog allgemein kann erst die Rede sein, wenn die dramatische Person Beziehung zu ihrem Gesprächspartner und dem von jenem Gesagten aufnimmt; und speziell dramatischer Dialog liegt erst dann vor, wenn zudem auch die Handlung des Spiels in irgendeiner Form beeinflußt wird. "'Relationship' is not being used here in the limited sense of a personal connection between people, but in the dramatic sense of a relative connection between characters, which can of course include a personal connection. We are asking not how characters affect one another, but how they affect the action"; Styan (525, 178; meine Hervorhebung).

Und Regina antwortet in bekannter Weise, um sogleich ihre
Ermahnungen anzuschließen:

>   Dede sire? Nay, God wote my wil,
>   þat ne kepte I noȝte;   (V. 199f.)
>   ....
>   (ȝet) þogh þou be kinge
>   Nede schalt haue ende;   (V. 203f.)

Auch die Verse 218ff. werden so verbunden:

Rex Vivus Qwhat wolte of him ȝelpe?

Regina   Ȝilpe, sire? Ney, so mot I the;
           I sigge hit noȝt therfore,
           Bot kinde techith boþe þe and me,
           ....   (V. 218ff.)

Diese Versuche, durch Frage und Antwort die verschiedenen
Redeteile zu verknüpfen, sind noch öfters zu finden. Es ist
hier weniger wichtig festzustellen, daß der Dramatiker wohl
verbinden, aber noch keine Illusion eines echten Dialogs
schaffen kann, als anzuerkennen, daß er das starre, bezugslose Nebeneinander von langen Redeblöcken zu vermeiden und
die Sprechweise lebhafter zu gestalten sucht.

4. Methodische Schlußfolgerung

Heute wie vor siebzig Jahren wird The Pride of Life erstens für seine Standestypen - König, Königin, Bischof - hervorgehoben[86] und zweitens sieht man in der dramatischen Person des M i r t h noch immer einen Hofnarren[87]. Nach unseren vorausgegangenen Analysen müssen diese Interpretationen jetzt als Irrtümer bezeichnet werden. Wie kamen sie zustande, und welche Methode könnte dienen, um sie in Zukunft auszuschalten?

Wir kennen zwei Grundformen der Allegorie. Bei der ersten, in welcher die Figurenelemente nur allegorische Namen tragen, bedarf es zum Verständnis der Bedeutung nur eines Schrittes: die Handlungen und Beziehungen der verschiedenen Personifikationen mit- und zueinander müssen "übersetzt" werden. Jedoch der Denkprozeß, der uns zum Verständnis einer Allegorie führt, die keine allegorischen Namen, das heißt Bezeichnungen irgendwelcher Abstraktionen oder Ideen, sondern nur Personen-, Standes- oder Berufsnamen aufweist, ist ein Vorgang, bei dem zwei Erkenntnisse in gegenseitiger Abhängigkeit voneinander simultan erzielt werden müssen: es sind sowohl die Bedeutungen hinter den nicht-allegorischen Namen zu entdecken - welchen Begriff personifizieren die Gestalten? - als auch diese Bedeutungen in ihren Beziehungen zueinander zu sehen und zu "übersetzen"[88].

Betrachten wir die Liste der dramatischen Personen in The Pride of Life, dann scheint es, als sei dieses Drama eine "Mischallegorie", denn die Namen der Figurenelemente stammen

---

[86] Vgl. z. B. auch F. P. Wilson (370, 75).

[87] Siehe oben Anmerkung 48, S. 36.

[88] R. W. Frank (458) bezeichnet die erste Form mit "personification-allegory", die zweite mit "symbol-allegory". Dantes Göttliche Komödie, in der hinter den Personennamen (Dante, Vergil etc.) abstrakte Begriffe zu erkennen sind (Vergil = Reason 'Vernunft'), wäre ein Beispiel für die "symbol-allegory".

aus beiden, soeben beschriebenen, Allegorieformen: Rex Vivus, Sanitas und Fortitudo, sowie Mirth und Solas (die allegorischen Namen der Botenfigur) sind Personifikationen wie sie die erste Form zeigen könnte. Regina, Episcopus und Nuncius, sowie die Bezeichnung Miles (der "Standesname" von Sanitas und Fortitudo) könnten in der zweiten Form auftauchen. Eine Interpretation dieser aus heterogenen Figurenelementen zusammengesetzten Allegorie hätte nun in der erklärten Weise zu verfahren: Die Namen der allegorischen Personifikationen brauchten nicht übersetzt zu werden, denn, so scheint es, sie sind sprechende Namen, sie bezeichnen die Identität. Hingegen müßten die Standes- und Berufsbezeichnungen auf ihren dahinterliegenden allegorischen Sinn untersucht werden, um sie in ihren Beziehungen zueinander übersetzen und deuten zu können und - letztlich - um die "Mischallegorie" zu verstehen. Gehen nun so die einzelnen Interpreten vor?

Einige streichen Rex Vivus das "Vivus" und machen ihn zu einem Rex = König und damit zu einem Standestyp, der nun zu den Figuren nur mit nicht-allegorischen Namen paßt. Regina und Episcopus identifiziert man als typische Königin und typischen Bischof, wohl weil ihre Namen das zu indizieren scheinen. Bei Sanitas und Fortitudo werden ebenfalls die allegorischen Bezeichnungen ignoriert, man nennt sie nur noch Ritter. Zugegeben, sie werden zusätzlich auch so angesprochen, aber ebensowenig wie Rex Vivus nicht Rex heißt, sind sie nicht ausschließlich Miles oder "knytis". Beim Boten verfahren die Interpreten in umgekehrter Weise, indem sie hier die Funktionsbezeichnung "Nuncius" ignorieren und sich nur an den allegorischen Namen "Mirth" klammern. Aber - und das scheint nun bezeichnend für diese Interpretation - jetzt wird Mirth nicht als Personifikation in einer Allegorie identifiziert, sondern nachdem man in mirth die neuenglische Bedeutung 'Spaß', 'Scherz' und 'Lust' hineinprojiziert hat, geht man nun noch weiter und macht aus ihm eine "lustige Person", einen "Hofnarren", und dieser fügt sich dann scheinbar nahtlos in die zuvor konstruierte reale Handlung am Hofe eines Königs ein.

Wird eine solche Methode den dramatischen Personen gerecht? Warum, so müssen wir fragen, bezeichnet der Dramatiker selber seine Figuren nicht namentlich homogen; warum gibt er diesen Gestalten allegorische, jenen nicht-allegorische und einigen beide Namen?

Meine Analyse der Reden und Handlungen der verschiedenen Personen gibt die Antwort: The Pride of Life ist eine nur zum Teil allegorische Moralität. Ihrer Form der Darstellung liegen zwei Faktoren zugrunde: erstens, es soll zumindest zeitweilig die Illusion eines allegorischen Vorgangs geschaffen werden; zweitens, daß typische Schema einer Moralität muß erstellt werden[89]. Beides erreicht der Dichter mit Hilfe der dramatischen Personen, die er zu reinen Funktionsfiguren macht: Die einzelne Gestalt kann eine Funktion innerhalb der Allegorie besitzen, also Personifikation eines Begriffes sein; sie kann nur eine Funktion zur Erstellung des Moralitätenschemas ausüben, und dafür braucht sie nicht Personifikation, sondern nur typische Moralitätenfigur zu sein; sie kann auch beide Funktionen in sich vereinigen und wäre dann sozusagen eine bifunktionale Person. Das P r i n z i p   d e r   D a r s t e l l u n g   besteht also darin, daß die Gestalt in jedem Falle ausschließlich auf ihre Funktionalität reduziert ist, sei es im Hinblick auf die Allegorie, sei es im Hinblick auf die Moralität, sei es auf beides. Sie ist ausführendes Organ einer vorgeschriebenen allegorisch-moralitätenhaften Handlung. Jede neue Phase des Geschehensablaufs, und jede neue Figurenkonstellation der Allegorie hat ihr Motiv in dem vorher festgelegten, zugrundeliegenden Handlungsnexus,

---

[89]Dieses Schema kann verschiedene Grundstrukturen zeigen, es braucht nicht mit dem "unschuldigen" Helden zu beginnen, der dann einer Versuchung erliegt, ein Leben in Sünde führt, bereut und Gnade erhält, sondern kann - wie hier in The Pride of Life (siehe auch Hickscorner z. B.) - gleich mit der Lasterhaftigkeit der Hauptfigur beginnen, so daß also die in der anderen Struktur erscheinenden ersten beiden Phasen des Schemas nicht dargestellt werden. (Zu den verschiedenen Formen siehe u. a. Ramsay, 103, cxlvii).

nicht in einer eventuellen Eigengesetzlichkeit eines realen Charakters, die die dramatische Person handeln ließe und dadurch den Impuls für die weiteren Ereignisse geben könnte[90].

Damit wäre nun auch die Frage nach dem heterogenen Namenskomplex beantwortet: Weil wir in The Pride of Life keine "Mischallegorie" vor uns haben - wie anfänglich bei der Betrachtung der Namensliste vermutet -, sondern ein Drama mit einer nicht durchgeformten Allegorie innerhalb eines vorgeschriebenen Moralitätenschemas, kann der Dramatiker seinen Personen, die ausschließlich eine Funktion innerhalb des Schemas besitzen und keine Personifikationen abstrakter Begriffe zur Erstellung der Allegorie sind, keine allegorischen Namen geben. Die Bezeichnungen "Regina" und "Episcopus" sind also in dieser Weise zu erklären[91]. Sie zeigen nicht an, daß wir hier Figurenelemente vor uns haben, wie sie die "symbolallegory" kennzeichnen, und sie sagen auch nicht, daß die Namensträger typische Vertreter ihres Standes sind.

Es müssen also drei Arten von Figurenelementen unterschieden werden: die reine allegorische Personifikation, die typische Moralitätengestalt und die bifunktionale Figur. Gemeinsam haben alle drei, daß sie Funktionsfiguren sind, deren "Handeln" in einem übergeordneten Schema motiviert ist. Daraus folgt: Der Prozeß der Entwicklung zur "realen" Identität - oder zur "realistischen" dramatischen Person - müßte dort beginnen, wo das rein funktionsgebundene "Handeln" aufgegeben wird und die dramatische Person der Eigengesetzlichkeit ihres Wesens folgen und danach handeln und das dramatische Geschehen bestimmen kann.

---

[90] Die Terminologie zur Darstellung der Personen ist zum Teil aus Klein (597), Kap. II, 2, entlehnt.

[91] Warum der Dramatiker gerade diese Namen wählte, bleibt zu vermuten. Die einzige Ermahnerin könnte er "Regina" genannt haben, weil sie Rex Vivus begleitet. Episcopus heißt vielleicht so, weil er die konventionelle "Überbrückungspredigt" hält.

Aus diesen Feststellungen, daß die moralitätenhaften dramatischen Personen in The Pride of Life nur Funktionen des Geschehens sind, weil ihr Handlungsmotiv in einem übergeordneten Schema liegt, und daß diese Funktionen erkannt werden müssen, um die Identität bezeichnen zu können, aber nicht aus den Namen ablesbar sind, leite ich den methodischen Grundsatz ab: Die Erkenntnis der Identität einer jeden mit einem allegorischen oder nicht-allegorischen Namen bezeichneten dramatischen Person einer Moralität kann nur aus der Analyse der in R e d e und H a n d l u n g sich spiegelnden direkten oder indirekten Charakterisierungen gewonnen werden.

Der Dialog - das Medium des Dramas, in dem die Handlung ausgedrückt wird[92] - läßt uns auf den "Charakter" der dramatischen Person schließen. Wenn nun aber die Gestalt ihr Handlungsmotiv nicht in ihrem Wesen hat, dann kann auch ihre Rede (oder ihr Dialoganteil), nicht Enthüllung ihres "Charakters" sein, sondern bemißt sich daran, was für das vorgeschriebene Schema, das die Motivation setzt, nützlich und notwendig ist. Dort nun, wo Form und Inhalt der Rede nicht darauf ausgerichtet sind, was sie für die Allegorie oder für das Schema leisten, wo also etwas gesagt beziehungsweise getan wird, das sein Motiv nicht in der allegorisch-moralitätenhaften Sequenz hat, dort muß hinter der Rede ein Wesen stehen, das sich aus seiner Funktionsgebundenheit gelöst und einen Schritt in Richtung einer realeren Identität getan hat.

Ob diese methodischen Schlußfolgerungen gültig sind und uns den Blick für den Wandel der Darstellungsform der dramatischen Person zu öffnen vermögen, müssen die weiteren Interpretationen zeigen.

---

[92] "At the bottom of drama lies an utterly unrealistic convention. People are made to talk almost without interruption, whereas in real life they would be engaged in actions rather than in words. Dramatic dialogue, in short, is conventionally regarded as   r e p r e s e n t i n g   action"; (Diller, 205, 273).

KAPITEL II

DER BOTE IN "THE CASTLE OF PERSEVERANCE"

1. Detraccio-Backbiter

Ein Blick auf die Personenliste von The Castle of Perseverance (ca. 1400-1425)[1] scheint erkennen zu lassen, daß diese Moralität eine durchgeformte Allegorie darstellt, denn alle Namen sind (wenn wir Deus und Mors ausklammern) allegorisch. Die Personifikationen müßten demnach eine Funktion innerhalb der Allegorie haben und die meisten von ihnen auch eine Funktion zur Erstellung des vorgeschriebenen, schematischen Handlungsverlaufs.

In The Castle of Perseverance bietet diese zugrundeliegende Struktur noch eine Besonderheit: Im Gegensatz zu The Pride of Life und vielen anderen Moralitäten wird hier eine doppelte Sündenphase allegorisch gestaltet: Nachdem Humanum Genus, die Hauptfigur, zum ersten Mal nach anfänglicher Gutheit den Lockungen des Bösen nachgegeben hatte, vermochten ihn die "tugendhaften" Streiter auf ihre Seite zurückzugewinnen. Im Alter aber verfällt er ein zweites Mal der Sünde, bis schließlich der Tod seinem Leben ein Ende setzt.

Diese doppelte allegorisch-moralitätenhafte Sequenz wäre nun miteinander zu verbinden. Wie geht der Dramatiker vor? Bedient er sich einer dramatischen Person, die dem Nuncius in The Pride of Life ähnelt? Wenn ja, dann fragen wir unwillkürlich weiter: zeigt diese Figur, abgesehen von dieser identischen technischen Funktion, auch andere Übereinstimmungen? Die Antwort lautet in beiden Fällen "ja". Hier heißt diese - wenig beachtete - dramatische Person Detraccio[2].

---

[1] Siehe Mark Eccles ed. (209, xi).

[2] Die im Text erscheinende Orthographie der Namen ist hier und im Folgenden beibehalten.

Wie haben wir das herausgefunden?
Ähnlich wie im ersten Drama weist bereits die Exposition der
Figur - das heißt im früheren Spiel der Prolog, in diesem
Drama fast immer der Erstauftritt - zunächst durch die Quantität der Verse auf die Wichtigkeit der Person im Spiel hin.
In The Castle of Perseverance werden natürlich M o r s
die meisten Strophen und Verse zugedacht, denn das übergreifende Thema dieser Moralität ist 'die Ankunft des Todes'.
Nach Mors nimmt die Hauptgestalt, verständlicherweise, den
nächstbedeutenden Platz im Drama und damit in der Versanzahl
ein. Humanum Genus stellt sich mit vier dreizehnzeiligen
Strophen vor, und Detraccio darf es ihm als einziger gleichtun. Keine andere dramatische Person, ob Laster oder Tugend,
ob erfolgreicher Versucher oder Erretter, stellt sich mit einer ebensolangen Einführungsrede wie er vor[3].

Diese quantitative Absetzung erhält im Verlaufe des Dramas
durch eine qualitative Differenzierung eine Bekräftigung: Wie
Ramsay bereits feststellte, versucht der Dichter in The Castle
of Perseverance erstmalig durch einen Strophenkontrast die
Figuren voneinander abzuheben, während The Pride of Life nur
den Zeilenkontrast kannte[4]. Die drei Laster Voluptas, Stulticia und schließlich Detraccio unterscheiden sich von den Personifikationen der Sünden sowie von den Tugenden durch die
nur ihnen zuerteilte - hier ebenfalls zum ersten Mal vorkommende - Schweifreimstrophe[5]. Doch wird Detraccio von den

---

[3]Statistischer Ausschnitt der Erstauftritte mit der Anzahl
der Strophen (erste Ziffer) und Zeilen (zweite Ziffer):
Mors   5,13
Humanum Genus, Detraccio   4,13
Mundus, Belyal, Caro, Auaricia   3,13
Penitencia, Misericordia   2,13; 2,13 + 9
Gula, Luxuria, Accidia   1,13
Abstinencia, Castitas, Solicitas   1,13.
Diese "Rangliste" spiegelt die Reihenfolge der Bedeutung der
einzelnen Personen.

[4]Siehe Ramsay (103, cxxxviii).

[5]Das Grundschema des Reims in dieser Strophenform ist aaab
cccb. Durch Weitertragen des Schweifreims (b) kann die Strophe
variiert und beliebig verlängert werden.

beiden anderen Lastern nochmals abgesetzt, indem seine Strophe reicher gestaltet wird, reicher, weil der einzelne Vers länger und mit einer größeren Anzahl Anhebungen ausgestattet ist[6]. Hat der Dichter durch diese quantitative und qualitative metrische Unterscheidung auf Detraccio aufmerksam gemacht, so fragen wir nun nach dem Kausalzusammenhang mit der Identität dieser dramatischen Person.

Ähnlich den meisten anderen Figuren redet Detraccio das Publikum direkt an, als er zum ersten Mal auftritt. Ein Ausschnitt aus seiner Vorstellung:

> I wyl þat ye wetyn, all þo þat ben here,
> For I am knowyn fer and nere,
> I am þe Werldys messengere,
> My name is Bacbytere.   (V. 656ff.)

Mit diesen vier Zeilen werden gleich zwei Fragen zu seiner Identität aufgeworfen: Soll der Beiname "Werldys messengere" ein allegorisches Synonym für "Backbiting" sein, denn "Backbiting" könnte ja im figurativen Sinne so bezeichnet werden[7]? Wenn ja, dann stellt sich die weitere Frage, warum der Dramatiker dann aber diese Gestalt sich nicht mit "Backbit*ing*" bezeichnen läßt; er nennt sich nur "Backbit*er*"[8]. "Backbiter" aber ist 'Verleumd*er*' (plastischer der englische Name!), und damit wird ein Mensch beschrieben, der verleumdet, keine allegorische Personifikation des abstrakten Begriffes 'Verleumd*ung*' "Backbiting"[9].

---

[6] Siehe V. 777-784 von Detraccio im Vergleich zu V. 631-638 von Voluptas. - Diese sowie alle nachfolgenden Textbelege aus The Castle of Perseverance entstammen der Ed. Eccles'(6).

[7] Bei W. E. Tomlinson (128, 53) heißt Backbiter "Belyals Bote". Dies kann ein Hinweis darauf sein, daß zumindest dieser Interpret 'Bote der Welt'u.'Verleumdung' nicht synonym sieht.

[8] Siehe V. 659, 676, 681. - Bei Rossiter (319, 104) heißt er nur noch "Backbyte". (Die Inhaltsangabe dieses Interpreten bringt Backbiter erst ins Spiel, als er bereits abgetreten ist.)

[9] Die Übersetzung 'Verleumdung' kann mich überhaupt nicht zufriedenstellen. Der Begriff drückt einfach nicht alle in detractio (backbiting) implizierten Bedeutungen aus; das wird in Kürze offensichtlich werden.

Der Hinweis auf diese Differenzierung in der Benennung der dramatischen Person erscheint auf den ersten Blick irrelevant, will aber dann beachtet werden, wenn wir feststellen, daß im Unterschied zu allen im Drama auftretenden Lastern, Sünden und Tugenden, wie zum Beispiel Torheit, Faulheit, Wahrheit, Keuschheit, allein Detraccios Name "Backbiter" keinen abstrakten Begriff, wie diese, bezeichnet; das wäre "Backbiting". Sein Träger kann und darf deswegen auch nicht _a priori_ zu "Backbiting" umbenannt werden, denn das hieße, aus der nicht-allegorischen Gestalt des Verleumders eine allegorische Personifikation des Begriffes Verleumdung machen. Woher aber wollen wir bereits vor einer Analyse der Handlungen und Reden dieser Person wissen, daß der Dramatiker Backbiter auf eine Stufe mit den allegorischen Personifikationen stellt, oder warum er ausgerechnet diese Figur sich mit 'Verleumder' und nicht als 'Verleumdung' vorstellen läßt, während die anderen als Faulheit und nicht als der Faule, Torheit aber nicht als der Tor auftreten? Ist also diese Differenzierung in der Namengebung das erste Zeichen einer unterschiedlichen Gestaltung dieser dramatischen Person? Stellt sich Backbiter tatsächlich als typischer Verleumder dar, handelt er so, oder verbirgt sich hinter diesem nicht-allegorischen Namen doch nur die allegorische Personifikation "Backbiting"?

Der erste Auftritt Detraccios, bei dem die oben zitierten Verse gesprochen wurden, scheint sich, oberflächlich betrachtet, kaum von dem einer allegorischen Personifikation zu unterscheiden, denn hier haben wir keine _dynamische_ Rede, in der sich dramatische Handlung vollzieht, sondern eine _statische_ Rede, in der beschrieben wird. Bei näherem Hinsehen erweist sich jedoch, daß Form und Inhalt der Übermittlung, ebenso wie ihre Funktionen, nicht völlig identisch mit den Selbsteinführungsreden allegorischer Personifikationen sind.

Nachdem Backbiter seinen Namen genannt hat, fährt er mit der Beschreibung seines Wesens fort:

> Wyth euery wyth I walke and wende
> And euery man now louyth me wele.
> Wyth lowde lesyngys vndyr lende
> To dethys dynt I dresse and dele.
> To speke fayre beforn and fowle behynde
> Amongys men at mete and mele
> Trewly, lordys, þis is my kynde. (V. 660ff.)

Diese unmittelbare Selbsterklärung unterscheidet sich zunächst in dieser Kleinigkeit von der der meisten anderen Personifikationen in The Castle of Perseverance: Jene stellen sich als zeit-_lose_ Eigenschaften des Allgemeinen vor, doch Backbiter – genauer müßte es nun Backbit_ing_ heißen, denn diese Tätigkeit beschreibt er – charakterisiert sich nicht nur als zeit-loses Laster, sondern als zeitgenössisches Übel, als Personifikation eines Merkmals jener Leute, die ihm zuhören. "Every man _now_ loves me well", meint Detraccio von sich und stellt damit einen Bezug zur Wirklichkeit, zum Now her[10].

Hier in diesem Drama sind solche satirischen Anspielungen noch sporadisch und nebensächlich, denn im Wesentlichen spiegelt The Castle of Perseverance doch das Allgemeine, Überzeitliche[11]. In späteren Moralitäten wird das Satirisieren der Wirklichkeit dann zum Darstellungsprinzip erhoben, so daß die Moralitätenstruktur nur noch Gefäß der Satire ist und die dramatischen Personen ihre ausführenden Organe[12]. Im Augenblick

---

[10] Ganz ähnlich spielt Humanum Genus auf die zeitgenössische Wirklichkeit an, als er sündig wird. Invidia (!) hatte ihm aufgetragen:
> On þe hey name I charge þe belyue
> Bakbyte hym, whowso þou do.
> Kyll hym anon wythowtyn knyve
> And speke hym sum schame were þou go... (V. 1122ff.)

Und der Held antwortet:
> Envye, þou arte rote and rynde, (V. 1135)
> Cum vp to me above.
> For more envye þanne is _now_ reynynge
> Was neuere syth Cryst was kynge. (V. 1139ff.)

[11] "Perseverance, although alive with incidental topical satire, is thoroughly diversified in its castigation of sinfulness" (Bevington, Politics, 171, 35).

[12] Vgl. dazu Bevington (Politics, 171), Habicht (226, 106, passim).

soll nur festgehalten werden, daß bereits in der frühen Moralität das Laster - und hier in The Castle of Perseverance von den wenigen Personen auch Detraccio - aus der Rolle als moralitätenhafte Funktionsfigur heraustritt und zum Satiriker der Zeit wird.

Der durch die leichte satirische Anspielung geschaffene Publikumsbezug - durch die direkte namentliche Anrede noch intensiviert ("lordys", V. 666) - wird in Detraccios Rede noch einmal hergestellt, erfüllt dann aber einen anderen Zweck und ist in dieser Form ganz allgemein typisch für die dramatische Technik und Darstellungskonvention der frühen Moralität und besonders für den Erstauftritt von Figuren mit Funktionen, die für die Erstellung des vorgeschriebenen Schemas entscheidend sind:

> In þis holte I hunte here [13]
> For to spye a preuy pley,
> For whanne Mankynde is cloþed clere,
> þanne schal I techyn hym þe wey
> To þe dedly synnys seuene.
> Here I schal abydyn wyth my pese
> þe wronge to do hym for to chese,
> For I þynke þat he schal lese
> þe lyth of hey heuene.   (V. 690ff.)

---

[13] Withington (140, 270) emendiert überzeugend das "pley" zu "prey", "as more correctly representing the speaker's attitude toward Mankind ("For whanne Mankynde is clothyd clere, Thanne schal I techyn hym the wey to the dedly synnys seuene"). In Damon and Pithias (Adams, pp. 576-582), we find the parasite lying in wait, as it were, for game in the hunter's sense. Carisophus says: My credit is crack'd where I am known./ But yet I hear say/ Certain strangers are arrived. They were a good prey. (Lines 168ff.) And again: I have not spent all my time in waste;/ I have got a prey, and that a good one, I trow. (Lines 496-7). If the emendation is permissible, it shows the same attitude on the part of both the Vice in the Castle of Perseverance and the parasite in the much later play. But this similarity is not dependent on one letter alone. It may be added that the -l- and the -r- are phonetically not far apart; but of course there is no proof that the early dramatist dictated his dialogue. The alliteration of privy and prey adds to the probability of the emended reading". - Meine nachfolgende Interpretation vermag, wie wir sehen werden, diese Emendation ebenfalls zu stützen: Humanum Genus ist das "Opfer" der Laster.

Hier spiegelt sich die typische Form der Darstellung in der frühen Moralität: <u>In direkter Anrede des Zuschauers</u> werden die nächsten Schritte des Handlungsverlaufs vorerzählt, hier, im besonderen, legt das Laster seine Pläne und Absichten zur Versuchung der Hauptgestalt dar. Bei diesem Darstellungsprinzip, das durch direkte Anrede ständig einen Bezug zum Publikum aufrechterhält, kann nie die Illusion entstehen, Zeuge einer "realistischen" Darstellung zu sein. Die Entwicklung einer derartigen Form der Darstellung müßte deswegen ganz besonders einen Abbau dieser vorwegnehmenden, erklärend-verdeutlichenden (anderswo homiletisch-didaktischen) Zuschaueranreden spiegeln[14].

Die Beschreibung Detraccios enthüllt aber noch weit mehr: Erstens erkennen wir durch sie, warum hier eine statische Rede gehalten wird, zweitens, welche Aufgabe diese dramatische Person innerhalb der <u>Allegorie</u> besitzt.

Detraccio wartet auf den Zeitpunkt "whanne Mankynde is cloþyd clere" (V. 692). Kurz vor seinem Auftritt nämlich war Humanum Genus auf Veranlassung von Mundus hinweggeführt worden, um mit kostbaren Roben bekleidet zu werden[15]. Mit anderen Worten, das Erscheinen Detraccios und seine Rede hat die technische Funktion, das Interval zwischen dem Abtritt des Helden und seiner Rückkehr zu füllen. Wie die "Predigt" Episcopus' und der Gesang des Nuncius in <u>The Pride of Life</u> ist diese Rede Detraccios ebenfalls ein "Überbrückungsmonolog". Deswegen also zeigt sich Backbiter hier nicht als typischer Verleumder, als handelnde Person, sondern beschreibt zunächst einmal sein Wesen.

Darüber hinaus erklärt die Beschreibung nun auch Detraccios Funktion innerhalb der Allegorie. Er wird Humanum Genus zu den Todsünden "führen":

---

[14] Kap. III meiner Arbeit wird diese Entwicklung anhand eines Beispiels aufzuzeigen versuchen.

[15] Siehe V. 623ff. - Zur Funktion der Kleidersymbolik in den Moralitäten siehe Habicht (226, 43ff.).

>   þanne schal I techyn hym þe wey
>   To þe dedly synnys seuene.   (V. 693f.)

Sein lateinischer Name <u>detractio</u> (<u>detrahere</u> 'wegziehen', 'herabziehen', 'fortschleppen') scheint also seine Aufgabe innerhalb der Allegorie zu bezeichnen. Diese Ankündigung Detraccios und meine Vermutung bewahrheitet sich nun in der Darstellung: Das Einkleiden Humanum Genus' ist, im wörtlichen und übertragenen Sinne, die Aufgabe von Voluptas, der auch "Lust and Lykynge"[16] heißt, und Stulticia ("Foly"), beide Agenten des Hauptlasters Mundus.

Diese zwei allegorischen Gestalten geben einigen Forschern, seit E. K. Chambers, Rätsel auf. Insbesondere Voluptas macht Schwierigkeiten, weil später eine Personifikation namens Luxuria (Lechery) auftaucht und man den Unterschied zwischen beiden nicht zu erkennen vermag. Die Lösungen Southerns und Williams' sind unzufriedenstellend. Sie sind das Ergebnis der Untersuchung des Namensinhaltes und, wie es scheint, mit der Darstellung selber nicht zu vereinbaren[17]:

There is perhaps something in the idea that Lust-liking in medieval connotation signifies any inordinate desire for material things, while Lechery represents only that desire directed towards sexual things (incidentally, as the script will show beyond possibility of doubt, Lechery <u>is</u> limited to this particular field of desire - and moreover she alone of all the Seven Sins is intended to be played as a woman; the rest are all men). For all that, the similarity of Lust-liking to a Deadly Sin is so great that one pauses to ask: Why should not the six Sins alone have been divided among the three Major Evils, two and two, and why invent these two further sinful figures (beside the Boy) for World? Or if they were not invented, where do they come from?[18]

---

[16] Siehe V. 469, 519, 526, 539 nur "Lust", 550, 619.

[17] Auch haben beide Kritiker, so scheint es, den bereits 1924 veröffentlichten Aufsatz von Tempe E. Allison (22) übersehen, der wesentlich zur Klärung der Fragen beitragen kann. - Dieses Problem muß hier angeschnitten werden, da es für die Erkenntnis der Identität Detraccios bedeutsam ist.

[18] Southern (<u>Theatre</u>, 336, 9f.). - Die drei Hauptlaster sind Mundus, Belyal und Caro; die sechs Sünden Superbia, Ira, Invidia (unter Belyal) und Gula, Luxuria, Accidia (unter Caro);
(b. w.)

Eine Antwort auf diese Fragen Southerns ist gar nicht unmöglich, wie mir scheint. Hören wir aber zuerst noch Williams:

As they appear in the play, Voluptas, which I render "pleasure" rather than "lust", appears to be the attitude of mind that sees the world as a place to have as much fun as one can, whereas Luxuria, properly translated as "lust", is confined to sexual indulgence. And so Voluptas, Pleasure, appears first, is a servant to World, and with Folly sets up the temptation of Mankind by the specific sins, Lust among them[19].

Diese Interpretation behauptet das genaue Gegenteil von dem, was die Darstellung bietet, die nun betrachtet werden soll:

Detraccio hat seinen "Überbrückungsmonolog" beendet, und nun erscheinen wieder Voluptas und Stulticia mit dem "eingekleideten" Helden, das heißt im übertragenen Sinne: Humanum Genus ist für die Sünde vorbereitet. Mit Voluptas' erklärenden Worten an Mundus

He leuyth in lustys euery stounde, (V. 703)

und Stulticias zusätzlicher Versicherung

On me, <u>Foly</u>, is al hys þowth, (V. 713, meine Hervorhebung)

wird der innere Zustand von Humanum Genus beschrieben, dessen sichtbare äußere Zeichen diese beiden den Helden begleitenden Gestalten sind. Sie stellen also als Mono-Personifikationen spezifische Aspekte der derzeitigen lasterhaften Verfassung des Helden dar, "das <u>törichte, sinnliche Verlangen</u> nach <u>Sünde</u>"[20].

Dies scheint also das zunächst Verwirrende an der allegorischen

---

Auaricia, die siebente Sünde, wird in der Spielerliste getrennt von den anderen und zusammen mit Detraccio aufgeführt. Im Falle Auaricias ist die Erklärung dafür leicht zu geben und wird auch von Southern gefunden, doch bei Detraccio fragt sich der Kritiker: "One wonders if there were any purpose in his being displaced in the list from his master, and being set in another group; he would seem to have made a better third to World's trio than the Boy" (12). Meine Interpretation kann vielleicht die Frage beantworten.

[19] A. Williams (365, 154).

[20] Habicht (226, 40), meine Hervorhebung.

Figurenkonstellation zu sein: Bevor der Mensch sündig wird - allegorisch: bevor die Sündenpersonifikationen bei Humanum Genus erscheinen, um von ihm Zustimmung zu erhalten -, muß er eine lasterhafte (töricht-sinnliche) Lust zeigen - anders: symbolisieren Lasterpersonifikationen sein Hingezogensein zur Sünde.

In dieser Differenzierung zwischen Lastern und Sünden und dieser Reihenfolge des Erscheinens in der Allegorie scheint der Dramatiker an die patristische Theologie des Mittelalters anzuknüpfen, die zwischen vitium und peccatum trennt:

Hoc autem interesse videtur inter peccata et vitia, quod vitia sunt corruptione animae ex quibus si ratione non refrenentur, peccata, idest actus injustitiae oriunter. Quando autem tentanti vitio consensus adhibetur actus injustitiae est quod peccatum dicitur. Itaque vitium est infirmatis spiritualis corruptionis, peccatum autem ex corruptione, oriens per consensum actus iniquitas. Itaque vitium absque consensu infirmitas est, cui in quantum infirmitas est misericordia debetur, praemium autem et corona in quantum ab actu iniquitatis cohibetur.... Vitium ergo est in corruptione, peccatum autem in actione.[21]

Tempe E. Allison paraphrasiert:

It appears, then, that vitium, strictly speaking, is a weakness or disease of human nature, but that peccatum is an act proceeding from the consent of man's will. Vitium, in other words, is the appetite or desire for sin which precedes or provokes consent: peccatum is the consent to sin which follows that desire.[22]

Auch in dem verlorenen Paternoster Play von York[23] scheint eine solche Unterscheidung vorgenommen worden zu sein. Das geht aus einem Schreiben der Gilde Oratio Domini an Richard II. hervor, in dem über das Spiel berichtet wird:

---

[21] Hugo of Saint Victor, Patrol. Lat. CLXXVI, col. 525, zitiert bei Tempe E. Allison (22, 796).

[22] Allison (22, 796).

[23] Das Spiel wird 1378 zum ersten Mal erwähnt und bis 1572 aufgeführt; siehe A. Harbage, Annals of English Drama 975-1700, rev. by S. Schoenbaum (London, ²1964). - (Auch in allen folgenden Datierungen der Stücke wurde Harbage herangezogen; andernfalls wird ausdrücklich darauf hingewiesen.)

As to the beginning of the said gild, be it known that, once on a time, a play setting forth the goodnes of the Lord's Prayer was played in the city of York; in which play all manner of vices and sins were held up to scorn, and the virtues were held up to praise...[24]

In der Stadt Beverly war ähnlich ein _Paternoster Play_ mit acht _pageants_ aufgeführt worden; sieben davon trugen die Namen der Todsünden. Der _erste_ der acht Wagen hieß "pageant of Viciose"[25]. Auch hier also werden die _vices_ als eine von den _Sünden_ unterschiedene Gruppe gesehen, und - das ist ebenso bedeutsam - der _pageant_ der "Viciose" geht dem der Todsünden _voraus_.

Als Basis und Anregung solcher Spiele mag die patristische Literatur gedient haben, die, getrennt von den _peccata mortalia_, unter anderem folgende _vitia_ nennt: stultitia, detractio, inanis gloria, concupiscentia oder voluptas[26], malitia, impudicitia und inobedientia[27]. Damit sind nun aber zum Teil genau die in _The Castle of Perseverance_ auftretenden Lasterpersonifikationen genannt[28]. Detractio gehört zu ihnen; er stellt ebenfalls eines jener Laster dar, die der eigentlichen Sünde vorausgehen. Mit anderen Worten: die allegorische Funktion des Detraccio der Moralität scheint der Voluptas' und Stulticias ähnlich zu sein. Wird diese Vermutung in der Darstellung bestätigt?

---

[24] Zitiert bei T. E. Allison (22, 789), aus _English Gilds_, ed. J. Toulmin Smith, Or. Ser., 40, p. 137.

[25] Siehe Allison (22, 794).

[26] _concupiscere_ 'eifrig begehren'.

[27] Allison (22, 797): "From the Pauline epistles, these vices descended in direct line through the treatises of the church fathers".

[28] Sogar _inanis gloria_ erscheint in _The Castle of Perseverance_. Mundus erwähnt ihn in V. 465 ("Veynglory"). Er scheint aber eine stumme Rolle zu spielen, denn zumindest im überlieferten Text spricht er nicht. Daß er auftritt, geht auch aus der Spielerliste hervor, die unter _nomina ludorum_ seinen Namen zwar nicht aufführt, aber da wir unten "Summa xxxvi ludentium" lesen, die Liste aber nur 35 enthält, dürfte sein Erscheinen sicher sein.

Nachdem die beiden ersten Lastergestalten ihrem Herrn Mundus den "eingekleideten" Helden vorgeführt haben, wird auch Detraccio hinzugerufen, damit er Humanum Genus zur Seite stehe. Dem Zuschauer wird also durch eine weitere Personifikation die innere Konstitution der allegorischen Hauptgestalt sichtbar gemacht. Detraccio stellt gleichsam die Personifikation dessen dar, was den Helden "herabzieht", "wegzieht" (<u>detrahere</u>) und damit seinem Heil Abbruch tut[29]. Dieses Herabziehen, das schließlich zur Sünde führt, wird dem Publikum aber nicht nur durch die <u>Personifikation</u> Detraccio verdeutlicht, sondern auch in <u>Rede</u> und <u>Handlung</u> sinnenfällig gemacht. Nachdem Detraccio von Mundus den Auftrag erhalten hat:

>   Messenger, do now þyne vse;
>   Bakbytere, teche hym þe weye,   (V. 770f.)

fordert das Laster den noch erhöht neben Mundus stehenden Helden auf:

>   Haue don, Mankynde, and <u>cum doun</u>,[30] (V. 779, meine
>   Hervorhebung)

und dieser steigt herunter. Dann folgt das "Zur-Sünde-Führen" in sichtbarer Handlung: Detraccio geleitet Humanum Genus als erstes zu Auaricia, jener Personifikation der sieben Todsünden, der vom Dramatiker der Vorrang gegeben wird[31]. "Habgier" ruft schließlich die weiteren <u>Sünden</u>personifikationen

---

[29] SOED unter <u>detraction</u>..."2. The action of detracting from a person's <u>merit</u> or reputation; the utterance of what is injurious to his reputation; deprecation, defamation, calumny, slander..."

[30] Dieser Vers erscheint, bezeichnenderweise, in der oben erwähnten Schweifreimstrophe, die Detraccio von den anderen Lastern abhebt.

[31] In den meisten Moralitäten und in der außerdramatischen Literatur erscheint zuerst <u>pride</u> 'superbia'. Wenn hier Auaricia dominiert (er hat seinen eigenen erhöhten Sitz wie Mundus, Belyal und Caro), dann scheint darin eine Art Zeitkritik des Dramatikers zu liegen, die "Habgier" als "the sin of the age" (Williams, 365, 154) attackieren will.

herbei (V. 893ff.) - die Agenten von Caro und Belyal -, der Held gibt jeder seine Zustimmung[32] und ist nun in Sünde[33].

Mit den Namen <u>Detraccio</u> und <u>World's Messenger</u> wird also, das hat die Analyse gezeigt, die Funktion der Figur innerhalb der Allegorie und Moralität bezeichnet: als <u>allegorische</u> Gestalt ist er <u>Mono-Personifikation</u> der <u>Lasterhaftigkeit</u> Humanum Genus', als "Bote der Welt", synonym für Detraccio benutzt, verknüpft er durch sein "Hinwegführen" zwei vorgeschriebene, zu erfüllende Teile des Schemas - die <u>lasterhafte</u> Phase des Helden mit der nachfolgenden <u>Sünden</u>phase.

Nun steht noch immer die Frage offen, warum Detraccio sich in seiner ersten Rede nur mit dem Namen <u>Backbiter</u> vorstellte. Es könnte keine Antwort gegeben werden, wenn er nicht ein drittes Mal erscheinen würde. Auch Voluptas und Stulticia treten, wenn auch viel später als Detraccio, noch einmal auf; doch ihre Aufgabe innerhalb der allegorischen Moralität haben sie bereits vorher erledigt und agieren daher später nur als stumme Begleiter von Mundus[34]. Hingegen Detraccio

---

[32] V. 1086f. an Superbia; V. 1116f. an Ira; V. 1146f. an Invidia, V. 1176f. an Gula; V. 1206f. an Luxuria; V. 1235f. an Accidia.

[33] Diese Analyse dürfte die Fragen Southerns geklärt und seine sowie Williams' Interpretation von <u>Voluptas</u> als unzutreffend bewiesen haben, so daß eine erneute Zusammenfassung der Antwort mir unnötig erscheint. - Wenn Ramsay (103,clxxviiif.) behauptet: "To Mundus's scaffold are assigned the three novel figures, Detraccio, Voluptas, Stulticia, evidently to balance the three vices each that attend upon Belial and Caro", dann müssen wir auch ihn berichtigen: erstens sind die Agenten Caros und Belyals keine <u>vices</u>, sondern <u>sins</u>; zweitens haben sie eine bedeutendere Funktion als die, eine Art Gleichgewicht unter den Hauptlastern und ihren "Untergeordneten" herzustellen.

[34] Southern (<u>Theatre</u>, 336, 195f.) rätselt an der szenischen Anweisung nach <u>V.</u> 1898 herum. Sie lautet: "Tunc MUNDUS, CUPIDITAS, et STULTICIA ibunt ad castellum cum vexillo et dicet DEMON". Er kommentiert: "But we now have to face another, and completely different, puzzle about the direction - namely, that it mentions one name that is not generally used of any character in the play, and another name which is that of a

dient dem Dramatiker zur Erfüllung einer weiteren wichtigen
Funktion, und hierbei erkennen wir, daß seine Identität
nicht nur darin besteht, allegorische Personifikation und
technische Figur <u>dieses</u> Moralitätenabschnitts zu sein[35].

character that has already left the action for good! That is
to say, after World, it mentions <u>Cupidity</u> and <u>Folly</u>! There
is, I believe, no explanation but that the scribe has blunder-
ed. Presumably he means Covetyse by <u>Cupiditas</u>, and Backbiter
by <u>Stulticia</u>; but Covetyse is called <u>Avaricia</u> in Latin, not
<u>Cupiditas</u>, and <u>Cupiditas</u> does not occur in the List of Charac-
ters at all. The name <u>Stulticia</u>, the Latin name of Folly,
refers to Lust-liking's companion in the earlier scenes of
the play, when naked Mankind was first led to the feet of
the World. We have no reference to this couple after 1. 790.
With these things in mind, I feel inclined to amend the
direction to 'Then World, Covetyse <u>and</u> Backbiter <u>go to the
Castle with a banner, and</u> the Devil <u>(then) says -</u>'." Meiner
Meinung nach ist dies ein Mißverständnis und eine falsche
Emendation: Die szenische Anweisung geht der zweiten <u>Versu-
chung</u> Humanum Genus' voraus, für die alle Hauptlaster, zusammen mit ihren Agenten, zum <u>Castle</u> gehen - Belyal mit Superbia, Ira, Invidia und Caro mit Gula, Luxuria und Accidia,
Mundus schließlich mit seinen Agenten Stulticia und Voluptas.
Der in der szenischen Anweisung auftretende Cupiditas ('Verlangen', 'Begierde') nämlich ist, wie ich meine, identisch
mit Voluptas (oder <u>concupiscentia</u> 'das eifrige Begehren' oder
"Lust-Liking"), nur haben beide <u>Laster</u>personifikationen nun
eine stumme Rolle, weil, völlig konsequent, lediglich die
sieben <u>Tugend</u>personifikationen gegen die sieben <u>Sünden</u>perso-
nifikationen kämpfen, denn die Ausgangslage Humanum Genus'
vor dieser zweiten Versuchung ist eine andere als beim ersten
Mal: Jetzt ist der Held tugendhaft, bevor die Sünden erscheinen, vorher war er lasterhaft als die Sünden nachfolgten. Es
ist demnach unzutreffend, wenn Southern behauptet (S. 10):
"... Lust-liking and Folly... are dropped out of the action as
soon as all the Sins appear", denn sie erscheinen später nochmals. Deswegen erübrigt sich auch die nachfolgende Vermutung
Southerns, daß eventuell schon in dieser Moralität <u>doubling</u>
praktiziert wurde, diese beiden Laster also vielleicht Shrift
und Penance spielen mußten und daher nicht mehr auftreten
konnten.

[35] Werner Habichts Interpretation (226, 47) erscheint mir
unzufriedenstellend: "Detractio im ersteren Stück hat gar nicht
so sehr als Personifikation der üblen Nachrede an der Thematik
der Versuchungssituation teil denn als technische Figur - als
Bote, der Humanum Genus von Mundus zu Avaritia geleitet".
Erstens stellt Detraccio tatsächlich eine allegorische Personifikation dar, nur spiegelt eben die Übersetzung "üble Nachrede" nicht den genauen Bedeutungsinhalt von <u>detractio</u>. Das
aber hätte bemerkt werden können, wenn weniger der Name als
die Reden und Handlungen des zweiten Auftritts von Backbiter

Erinnern wir uns kurz, was bis zu diesem erneuten Erscheinen Backbiters geschehen ist: Auaricia nahm, wie wir sahen, Humanum Genus unter seine Fittiche und bedachte ihn mit den Todsünden. Der Held führte ein sündiges Leben, bis Bonus Angelus ihn aus den Fängen des Bösen befreien kann und er nach Reue und Buße von den Tugenden ins "Castle of Perseverance" aufgenommen wird. Hier weilt er nun. Technisch ausgedrückt: Die Handlung ist abgeschlossen. Wie wird sie wieder angekurbelt; wer initiiert den entscheidenden zweiten Konflikt zwischen den Sünden und Tugenden? Backbiter ist die treibende Kraft:

Malus Angelus beauftragt ihn, zu Mundus, Caro und Belyal zu gehen, ihnen den Abfall Humanum Genus' zu berichten und sie zu bitten, einen erneuten Kampf gegen die Hüter des Schlosses aufzunehmen. Backbiter macht sich freudig auf den Weg:

> I go, I go, on grounde glad,
> Swyfter þanne schyp wyth rodyr. (V. 1737f.)

Dieses Verhalten zeigt, daß der Dramatiker den Beinamen "World's Messenger" nicht allein als Synonym für den allegorischen Namen Detraccio auffaßt, denn indem diese Gestalt auch anderen Figuren im Drama dient, hat sie sich zu einer von Mundus und Humanum Genus unabhängigen, <u>technischen Botenfigur</u> gemacht. Das läßt sich an der Darstellung ebenfalls nachweisen: Die drei Botenberichte Backbiters - an Belyal

---

analysiert worden wären. - Zweitens ist die Aufgabe als "World's Messenger" synchronisiert mit seiner Funktion als allegorische Personifikation, oder, anders ausgedrückt, beide Bezeichnungen können als Synonyma betrachtet werden. - Drittens ist der Bote nicht deswegen eine "technische" Figur, weil er Humanum Genus zu Auaricia geleitet (diese Aufgabe erfüllt er ja in seiner Eigenschaft als <u>detractio</u> 'Hinwegführen', 'Herabziehen'), sondern seine technische Funktion besteht darin, die vom Schema vorgeschriebene lasterhafte Phase des Helden mit der sündigen zu verknüpfen. - Viertens kann Habicht dieser dramatischen Person in keiner Weise gerecht werden, da er den späteren, ungleich aufschlußreicheren Auftritt Backbiters völlig übersieht.

(V. 1754ff.), Caro (V. 1814ff.) und Mundus (V. 1854ff.)[36] - bewirken, daß kurze Zeit danach ein erneutes Planen der Repräsentanten des Bösen beginnt, wie Humanum Genus zurückgewonnen werden könnte. <u>Dramentechnisch</u> ausgedrückt: Die Botenberichte Backbiters geben - wie später auch noch bei Shakespeare - den Impuls zu einem neuen Handlungsbogen und verknüpfen diesen gleichzeitig mit dem vorherigen, abgeschlossenen. Im Hinblick auf die besondere Struktur von <u>The Castle</u> <u>of</u> <u>Perseverance</u> bedeutet das: In dieser Szene werden die zwei Sündenphasen der Hauptgestalt miteinander verbunden. Backbiter hat also hier eine rein dramentechnische, keine allegorische Funktion. Ist aber die Herstellung des vorgeschriebenen, zugrundeliegenden Schemas die einzige Folge der Botenberichte? Oder, in bezug auf die Identität der dramatischen Person gefragt: Stellt Backbiter in diesem Auftritt nur eine Funktionsfigur der Moralität dar?

Nach allen drei Berichten spielt sich vor den Augen der Zuschauer eine Schlägerei der Bösen ab: Belyal verprügelt Superbia, Ira und Invidia[37]; Caro mißhandelt Gula, Accidia und Luxuria[38]; Mundus erteilt Auaricia eine gehörige Wucht[39].

---

[36] Diese Botenberichte dürften übrigens die ersten in der frühen Moralität überhaupt sein. Wilhelm Grosch (63, 30) hingegen berichtet: "In den untersuchten Moralitäten [inkl. <u>The Castle of Perseverance</u>] konnte ich nur ein einziges Mal feststellen, daß ein Bote über geschehene Ereignisse berichtet, nämlich in: 'The Conflict of Conscience'". (Diese Moralität wurde zwischen 1570 und 1581 verfaßt; siehe Harbage.) - Der <u>Botenbericht</u> als Form der Rede im frühen englischen Drama bedarf einer erneuten, eingehenderen Untersuchung, nicht zuletzt, um die Auffassung zu korrigieren, Shakespeares Anwendung dieser dramatischen Konvention der Rede gehe vornehmlich auf senecaische Einflüsse zurück, wie z. B. Clemen (388) wahrscheinlich anzunehmen gezwungen war, da ihm in der Hauptsache nur die Arbeit von Grosch zur Verfügung stand und es an sonstigen Forschungsergebnissen mangelte.

[37] Szenische Anweisung nach V. 1777: "Et verberabit eos super terram".

[38] Szenische Anweisung nach V. 1822: "Tunc uerberabit eos in placeam".

[39] Szenische Anweisung nach V. 1863: "Tunc verberabit eum".

Das bedeutet im Hinblick auf das zugrundeliegende Schema: Hier wird dreimal für kurze Zeit eine "Handlung" ausgeführt, die ihr Motiv nicht im vorgeschriebenen, allegorisch-moralitätenhaften Geschehensablauf hat. Im "Drehbuch" der Moralität spielt sich ein Antagonismus der dramatischen Personen nur zwischen den Vertretern von Gut und Böse ab. Die Agressionen des Lasters sind "vom positiven Gegenpol der Tugend her vorbestimmt"[40]. In dieser Szene von The Castle of Perseverance aber bekämpfen sich die Laster untereinander, das heißt: sie streifen für einen Augenblick ihre Existenz als bloße Funktionsfiguren innerhalb des vom Moralitätenschema gesetzten Rahmens ab und werden zu dramatischen Personen, deren Verhalten von der Eigengesetzlichkeit ihres Wesens her motiviert ist: sie sind in dieser Prügelszene typische Vertreter von mit Lastern behafteten Gestalten, denn darin besteht ja das Wesen einer "bösen Person", daß ihre Agressionen vor ihren eigenen Artgenossen nicht haltmachen, sondern sich dort, und vielleicht gerade dort, entladen. Der allegorisch-moralitätenhafte Rahmen wird also hier verlassen. Diese Kurzszenen sind farcenhafte, episodische Zusätze, denn sie haben weder im Hinblick auf die Allegorie, noch auf das zu erstellende Moralitätenschema eine Funktion.

Was aber hier jetzt für die Hauptlaster Mundus, Belyal und Caro festgestellt wurde, das gilt cum grano salis auch für die dramatische Person Backbiter. Das "Was" seines Handelns, der Botenbericht an sich, ist vom strukturellen Schema der Moralität vorherbestimmt; das "Wie" jedoch hat sein Motiv im nicht-allegorischen Wesen Backbiters. Seine Kommentare beim Beobachten der Prügelszenen enthüllen die Gründe seines So-Handelns. Das schadenfrohe Gelächter, welches das Jammern der leidenden Agenten Belyals begleitet:

>   ȝa, for God, þis was wel goo,
>   þus, to werke wyth bakbytyng,   (V. 1778f.)

sowie der unmittelbar folgende Plan:

---

[40] Weimann (363, 257).

> I schal goo abowte and makyn moo
> Rappys for to route and rynge   (V. 1782f.)

zeigen, daß es ihm Spaß macht, hinter dem Rücken der anderen böswillig zu klatschen (<u>to backbite</u>), um ihnen Ärger zu bereiten und sich an der wütenden Reaktion des Gegenüber zu ergötzen[41]. Bei der zweiten Verprügelung, durch Caro, läßt er dann die Genugtuung spiegelnden Worte hören:

> Now, be God, þis is good game!
> I, Bakbyter, now bere me wel.
> If I had lost my name,
> I vow to God it were gret del.   (V. 1823ff.)

Wenn Backbiter gleich in der ersten Zeile diese Szene als "good game" bezeichnet (<u>game</u> 'amusement', 'sport', 'fun'), dann erkennen wir, daß der Dramatiker ihn auch als Spaßmacher gesehen haben will[42]. Als eine solche dramatische Person steht er aber - wie die sich verprügelnden Laster - außerhalb des allegorisch-moralitätenhaften Schemas, denn das Komische besitzt in der frühen Moralität zunächst "keine Funktion im rein allegorischen Strukturgefüge des Ringens der guten und bösen Mächte um die Seele des Menschen"[43]. Dieses "Außerhalbstehen" wird vom Dramatiker sowohl szenisch-räumlich als auch expressis verbis unterstrichen. Gleichsam mit dem Daumen nach hinten auf die anderen Figuren weisend meint Backbiter zum Publikum:

> I schape þese schrewys to mekyl schame;
> Iche rappyth on oþyr wyth rowtynge rele. (V. 1827f.)

---

[41] Vgl. dazu Wieland (136, 60), der Backbiter in <u>diesem Auftritt</u> als "Lustspielfigur" auffaßt: "Detraccio macht es also spass, dem oder jenem eine tracht prügel einzubrocken".

[42] "Detraccio... certainly has a comedy part" stimmt auch T. E. Allison zu (22, 802); Rossiter (319, 105) nennt ihn "a bit of a clown", Eccles (209, xxif.) bezeichnet ihn als "merry devil", beide begründen diese 'Etikette' aber nicht näher. - Ramsay (103, cxciii) und Brandl (31, XV) sehen nur in Voluptas und Stulticia "Vices of humor", schließen damit zu Unrecht Detraccio aus der Gruppe der Spaßmacher aus. - Detraccio hat aber keine "purely comic function", wie C. F. T. Brooke (32, 54) interpretiert.

[43] Weimann (363, 259).

Das demonstrative "these" verdeutlicht genau seine Stellung: distanziert von "jenen" Schurken steht er zwischen ihnen und dem Publikum, ja, als Spaßmacher steht er sogar mehr auf der Seite der Zuschauer, denn mit ihnen beobachtet er die Prügelei, lacht und freut sich mit ihnen darüber, daß die Laster sich durch ihn zum Streit provozieren ließen. Diese durch "game" verursachte Publikumsbezogenheit ist gänzlich verschieden von der der anderen, uns bekannten, direkten Anreden: Während bei den homiletisch-didaktischen und erklärend-verdeutlichenden Monologen der Sprecher dem Zuschauer gegenübersteht, befindet sich der Spaßmacher auf derselben Seite. Bereits Backbiter kann deswegen in dieser Szene als "Anwalt der Spielfreude" bezeichnet werden, der "zwischen der Fiktion der moralischen Handlung und der Wirklichkeit des erwartungsfreudigen Publikums"[44] steht, das heißt also außerhalb des vom Moralitätenschema gesetzten Rahmens. Auch haben wir damit in Backbiter ein weiteres Beispiel dafür gefunden, daß die Zuschauernähe des Lasters keineswegs allein aus der homiletischen Funktion der dramatischen Personen abgeleitet werden kann, wie es bei Spivack geschieht und von Weimann mit Recht kritisiert wird[45].

Aber nicht erst nach seinen Berichten bei der Beobachtung der Prügeleien bezieht Backbiter Stellung, schon in den Botenreden selber beginnt er, sich aus dem allegorisch-moralitätenhaften Geschehen herauszuspielen: Wir haben gesehen, wie das allegorische Laster Detraccio den Helden herab- und hinwegzog zu den Sünden. Ihm kam also ein maßgeblicher Anteil der Schuld am Sündigwerden Humanum Genus' zu. Der

---

[44] Weimann (363, 249) definiert so das Laster nach einer Analyse der in der Moralität Mankind für "game" verantwortlichen Gestalten.

[45] Weimann (363, 256); Bernhard Spivack (330, passim). - Das erste Gegenbeispiel für Spivacks unhaltbare These war Mirth in The Pride of Life, dessen Publikumskontakt aufgrund seiner Funktion als Bote hergestellt wurde.

Backbiter dieses Auftritts aber distanziert sich von seinen
vorherigen Handlungen und - als hätte er mit allem nichts
zu tun - verläßt die Seite der Laster. Das spiegelt zunächst
seine Antwort auf Belyals Frage "What tydyngys?":

> Teneful talys I may þe sey,
> To þe no good, as I gesse;
> Mankynd is gon now awey
> Into þe Castel of Goodnesse.
> þer he wyl boþe lyuyn and deye
> In dale of dros tyl deth hym dresse;
> Hathe þe forsakyn, forsoþe I sey,
> And all þi werkys more and lesse;... (V. 1754ff.)

Verglichen mit seinem ersten Erscheinen im Spiel dürfte es
hier nicht so hämisch-frohlockend heißen "To þe no good, as
I gesse", sondern eher "Teneful talys... to us no good",
(Mankind) "hathe us forsakyn, ... and all our werkys".

Ebenso deutlich wird seine Distanz bei dem Bericht an Caro.
Trauer heuchelnd verpetzt er dessen Tochter und Söhne:

> ȝa, for God, owt I crye
> On þi too sonys and þi dowtyr ȝynge:
> Glotoun, Slawthe, and Lechery
> Hath put me in gret mornynge.
> þey let Mankynd gon up hye
> Into ȝene castel... (V. 1799ff.)

und leitet im gleichen Atemzug mutmaßliche Folgen für sein
Gegenüber daraus ab, ohne sich jedoch mit dem "Pech" Caros
zu identifizieren, obwohl es auch ihn, und ganz besonders
ihn, betrifft:

> Of hard happe is now þi chauns,
> Syre kynge, Mankyndys Flesche. (V. 1810f.)

Derartig gefärbte Botenberichte lassen uns im Sprecher einen
typischen "Anschwärzer" erkennen. Ein Vergleich mit einem
neutralen Messenger verdeutlicht dies noch mehr: Eine cha-
rakter-lose Funktionsfigur verkündet nur die nüchterne Tatsache, ohne sich, wie Backbiter es tut, zu fragen, ob die
überbrachten Neuigkeiten für den Empfänger oder einen anderen am Geschehen Beteiligten Freude oder Leid verursachen.
Backbiter aber beurteilt schon vor seinem Bericht den Inhalt

der Nachrichten: sie sind "schmerzlich", "bitter". Diese
gegenüber Belyal geäußerte Empfindung aber ist Heuchelei,
das typische Zeichen eines Verleumders, denn - so sahen wir -
Backbiter freut sich, daß er diese Botschaft überbringen
kann und distanziert sich von den Handlungen der anderen
Repräsentanten des Bösen. Für ihn sind die Nachrichten nicht
bitter. Im Gegenteil: er nutzt seine Tätigkeit als Bote dazu aus, um den Lastern eins auszuwischen und sich "good game"
zu verschaffen. Wie bewußt er darauf aus ist, zeigt nochmals sein Bericht an Mundus. Nachdem er sich, wie vorher,
in typischer Weise mit den Worten distanziert hat:

   Mankynd, Syr Werld, hath þe forsake, (V. 1845)

fordert er das Hauptlaster expressis verbis auf, Auaricia
zu verprügeln, jenem also Schaden zuzufügen, um sich selber
ergötzen zu können:

   Lo, Syr Werld, ȝe moun agryse
   þat ȝe be seruyd on þis wyse.
   Go pley ȝou wyth Syr Coyeytyse
   Tyl hys crowne crake.   (V. 1849ff.)

Dieses Verhalten Backbiters unterscheidet sich in doppelter
Hinsicht von dem lasterhafter allegorischer Personifikationen
der Moralität. Erstens: Seine Agressionen, die sich in seinen Botenberichten spiegeln, sind nicht vom positiven Gegenpol der Tugend bestimmt; er richtet sich statt dessen gegen
die eigenen lasterhaften Genossen. Zweitens: Backbiter beschreibt hier nicht innerhalb einer <u>statischen</u> <u>Rede</u> das Wesen des Backbiting - so verhielte sich eine Personifikation -,
sondern wir können ihn dabei beobachten, wie er andere, und
nicht einmal die guten Figuren, verleumdet - wie es zum Beispiel die beiden Detractores im <u>Ludus Coventriae</u> tun[46].

Das aber nennen wir eine "realistische" Form der Darstellung,
daß eine dramatische Person sich durch Handlung selber

---

[46] Siehe die Interpretation Wielands (136, 56ff.). - Es
ist wohl auch bezeichnend, daß diese beiden Gestalten nicht
<u>detractio</u> 'backbiting', sondern <u>detractor</u> 'backbiter'
heißen.

charakterisiert, so daß wir daraus ihr Wesen bestimmen können. Und es steht dort eine Gestalt in einer Moralität außerhalb des Schemas, wo ein Antagonismus zutagetritt, der keine Funktion zur Erstellung des allegorisch-moralitätenhaften Geschehensablaufs hat, sondern eine episodische farcenhafte Handlung verursacht.

Um nun noch deutlicher werden zu lassen, wie fortschrittlich die Form der Darstellung bei diesem Auftritt Backbiters ist und daß diese dramatische Person tatsächlich einen Schritt in Richtung eines realen Charakters getan hat, soll kurz die ebenfalls im Spiel erscheinende Figur Auaricia verglichen werden.

Folgendes sei vorausgeschickt: Es gibt, grob differenziert, vier Stufen, die von einer allegorischen dramatischen Person zum individuierten Charakter führen: Die <u>Idee</u> <u>Habgier</u> (zum Beispiel) steht auf der ersten Stufe; sie erscheint im Drama als <u>Personifikation Habgier</u>. Auf der zweiten Stufe ist <u>der Habgierige</u> schlechthin zu finden. Dann folgt der <u>habgierige Mensch X</u>, und schließlich sehen wir <u>den unter anderem hauptsächlich habgierigen Menschen X in dieser und jener bestimmten Situation</u>[47]. Ich behaupte nun, daß Detraccio-Backbiter bei seinem ersten Erscheinen im Spiel auf der ersten Stufe der Leiter steht: er stellt hier die allegorische Personifikation der Idee <u>detractio</u> dar. Bei seinem zweiten Auftritt jedoch zeigt er sich als <u>detractor</u> 'Backbiter', als typischer Verleumder, und hat damit die zweite Stufe der Leiter erklommen, das heißt, im Gegensatz zu den anderen Gestalten in <u>The Castle of Perseverance</u> einen bedeutsamen Schritt in Richtung einer realeren Identität getan.

Die vergleichende Analyse Auaricias: Humanum Genus ist zu den Sünden geleitet worden und hört nun folgende "Gebote":

---

[47] Diese Stufenleiter findet sich bei M. Braun (<u>ShJb</u>, 181, 197). Mit dem 16. Jh. aber setzt die Interpretin diese Entwicklung zu spät an, denn bereits in <u>The Castle of Perseverance</u> wird der Anfang dieses Weges der dramatischen Person gestaltet.

> þou muste ʒyfe þe to symonye,
> Extorsion, and false asyse.
> Helpe no man but þou haue why.
> Pay not þi serwauntys here serwyse.
> þi neyborys loke þou dystroye.
> Tythe not on non wyse.
> Here no begger þou he crye;
> And þanne schalt þou ful sone ryse.
> And whanne þou vsyste marchaundyse
> Loke þat þou be sotel of sleytys,
> And also swere al be deseytvs,
> Bye and sell be fals weytys,
> For þat is kynde coueytyse.   (V. 841ff.)[48]

Aus dieser Rede erkennen wir, daß hier eine allegorische Personifikation namens Habgier vor uns steht, deren Funktion es ist, durch ihr Erscheinen in dieser Figurenkonstellation zu veranschaulichen, daß Humanum Genus, sofern er die "Lehren" annimmt, der Sünde Habgier teilhaftig ist. Würde der Dramatiker Auaricia nicht derartig "ermahnen" lassen, sondern ihn beim Handeln, im Vollzug des Habgierigseins zeigen, also ihn jene Taten, die er von Humanum Genus verlangt, selber vor unseren Augen ausführen lassen, dann stünde nicht länger die Personifikation Habgier vor uns, sondern der <u>Habgierige</u> schlechthin, der auf der zweiten Stufe der Personenliste erscheint. Dann auch wäre die Form der Darstellung identisch mit der Backbiters: Keine statische Rede verdeutlichte seine Identität, sondern er stellte sich durch sein Handeln - beim Habgierigsein, wie Backbiter beim Verleumden - selber dar, charakterisierte sich durch die für sein Wesen typische, vor unseren Augen vollzogene Tätigkeit. Er wäre eine Person, die gemäß der Eigengesetzlichkeit ihres Wesens handelte, nicht allein als ausführendes Organ des vorgeschriebenen Schemas, und die sich deswegen teilweise aus der Funktionsgebundenheit gelöst hätte. Auaricia aber häuft nie Schätze an; kann nie bei Simonie beobachtet werden; zeigt sich nicht als Wucherer; kauft und verkauft nie mit falschen Gewichten. Niemand hat jemals unter seiner Habgier zu leiden, denn er ist nicht der Habgierige -

---

[48] Hiermit ist Auaricia noch nicht am Ende seiner "Gebote", weitere 14 Zeilen folgen (V. 854-866).

wie Backbiter der Verleumder -, sondern bleibt die Personifikation der Idee Habgier.

Zwar können wir auch Auaricia bei einer "Handlung" beobachten: bei seinem zweiten Auftritt verführt er Humanum Genus zu einem sündigen Lebenswandel. Aber dieses Handeln läßt ihn nicht zu einer realeren Identität gelangen. Im Gegenteil: Gerade hier erkennen wir, wie Auaricias Existenz auf seine Funktionalität innerhalb des Schemas reduziert ist, wie sich seine Handlung völlig im strukturellen Rahmen der Moralität vollzieht. Auaricia versucht und verführt den Helden, jedoch nur, weil das Schema der Moralität dies vorschreibt: Humanum Genus muß noch einmal als sündiger Repräsentant der Menschheit gezeigt werden. Da er tugendhaft ist, sich im "Schloß der Beständigkeit" aufhält, gilt es, ihn wegzulocken und zu verführen. Dafür aber ist eine dramatische Person vonnöten, und es kann nur Auaricia sein, da Humanum Genus alt ist, und die "typische" Sünde des Alters die "Habsucht" darstellt. Wenn Auaricia hier also nun als Versucher erscheint, dann erkennen wir seine Funktion innerhalb der Allegorie - er ist die Sündenpersonifikation im Alter - und seine Funktion zur Erstellung des Schemas - die Verführungsfigur.

Nun bestünde ja die Möglichkeit, daß sich Auaricia bei dieser Handlung trotzdem seinem - möglichen realen - Wesen gemäß verhielte, das heißt, nicht verführte nur um der Erfüllung des strukturellen Fundaments willen, sondern auch und vor allem als Habgieriger, um sich noch reicher zu machen, wie zum Beispiel die gleichnamige dramatische Person in Respublica (1553). Dieser Auaricia - obwohl der allegorischen Bezeichnung nach noch identisch mit der Gestalt in The Castle of Perseverance - zeigt sich ganz als der Habgierige. Er bereichert sich auf Kosten anderer, und davon werden nicht nur die vom Moralitätsschema ihm sowieso gegenübergestellten Opponenten des guten Prinzips betroffen, sondern auch seine Gaunergesellen. Auaricia verhält sich so typisch,

daß er in Gesellschaft seiner Kumpanen Mißtrauen hegt, um
seine Schätze bangt, und sie deswegen auffordert:

> ... gette ye from me, and stande a goode waie hence,
> This shallnot lye within your reache by youre lycence.
> Naie yet farther lest ye take my baggs for bluddinges
> for such hongrye doggs will slabbe vp sluttishe puddinges.
> (V. 849ff.)[49]

Die Handlung Auaricias in The Castle of Perseverance hingegen - das ist nun der springende Punkt - hat ihr Motiv nicht in der Eigengesetzlichkeit des Wesens eines Habgierigen, sondern nur im Schema der Moralität. Nicht Habgierigsein gibt den Anstoß zu der Versuchung, sondern allein der zugrundeliegende allegorisch-moralitätenhafte Geschehensnexus.

Um Auaricia als den Habgierigen bezeichnen zu können - wie Backbiter als den Verleumder -, müßte man ihn also zunächst einmal bei der Handlung beobachten können, die sein eventuell reales Wesen ausmacht. Noch zwingender aber nun würde eine solche Bestimmung der Identität, wenn sich dieses Handeln, dieses Habgierigsein, nicht nur gegen "gute" Personen richtete - wie es die Moralität vorschreibt -, sondern auch, wie bei Auaricia in Respublica, gegen seinesgleichen. Denn darin besteht ja gerade der "Charakter" der Habgierigen, daß sie vor niemandem haltmachen und sich dadurch als wirklich habsüchtig ausweisen, wenn sie Leuten gleichen Kalibers mitspielen können. Backbiter handelt so; seine Aggressionen richten sich auf die eigenen Artgenossen. Er kündet an - nachdem er die Verprügelung der Agenten Caros beobachtet hat -, daß er nun noch einen Plan für eine letzte Attakke aushecken will:

> Now wyl I gynne forth to goo[50]
> And make Coueytyse haue a knoke or too. (V. 1832f.)

---

[49] Ed. W. W. Greg (9).

[50] Eccles' (6) Glossary unter gynne n. 'skill', 'contrivance', 'cunning'; Verb dementsprechend.

Und "Coueytyse" ist kein anderer als der dominierende
Repräsentant der Sünden. Backbiter prahlt nicht nur, daß
sein Wesen darin besteht,

>   To speke fayre beforn and fowle behynde
>   Amongys men at mete and mele, (V. 664f.)

er verhält sich auch so vor unseren Augen, gegen die eigenen Lasterkumpanen; und das macht ihn zum typischen Intriganten; doch Auaricia bleibt Personifikation.

2. Von Backbiter zu Iago

Beide, Mirth und Backbiter, vereinigen in ihrer Rolle das Wesen des Intriganten, die Funktion als Bote und - der eine mehr, der andere weniger - als Spaßmacher. Diese dramatische Person entwickelt sich nun hauptsächlich in zwei Strömen: Auf der einen Seite werden die drei hier noch einer einzigen Figur zukommenden Rollen nur je einer Gestalt übergeben, so daß wir also den Messenger, den Fool und den Intriganten finden; andererseits taucht immer wieder eine dramatische Person auf, die zwar nicht Bote, aber doch - wie Mirth und Detraccio - Vertrauter einer Hauptfigur ist, die zudem intrigiert, und die "Späße" macht, wenn auch von gänzlich verschiedener Art[51].

Ein Repräsentant des zweiten Stromes ist Shakespeares Iago. Seine Funktion erschöpft sich nun freilich ebensowenig in der Verknüpfung von Handlungsphasen wie sein Wesen in dem eines heuchlerischen Intriganten oder harmlosen Spaßmachers. Von Iago werden die Fäden der Intrige erst gesponnen; mit ihm steht und fällt Othello. Aber er bleibt deswegen doch "a character conceived and born in the tradition"[52]. Mirth hatte materieller Vorteile wegen intrigiert, Backbiter um

---

[51] R. W. Zandvoort (149, 106f.) sieht zum Beispiel in John Heywoods Merry Report (Play of the Weather) einen Nachfahren Mirths. Seine Interpretation basiert jedoch auf Brandls Auffassung von Mirth als "lustige Person". Aus diesem Grunde geht ihm die komplexe Identität des Boten - auch als allegorische Figur, als Laster und Intrigant - ab, so daß er bei der Beantwortung der Frage "What made John Heywood call Merry Report 'the Vice'"? in Schwierigkeiten gerät. Die Lösung des Problems entspricht daher auch nur zum Teil dem wirklichen Sachverhalt und ist zum andern bloße Vermutung, wenn er sagt: "He [Heywood] may have borrowed the name ['vice'], for convenience sake, and without thinking much about the propriety of it, from a type of character essentially different in function and origin, not from an allegorical abstraction, but from a concrete personage, copied from real life - the King's herald, the royal Messenger".

[52] Th. L. Watson (358, 546).

seines Vergnügens willen, und dies sind die Ziele, die Iago
bei seiner Intrige gegenüber Roderigo verfolgt. Er rät jenem: "Put money enough in your purse" (I, iii, 377)[53], und
wendet sich dann, wie Backbiter, vertrauensvoll erklärend
ans Publikum:

> Thus do I ever make my fool my purse;
> For I mine own gain'd knowledge should profane,
> If I would time expend with such a snipe
> But for my **sport** and **profit**...   (I, iii, 379ff., meine Hervorhebung)

Dann nennt er eines der so oft bezweifelten Motive seines
teuflischen Verbrechens: "I hate the Moor" (ebd.).

Auf die Frage, warum Iago den Mohren hasse, findet Bernhard
Spivack die Antwort: "It is properly **allegorical** hatred,
having neither psychological explanation nor appropriate
emotional content"[54]. Spivack sieht damit Iago als eine dramatische Person, die in der direkten Tradition des **Vice** der Moralitäten steht, jener Gestalt, deren Haß ursprünglich sein
Motiv nicht in irgendwelchen realen Wesensanlagen hat, sondern
dem grundsätzlichen Antagonismus der beiden Gegenpole von Gut
und Böse entspringt, der seit der Psychomachia des Prudentius
mehr oder weniger die Moralität kennzeichnet. Mit anderen Worten: Wenn Iagos Handlungsmotiv außerhalb seines Wesens liegt,
dann ist er nichts weiter als eine typische Funktionsfigur des
Dramas, die nur aus der Notwendigkeit handelt, den vorgeschriebenen Geschehensablauf zu initiieren und voranzutreiben. Nicht die Eigengesetzlichkeit seines Charakters läßt ihn
handeln und bestimmt den dramatischen Vorgang, sondern das
Motiv liegt allein in dem präkonzipierten **plot**, und dieser
bestimmt, wie Iago sich verhalten soll[55]. Folglich sind nun
nach Spivack die neben dem Haß angeführten weiteren Motive

---

[53] Die Textbelege aus <u>Othello</u> entstammen der Ausgabe von
Peter Alexander (441).

[54] Spivack (338, 444).

[55] Das wäre zum Beispiel auch die Essenz der Argumentation von Leavis (421, 278), nach dem Iago nichts weiter zu
tun hat als "to perform his function as dramatic machinery".

Iagos nur, um mit Coleridge zu sprechen, "the motive-hunting of a motiveless malignity"[56], so der Neid, der bereits in der Exposition von Othello im Gespräch zwischen Roderigo und Iago zum Ausdruck kommt[57]. L. L. Schücking sieht das Problem anders und bezeichnet Iago als "boshaft und schadenfroh, neidisch, hart und ungerührt, dabei verschlagen, listig und berechnend..."[58]. -

Leah Scragg bezieht heute Stellung gegen Spivack und für Schücking (ohne jedoch ausdrücklich auf letzteren zu verweisen), indem er Iago nicht als Nachfolger des Vice der Moralitäten, sondern des Teufels, auch in den Mysterienspielen, darstellt, so daß Iago wieder von einem "unmotivated seducer" zum "motivated antagonist" wird[59]. Scragg behauptet nicht, daß Iago allein Teufel und nicht Vice sei, denn "fundamentally, the operation of the Vice is the operation of the Devil adapted to fulfil the needs of the dramatized psychomachia"[60], nur wird eben Iago als Teufel nicht seiner Handlungsmotive beraubt, und darauf kommt es Scragg an:

... It would be highly lamentable for Iago to be deprived of his motivation on the grounds that he is an amoral survivor from the psychomachia, roughly clad in the garments of realism, when the very characteristics which have reduced him to this exigency, together with the corroborative evidence from the play, suggest that he is not a Vice but a Devil[61].

Anders als Spivack und Scragg stellt Th. L. Watson die "Nebenfigur" Backbiter an den Anfang jener dramatischen Personen, die artähnliche Vorläufer und Zeitgenossen Iagos sind. Backbiter, sowie Clokyd Colusyon in Skeltons Magnyfycence, das Dreigespann Deceit, Falsehood und Flattery in Lyndsays Ane

---

[56] S. T. Coleridge (392, 268).

[57] Vgl. Spivack (338, 448).

[58] Schücking (438, 60).

[59] Scragg (439, 53).

[60] Scragg (439, 61).

[61] Scragg (439, 64).

Pleasant Satyre of the Thrie Estatis, gefolgt von Churms in Wily Beguiled und Chapmans Lemot in An Humerous Dayes Mirth bis zu Carlo Buffone in Jonsons Everyman Out Of His Humour sind mehr oder weniger wesensgleiche Glieder jener Kette von dramatischen Personen, die zu Iago führt[62]. Sie alle sind dieselben "Typen", das heißt, dramatische Personen, die identische Wesenszüge aufweisen, ohne darüber hinaus bedeutende, sie voneinander absetzende, individuelle Eigenschaften zu besitzen. "Envy, suspicion, detraction, and fraud" sind ihre Hauptmerkmale[63], die fast immer in Assoziation mit "buffoonery" auftreten[64]. Der intrigante Heuchler stellt gleichzeitig auch einen "buffoon" oder 'Spaßmacher' dar; das trifft auf Backbiter wie auf Iago gleichermaßen zu.

Nach Backbiter aber noch vor Clokyd Colusyon (1516) läßt sich ein weiterer, bei Watson unerwähnt gebliebener Vertreter in die Kette dieser spezifischen dramatischen Personen einreihen: E n v y in Henry Medwalls Nature (ca. 1490-1501). Er kann unser methodisches Prinzip unterstreichen, denn seine Namensbezeichnung ist nicht identisch mit seiner in Rede und Handlung vorgenommenen Zeichnung. Rückschauend ähnelt Envys Darstellung der Backbiters, vorausblickend der Iagos, ohne jedoch mit einer von beiden völlig identisch zu sein. Damit wird einerseits nochmals der Unterschied der Gestalt Backbiters im Vergleich zu den übrigen Figuren in The Castle of Perseverance betont, andererseits auf einen Wandel der dramatischen Person in der Moralität hingewiesen, in dessen Prozeß Envy eine Mittelstufe einnimmt. Indem Envy als Vorläufer Iagos außerdem Züge eines Teufels als auch eines Vice zeigt, deutet er darauf hin, daß es vielleicht müßig oder sogar fast unmöglich ist, Shakespeares Intriganten unbedingt so hinstellen zu wollen, als sei er im wesentlichen das eine oder andere. Die dramatische Person

---

[62] Vgl. Watson (358, 547ff.).

[63] Watson (358, 547).

[64] Watson weist darauf hin, daß bereits Aristoteles' Ethik dieselbe Assoziation aufzeigt (358, 546).

Iago ist zu kompliziert, als daß ihr Charakter mit dem Nennen
weniger einfacher und typischer Merkmale - wie sie Vice und
Teufel aufweisen - dargestellt wäre.

In The Castle of Perseverance war die dramatische Person Invidia eine Personifikation ihres Namensinhaltes, die in der Allegorie durch ihr Erscheinen zu demonstrieren hatte, daß Humanum Genus mit der Sünde Neid behaftet war. Envy in Nature stellt keine Funktionsfigur dar - weder für die Allegorie noch für das Moralitätenschema. Sein Auftritt erfolgt - zusammen mit anderen nach Sünden benannten dramatischen Personen - in Nature II[65]; der erste Teil dieser Moralität verzichtet auf sein Erscheinen. Wir greifen jene Stelle heraus, die uns ein wenig an den nächtlichen Zwischenfall in Othello erinnert, als der Mohr, durch Iago geschickt getäuscht, Cassio aus seinen Diensten entläßt:

Die mit Sündennamen bezeichneten Gestalten wollen für die Hauptfigur, Man, gegen den Repräsentanten des "guten" Prinzips, Reason, kämpfen. Pride, der ein hohes Amt in Mans Diensten bekleidet, glänzt durch Abwesenheit. Als er dann doch auftaucht, trifft er nur Envy an, der ihn schon immer wegen seiner Stellung beneidet hatte. Envy sieht Pride in der Ferne und meint zum Publikum gewandt:

>   Goddys body here cometh Pryde
>   as crank as a pecok,   (V. 831f.)[66]

und er faßt den spontanen Entschluß:

>   As sone as he and I mete
>   wythout he stand ryght vppon hys fete
>   He shall bere me a proude mok.   (V. 833ff.)[67]

---

[65] Diese Szene wird später in einem anderen Zusammenhang eingehender betrachtet.

[66] Die Textbelege zu Nature entstammen der Ed. Brandl (3). - SOED unter crank: "ME [?] ... aggressively high-spirited, 'cocky'... 1499".

[67] Envys Gebrauch von mok in diesem Kontext ruft die Worte Iagos ins Gedächtnis: "O, beware, my lord, of jealousy;/ It is the green-ey'd monster which doth mock/ The meat it feeds on" (V. 169ff.). Watson weist in seinem Aufsatz darauf hin (552f.),

Prides erste Frage, was es Neues gäbe, wird mit der Lüge beantwortet:

> ye are out of conceyt I tell you for euer (V. 854)
> ...
> In so myche that ye are lyke to lees
> Both your offyce and all your fees
> And put clene out of wagys. (V. 857ff.)

Pride kann es zunächst gar nicht fassen, doch auf die wiederholten Beteuerungen hin bittet er Envy schließlich um seinen Rat. Dieser meint wie ein guter Freund:

> By my trouth Pryde thou mayst byleue me
> If I were in thy case
> I wold wythdrawe me for a season... (V. 867ff.)

Die "guten Ratschläge" wirken. Pride folgt ihnen und wünscht 'Farewell'. Kaum aber ist er fort, da ruft Envy freudig aus, daß es wie ein Echo von Backbiters Jubel klingt:

> Alas that I had no good felow here
> to bere me cumpany and laugh at thys gere
> thys game was well founde. (V. 893ff.)

Sensuality, der nun auftritt, hat wohl die letzten Worte noch vernommen und läßt sich von Envy über den "Spaß" aufklären:

welche Vielzahl an Erklärungsversuchen dieses "mock" Iagos evozierte: "Furness has almost five pages of commentary on 'the greene-ey'd Monster, which doth mocke', most of it devoted to discussions of 'mocke'. The crux is whether Shakespeare wrote 'mocke', 'make', or 'muck'; and if he wrote 'mocke', as is apparently the case, what does it mean in this context. Richard Flatter, as do others, defends 'mocke' on the grammatical grounds that it is an intensivum of 'to make' and, therefore, that it means 'to make artificially'. In this sense it is still used in 'mock-turtle soup' and 'mock-duck'. This interpretation precludes as illogical the use of 'to mocke' in the sense of 'to scorn' or 'to ridicule'. However, Iago's figure of speech may be a verbal echo of Macilente's description of Carlo, who 'eates on those that feed him'. ... This reference to Jonson lends some support to those critics – Jennens, Hunter, and Stanunton, for example – who prefer to read 'mocke' in the sense of 'scorn', 'deceive', or 'ridicule'".
– Zwar beschreibt Iago hier 'jealousy' im Allgemeinen, doch könnten die Worte, wie mir scheint, auch recht gut als Wesenscharakterisierung Envys gelten, der, grün vor Neid, seinen eigenen Artgenossen nun verspotten und an der Nase herumführen wird. Wir sind deswegen versucht, uns bei der Erklärung des Shakespeare-Verses in die Reihe der letztgenannten Kritiker einzureihen.

> In cam Pryde garnyshed as yt had be
> One of the ryall blode
> It greued me to se hym so well be sene
> ....
> By the rode I haue gyuen hym a chek mate
> For I bare hym an hand that he cam to late
> And that the feld was done
> and how hys offyce was gyuen away
> Because he fayled our mayster that day... (V. 912ff.)

Auf die Frage Sensualitys nun, was Envy denn zu dieser Tat bewegt habe ("what **moueth** the therto", V. 930), kommt die entscheidende Antwort:

> Mary cause had I none
> but only that yt ys my guyse
> Whan I se an other man aryse
> Or fare better than I
> Than must I chafe and fret for yre
> and ymagyn wyth all my desyre
> To dystroy hym vtterly. (V. 931ff.)

Die Übereinstimmungen mit Backbiter und Iago sowie dem Vice sind offensichtlich: Auch Envy ist ein "fröhlicher" Intrigant, intim mit den Zuschauern, denen er seine beabsichtigten Ränke mitteilt; er verhält sich wie ein wohlmeinender Freund seines Opfers; er faßt seine Machenschaften als <u>game</u> auf, wodurch er Bösartigkeit mit Spaß verbindet; schließlich lacht er schadenfroh über sein gelungenes Spiel[68].

Wie noch bei Backbiter aber nicht mehr bei Iago richtet sich sein Antagonismus auf eine artähnliche Nebenfigur. Envys Opponent Pride ist, wie er selber, Vertreter des bösen Prinzips. Aggressivität solcher Art aber sieht das Schema der Moralität nicht vor. In ihm wird sie nur vom positiven Gegenpol der Tugend her evoziert und wirksam. Deswegen hat Envys Intrige gegenüber Pride keinerlei Folgen für das moralitätenhafte Geschehen. Weil sie nun im Hinblick auf das Schema funktionslos ist, kann sie auch ihr Motiv nicht in ihm besitzen. Vielmehr ist es Envys <u>Wesen</u>, das den Anstoß zu seiner Handlung gibt.

---

[68] Diese Beschreibung lehnt sich an Scraggs Zusammenfassung der Merkmale des <u>Vice</u> an (439, vgl. 53f.); wie die Analyse der Intrige Envys zeigt, trifft sie aber auch auf diese dramatische Person zu.

Es ist die Art eines Neiders, so sagt er uns selber (V. 932ff.), grundsätzlich niemanden sehen zu können, dem es besser geht als ihm, und deswegen muß er danach trachten, diesen anderen irgendwie zu ruinieren. In dieser Form der Motivation der Handlung Envys und Iagos, die also beide Male nicht, wie beim Vice, in einem vorgeschriebenen Schema oder Geschehensablauf liegt, sondern im Wesen der dramatischen Person begründet ist, gleicht die Darstellung der des Teufels in den Mysterien und Moralitäten, denn es ist die "Natur" des Teufels, "to envy those whose character or situation is in any way superior to his own, to suffer from a sense of injured merit and to seek to destroy anything which by its very superiority threatens his self-love[69]." Iago ist ein Neider. Das zeigt bereits die Exposition in Othello, in der der Intrigant sich eindeutig als eine solche Gestalt charakterisiert, noch bevor das Gefühl des "Übermotivierten" auftreten kann[70].

---

[69] Scragg (439, 64). – Er weist auch auf die Interpreten hin, die Iago als Teufel, Mephistopheles oder Satan bezeichnen.

[70] Müßte man sich nicht eigentlich Folgendes fragen: Wenn über Iago gesagt wird, er sei boshaft, schadenfroh, neidisch, verschlagen und listig, "... sein Charakter ist vom Dichter also so angelegt, daß es besonderer Gründe für sein Handeln gegen Othello kaum bedürfte. Doch zeigt er sie in gekränktem Ehrgeiz, Neid und Rachsucht auf" (Schücking, 438, 60f.), bewegt sich dann diese Argumentation nicht im Kreise? Woher sollen wir wissen, oder wie sollen wir erkennen, daß Iago neidisch und listig ist, wenn nicht durch die Selbstdarstellung in der Handlung? Mir scheint, daß ein guter Teil des Eindrucks der Übermotivierung eher in der shakespeareschen Darstellungstechnik des Verdeutlichens liegt: Um uns das Wesen Iagos klar erkennen zu lassen, wird die dramatische Person nicht allein durch ihr Handeln charakterisiert, sondern zusätzlich läßt Shakespeare die betreffende Person Monologe sprechen, in denen die Motive nochmals genannt werden. Hier treffen sich also zwei Formen der Darstellung, die "realistische" und die allegorisch-moralitätenhafte. Shakespeare will ganz sicher gehen: er verläßt sich nicht auf den Zuschauer und dessen Fähigkeit, das Wesen der dramatischen Person allein aus dem Verhalten erkennen zu können, sondern bedient sich zusätzlich der dem Publikum vertrauten, in der Allegorie noch notwendigen Form des Monologs, um so das Wesen und damit die Gründe der Handlung, die aus dem Wesen entspringen, zu erklären. Diese doppelte Verdeutlichung und Form der Charakterisierung scheint mir den Eindruck des Übermotivierten hervorzurufen, zumindest aber zu verstärken.

Der Intrigant <u>Othellos</u> unterscheidet sich von dem Neider in <u>Nature</u> schließlich auch noch dadurch, daß seine Intrige nicht auf eine Nebenfigur, sondern auf den Helden selber gerichtet, und dieser zudem Repräsentant des Guten ist. Das heißt: In Iago haben wir eine dramatische Person vor uns, die gemäß der Eigengesetzlichkeit ihres Wesens handelt <u>und</u> <u>damit</u> <u>das</u> <u>Hauptgeschehen</u> des Dramas in Gang setzt und seinen weiteren Ablauf bestimmt.

Drei Schritte lassen sich also bei der Darstellung der dramatischen Person von Backbiter über Envy zu Iago erkennen: Backbiter war allegorische Personifikation aber auch schon typisierte Gestalt. Sein Handeln im dritten Auftritt zeigte sich noch nicht völlig von den Fesseln des Schemas befreit, denn das "Was" seines Verhaltens hatte in ihm sein Motiv. Im "Wie" seiner Botenberichte folgte er jedoch bereits seinem eigenen Wesen. - Envys Intrige dagegen hat weder eine Funktion im Hinblick auf das Moralitätenschema noch irgendwelche Folgen für das Hauptgeschehen. Er stellt damit nicht länger eine Funktionsfigur dar, denn sein Handeln wird allein aus seinem Wesen motiviert. - Iago nun intrigiert ebenfalls, weil ihn sein Charakter dazu zwingt. Aber seine Taten machen das dramatische Geschehen erst aus: ohne ihn gäbe es keine Tragödie Othellos.

Wir können Watson deswegen zustimmen, wenn er sagt:

To place Iago in the literary tradition of the type-character is not in any sense to oversimplify his complex character. Rather, it adds to an understanding of Shakespeare's method of characterization... Shakespeare's achievement is in imagining a character who is essentially a dramatic convention, but who <u>rises</u> above mere convention to become a symbol of cosmic evil[71].

---

[71] Watson (358, 553f.).

EXKURS: Strophenform und dramatische Person

In The Pride of Life versuchte der Dichter unter anderem auch mit Hilfe verschiedenartiger Versformen die einzelnen dramatischen Personen voneinander abzusetzen; die Strophe blieb dabei vierzeilig und wies fast durchgehend das gleiche Reimschema auf. The Castle of Perseverance nun wechselt die Strophenform und hebt die einzelnen Figuren dadurch voneinander ab. Damit ist eine Konvention der frühen Moralitäten eingeleitet, die, im Hinblick auf den späteren elisabethanischen Dramenvers, eigentlich als Hemmschuh bezeichnet werden muß, denn das Bemühen der frühen Dramatiker, alle Reden und Dialoge in vorher bestimmten, festen Strophenformen darzubieten, steht der Entwicklung entgegen, die zum Blankvers und dessen Fusion mit gereimten aber nicht in Strophen gebundenen Versen führt. Deswegen spiegelt das metrische Bild der Moralitäten zugleich Bewegung und Gegenbewegung: Einerseits sollen die dramatischen Personen sprachlich, das heißt im frühen Drama weniger durch Bilder, Metaphern, Wortschatz, Stilfiguren etc. als hauptsächlich metrisch voneinander abgesetzt werden, wobei der Strophenkontrast ein wesentliches Mittel darstellt; andererseits geht das Bemühen aber auch dahin, den einengenden Strophenzwang aufzugeben, um eine "natürlichere" Sprechweise zu erreichen[1]. Dieses innere Gegeneinander gibt den auf The Castle of Perseverance folgenden Dramen das charakteristische Gepräge. Die größere Kraft, so wird sich erweisen, sitzt hinter dem Drang nach wirklichkeitsnäherem Dialog. Das anfänglich feste Gebäude der Strophe wird Stufe für Stufe unterhöhlt, bis ihr Reimschema schließlich nur noch eine äußere Fassade bildet, hinter der sich echter Dialog verbirgt.

Schon in Wisdom (ca. 1465-1470) beginnt diese Bewegung wirksam zu werden. Der Dichter von The Castle of Perseverance

---

[1] "Natürlich" erscheint in Anführungszeichen, denn jede Sprache im Drama, auch die nicht in Strophen gebundene, ist künstlich, das heißt vom Dichter für die Person und Situation geschaffen.

hatte nur drei Lasterpersonifikationen durch eine andere Form der Strophe, den Schweifreim, gekennzeichnet. Sein Versuch, die Gegenpole von Gut und Böse durch einen Strophenkontrast zu unterscheiden, bleibt damit unvollständig, denn nicht alle Vertreter des bösen Prinzips, wie die Sündenpersonifikationen zum Beispiel, werden mit derselben Strophenform ausgestattet, die sich von der der tugendhaften Gestalten abhebt. <u>Wisdom</u> hingegen zeigt etwas größere Konsequenz in der metrischen Gestaltung, denn hier sprechen zuweilen alle Lasterfiguren in der Schweifreimstrophe, obwohl auch in dieser Moralität nicht die Rede davon sein kann, daß eine vollständige Kontrastierung von Personen mit Hilfe der Strophe vorliegt.

Ramsays Darstellung, die allen Vice-Szenen <u>Wisdoms</u> den Schweifreim und allen ernsten Tugendszenen die Oktave (<u>abab bcbc</u>), auch in erweiterter oder verkürzter Form, zuweist[2], ist erstens ungenau und vermag zweitens auch nicht auf den entscheidenden ersten Schritt im Abbau des Strophenschemas hinzuweisen.

Zunächst können die Verse 326-876 nicht als "vice-scenes" bezeichnet werden. Von Vers 325-491 findet die Versuchung durch Luzifer statt, das heißt, bis Vers 491 sind Mind, Will und Understanding, die die Rolle der Menschheitsfigur spielen, noch <u>neutrale</u> Gestalten. Erst dann werden sie zu Lasterfiguren. Wenn nun der metrischen Darstellung des Dramatikers das Prinzip eines <u>Personen</u>kontrastes - der Laster und Tugenden - mit Hilfe der Strophenform zugrundeläge, müßten Mind, Will und Understanding, solange sie noch neutral sind und die Versuchung des Bösen noch keinen Erfolg zeigt, durch die ihnen zu Anfang zuerteilte Oktave gekennzeichnet sein und erst zu dem Zeitpunkt den Schweifreim Luzifers adoptieren, als sie in Sünde verfallen. Weil nun aber die ganze Darstellung, die die Versuchung, den Sündenfall und das Leben im Laster umfaßt, in derselben sich von der Form der vorherigen, vornehmlich homiletisch-didaktischen Szene unterscheidenden Strophe geschrieben

---

[2] Ramsay (103, cxxxviii).

ist, liegt in <u>Wisdom</u> nicht das metrische Prinzip des Personen-, sondern des Szenenkontrastes vor. Das wird noch einmal beim Übergang zur Bekehrungsszene deutlich: Wisdom, der Repräsentant des Guten, tritt als erster auf und bringt die Oktave als die ihn kennzeichnende Strophenform mit. Die Lasterfiguren sollen zur Umkehr bewegt werden. Nun aber sprechen diese nicht bis zu ihrer Bekehrung weiterhin in der sie vorher "charakterisierenden" Schweifreimstrophe, sondern von Anfang an ist ihre Form der Strophe identisch mit der Wisdoms: Die ganze Szene wird in der Oktave dargestellt. Das Prinzip des metrischen Personenkontrastes ist in Wisdom also überlagert vom Prinzip des Szenenkontrastes.

Entscheidender für die metrische Entwicklung aber ist nun – das wird bei Ramsay nicht klar –, daß in <u>Wisdom</u> nicht länger wie in <u>The Castle of Perseverance</u> eine einzige dramatische Person eine volle Schweifreimstrophe allein spricht. Der Dramatiker der früheren Moralität ließ nie <u>eine</u> Strophe von zwei oder mehr Personen sprechen. In <u>Wisdom</u> aber – und das ist nun der erste Schritt der Auflockerung des strengen Schemas – sind <u>mehrere</u> lasterhafte Figuren an einer einzigen Strophe beteiligt, das heißt, innerhalb desselben Strophenrahmens wechselt einige Male der Sprecher. Es wäre voreilig, hier nun gleich von echtem Dialog zu sprechen. Er liegt erst dann vor, wenn mindestens zwei Personen in ihren Äußerungen auf die Rede des Gegenüber Bezug nehmen und dadurch die dramatische Handlung beeinflussen. Mit anderen Worten: Bei einem echten Dialog sind erstens die einzelnen Teile des Gesprächs nicht unter den Personen austauschbar (so daß es also keine Rolle spielen würde, wer welchen Satz spricht), weil hinter jeder vorgetragenen Meinung und Gegenmeinung verschiedene Individuen stehen; zweitens lassen sich deswegen auch die einzelnen Redeteile nicht zu einer einzigen Rede zusammenschmelzen. Ist aber beides möglich – auszuwechseln und zusammenzuschmelzen –, dann haben wir ein Wechselgespräch oder Duolog (Triolog etc, je nach Anzahl der Sprecher) vor uns, wie schon in <u>The Pride of Life</u> beobachtet. Die Frage in bezug auf <u>Wisdoms</u> Strophenform lautet also: Sind die aufgeteilten Strophen Wechselgespräche oder Dialoge, oder, im Hinblick auf die dramatische Person: werden die einzelnen Redeteile von nicht-individuierten Funktionsfiguren gesprochen oder von verschiedenen, voneinander unabhängigen Gestalten?

Die Untersuchung von zwei Strophen gibt die Antwort: Die drei Seelenkräfte Mind, Will und Understanding werden nach der erfolgreichen Versuchung Luzifers zu Lasterfiguren: "Mind espouses 'maintenance', the peculiarly late-medieval vice of using violence and coercion to gain one's ends. Will becomes a lecher, and Understanding a perverter of the law"[3]. Diese Transformation verdeutlicht der Dichter für jede Gestalt in einer Art <u>dumb show</u>. Understandings "Wesen" zum Beispiel, der nun <u>perjury</u> ist, veranschaulicht ein Auftritt von "six jorours in a sute, gownyde, wyth hodys abowt her nekys, hattys of meyntenance þervpon, vyseryde dyuersly"[4]. Während diese ihren Tanz aufführen, erklärt Understanding wie ein <u>presenter</u>, daß es sich bei diesen Gestalten um "þe quest of Holborn" handele (V. 731). Die Allusion auf eine konkrete Institution zeigt, daß hier zeitgenössische Übel attackiert und satirisiert werden sollen[5]. Dann schließt sich folgende Schweifreimstrophe an:

> Lo, here ys a menye loue wellfare.
> Ye, þey spende þat tru men spare.
> Haue þey a brybe, haue þey no care
> Wo hath wronge or ryght.
> They fors not to swere and starre.
> Though all be false, les and mare.
> Wyche wey to þe woode wyll þe hare
> They knewe, and þey at rest sett als tyghte.
> Some seme hem wyse
> For þe fadyr of vs, Covetyse.   (V. 735ff.)

In dieser Strophe, die mit einem Couplet abschließt, wird die Korruption der durch die Tänzer dargestellten realen Personen,

---

[3] Williams (365, 158).

[4] Szenische Anweisung nach V. 724.-Alle Belege zu <u>Wisdom</u> aus Ed. Eccles (6).

[5] Die wohl jüngste Analyse <u>Wisdoms</u> als Satire auf Kirche und Staat findet sich bei Bevington (<u>Politics</u>, 171, 28ff.).

der Untersuchungsrichter aus Holborn, beschrieben. Das Fortlassen der drei Sprechernamen vor den jeweiligen Sätzen zeigt, daß diese Strophe ohne weiteres von nur einer einzigen Figur gesprochen werden könnte, und doch wechselt innerhalb dieser einen Strophe sechsmal der Redner; alle drei, Mind, Will und Understanding, kommen je zweimal zu Wort. Das bedeutet nun für diese Gestalten, daß keine von ihnen hier beanspruchen kann, eine unabhängige, typisierte oder individuierte dramatische Person zu sein. Vielmehr sind alle Funktionsfiguren der vom Dichter beabsichtigten Satire, und als solche bilden alle drei eine <u>Ein</u>-heit, die durch ihren Triolog innerhalb eines Strophenrahmens klar zutage tritt. Der Fortschritt gegenüber <u>The Castle of Perseverance</u> liegt allein in der äußeren Form, denn eine Strophe wird hier erstmalig auf mehrere Sprecher verteilt. Die innere Form hingegen zeigt sich noch beinahe identisch, denn die drei Personen sind im Grunde ein und dieselbe Funktionsfigur - Satiriker.

Dennoch zeigt <u>Wisdom</u> an anderer Stelle schon echten, wenn auch noch keinen <u>dramatischen</u> Dialog. Als Will (Lechery) seinerseits sein transformiertes "Wesen" durch einen Tanz von drei Männern und drei Frauen verdeutlicht, entspinnt sich zwischen ihm und seinen beiden Lastergenossen folgendes Streitgespräch:

```
M. Ye may not endure wythowt my meyntenance.
U. That ys bought wyth a brybe of owr substance.
W. Whow, breydest þou vs of þin aqueyntance?
   I sett þe at nought!
M. On þat worde I woll tak vengeaunce.
   Wer vycys be gederyde, euer ys sum myschance.
   Hurle hens thes harlottys! Here gyse ys of France.
   þey xall abey bytterly, by hym þat all wrought!

U. Ill spede þe ande þou spare!
   þi longe body bare
   To bett I not spare.
   Haue the ageyn!
W. Holde me not! let me go! ware!
   I dynge, I dasche! þer, go ther!
   Dompe deuys, can ye not dare?
   I tell yow, outwarde, on and tweyn!      (V. 761ff.)
```

Hier haben wir, im Gegensatz zu den oben zitierten Versen, zwei Strophen mit lebhaftem Dialog. Die Redner stehen sich gegenüber; die Aussagen beziehen sich aufeinander; es wird gestritten und "gehandelt". Dramatischer Dialog aber ist dies deswegen nicht, weil die Haupthandlung der Moralität unbeeinflußt bleibt. Der Kampf der Laster untereinander stellt - wie in The Castle of Perseverance - nur eine Nebenepisode dar. Entscheidend aber ist, daß hier der Streit dialogisch gestaltet wird, während er im früheren Drama nur aus den lateinischen "Bühnenanweisungen" ablesbar war.

In der Moralität Mankind (ca. 1465-1470) werden die Gegenpole der dramatischen Personen nicht länger durch unterschiedliche Strophenformen voneinander abgesetzt. Zwar sind alle Vertreter des "bösen" Prinzips durch die verschiedensten Formen des Schweifreims gekennzeichnet, aber - und das ist der wesentliche Fortschritt gegenüber Wisdom - diese Form der Strophe wird auch von dem einzigen Repräsentanten des Guten, Mercy, benutzt. Während die "tugendhafte" Gestalt Wisdom der vorherigen Moralität nie in der Strophe der Gegner spricht, wird Mercy in Mankind von den dominierenden Lastern in die Schweifreimstrophe hineingezogen. Ganz zu Anfang des Dramas zum Beispiel stellen sich Nought, New Gyse und Nowadays durch Tanz und Gesang in ihrer Lasterhaftigkeit dar. Nought will den beobachtenden Mercy ebenfalls zum Tanz überreden, doch dieser wehrt ab:

```
MERCY    Nay, brother, I wyll not daunce.
NEW G.   Yf ȝe wyll, ser, my brother wyll make yow to prawnce.
NOW.     Wyth all my herte, ser, yf I may yow avaunce.
         ȝe may assay be a lytyll trace.
NOUGHT   ȝe, ser, wyll ȝe do well,
         Trace not wyth þem, be my cownsell,
         For I haue tracyed sumwhat to fell;
         I tell yt ys a narow space.                (V. 90ff.)[5a]
```

Wie hier so sind auch die folgenden Strophen (V. 98ff.), bis zum Abtritt der drei, auf alle vier Figuren, die Laster und die Tugend, verteilt. Auf diese Weise gewinnt die Szene an Lebendigkeit. Nur das Reimschema bildet noch einen äußeren Rahmen, der jedoch keinerlei Zwang ausübt, denn hinter seiner Fassade findet sich bereits echter Dialog. Und wie locker selbst dieser Rahmen geworden ist, wird aus der Variationsbreite der

---

[5a] Alle Belege zu Mankind sind aus der Ed. Eccles (6).

Reimschemata deutlich: War noch in Wisdom das Bemühen zu erkennen, die Folge aaab cccb zu erfüllen, so nimmt der Dramatiker sich hier in Mankind alle Freiheiten des Reimens heraus. Wurde innerhalb der Halbstrophe zum Beispiel kein zweites oder drittes Reimwort gefunden, so reimte der Dichter eben nur zweimal oder einmal, so daß die Formen aab cccb (V. 476ff.) oder aaab ccb (V. 624ff.) neben einer Form wie aaab cb (V. 438ff.) erscheinen konnten. Zuweilen scheint es dem Dichter auch am Schweifreimwort gemangelt zu haben, so daß die beiden Triplets durch zwei ungereimte Verse verbunden wurden, wie in V. 550ff., wo wir aaax cccx finden (x bezeichnet das Fehlen des Reims).[6] Diese bunte Mischung verschiedenster Formen - zusätzlich treten auch ungereimte Verse und ein Couplet auf -, an der alle dramatischen Personen, Tugend wie Laster, teilhaben, läßt erkennen, daß die Form der Strophe als Unterscheidungskriterium für die gegensätzlichen Pole der dramatischen Personen hinfällig geworden ist.

Es nimmt daher nicht wunder, daß in den folgenden Dramen die Repräsentanten des Bösen sich auch zuweilen der Strophenform der Tugenden bemächtigen, wie zum Beispiel in Nature. Nur der Anfang der Moralität ist durch die reine Chaucerstrophe (abab bcc) gekennzeichnet. Als Man, die Hauptfigur, seine Zustimmung zur weltlichen Lebensführung gibt, hören wir zum ersten Male den Schweifreim. Diese bislang die Laster "charakterisierende" Strophenform veranschaulicht hier Mans Tendenz zur Sünde und leitet gleichzeitig zu der von den Vertretern des Bösen dominierten Phase der Handlung über, die in der Hauptsache durch Schweifreim bestimmt ist. Bemerkenswert erscheint es, wie Henry Medwall, ähnlich dem Dramatiker von The Castle of Perseverance, jene Figur, die den Helden zur Sünde führt - hier Worldly Affection, dort Detraccio -, von den übrigen Lastern abhebt, indem er sie (und ganz kurz auch Sensuality) im rime royal, der Strophenform der Tugenden, sprechen läßt (V. 675-723). Daß diese Phase der Moralität noch nicht durch-

---

[6] Vgl. hierzu Ramsay (103, cxxxixf.).

gehend vom Schweifreim gekennzeichnet ist, sondern die den
Spielbeginn gestaltende Strophenform noch beibehält, unterstreicht, daß der Held - wie Humanum Genus in <u>The Castle of Perseverance</u> - sich erst noch in einer <u>lasterhaften Übergangsphase</u> befindet; das eigentliche Leben in <u>Sünde</u> hat noch nicht begonnen; dazu muß Man zunächst dem Verführer Pride verfallen. Diese Versuchung präsentiert sich ganz im Schweifreim, und völlig konsequent wird Mans Fall ins Sündenleben durch seine Adoption der Strophenform Prides markiert. Im Anschluß an diese erfolgreiche Versuchung, während Man sich außerhalb des Aufführungsraumes befindet, prahlt Sensuality damit, wie er Man in einer Taverne die "rechte" Gesellschaft zugeführt habe. Der <u>rime royal</u> dieser Erzählung - ansonsten zeigt diese Phase nur <u>tail rime</u> - betont den Stolz auf seine Leistung.

<u>Nature II</u> unterstreicht, wie der erste Teil der Moralität, durch den Wechsel der Strophenform die verschiedenen Phasen des zugrundeliegenden Schemas, markiert die Wendepunkte der Handlung und hebt bestimmte Höhepunkte des Geschehens hervor[7]. Die Wahl der verschiedenen metrischen Formen ist also nicht länger davon bestimmt, Personengruppen voneinander zu unterscheiden. Die Struktur des Moralitätenschemas, die Themen der einzelnen Phasen der Handlung, die Entwicklung des Helden und andere Faktoren liegen der metrischen Gestalt des Dramas zugrunde. Diese <u>Funktionserweiterung</u> in der Verwendung der Strophenform weiter zu verfolgen, liegt nun aber außerhalb der Aufgabe, das hier gewählte Formelement - die dramatische Person - zu untersuchen.

<u>Wir können festhalten, daß bereits in den ersten vier uns überlieferten Moralitäten die starre Form des Strophenverbandes mit seinem festen Reimschema aufgelockert oder gar durchbrochen</u>

---

[7] Die obigen Ausführungen basieren zum Teil auf Ramsay (103, cxlf.). Zur Metrik in <u>Nature</u> (sowie in den folgenden Moralitäten <u>Mundus et Infans</u>, <u>Hickscorner</u>, <u>Magnificence</u>) siehe auch Bernard (168); des weiteren die über diese beiden Interpreten hinausgehende Darstellung von Fehsenfeld (215, Kap. IV), die die Wechselbeziehungen von Versform und Dialog herausarbeitet. - Auch Eichhorn (50, 147) streift diese Thematik.

ist, so daß wir schon hinter seiner Fassade echten Dialog finden[8]. Echter Dialog aber ist, im Gegensatz zum Duolog, Ausdruck einer gewandelten Identität der ihn sprechenden dramatischen Personen. Dabei verdient hervorgehoben zu werden, daß es die Laster sind, die zuerst ihre Strophe unterhöhlen und damit dem Abbau der fixierenden Form Vorschub leisten, um zu einer "natürlicheren" Sprache der Personen zu gelangen.

Das weitere Bild der Relation von Strophenform und dramatischer Person spiegelt zwar immer noch das - oben erwähnte - innere Gegeneinander der Gestaltungsprinzipien, aber die Bewegung zum "natürlichen" Dialog kann endlich die Oberhand gewinnen, so daß die "Freiheit der dramatischen Rede über die Gesetze der Strophenform" dominiert[9]. Schon _Hickscorners_ Metrik wird durch die reiche, wenn auch wenig systematische Verwendung des _Couplet_ gekennzeichnet, zeugt also von einer Aufweichung der komplizierten Strophenform, der Hinwendung zum Einfachen. Hand in Hand stellt sich eine unterschiedliche Verwendung des sie konstituierenden Merkmales, des _Reimes_, ein, der immer weniger rein schematisch angewendet, stattdessen in den Dienst der mannigfaltigsten Funktionen gestellt wird[10], bis Blankvers und Prosa schließlich tonangebend sind.

---

[8] Fehsenfeld macht einen zu großen Sprung, wenn sie nach The _Castle_ _of_ _Perseverance_ erst in _Nature_ die nächste Stufe der Entwicklung zum aufgelockerten _Dialog_ sieht (215, 224), also _Wisdom_ und _Mankind_ hiervon ausnimmt.

[9] Fehsenfeld (215, 158). Dieser Entwicklungsprozeß wird von der Verfasserin ausführlich dargestellt.

[10] Siehe hierzu die Dissertation von Fehse (214).

KAPITEL III

VERSUCHER UND VERSUCHUNG

1. "The Castle of Perseverance"

Neben dem Publikumskontakt durch Spaßmacherei kennen wir auch den durch Erklärungsreden, in denen das Laster seine Absichten und Methoden zur Versuchung der Hauptgestalt mitteilt[1]. Verglichen mit dem elisabethanischen Drama zeigen derartige Formen der "Zuschauernähe" keinen Unterschied: auch noch die shakespeareschen Intriganten weihen das Publikum in ihre Vorhaben ein. Die frühe Moralität, insbesondere The Castle of Perseverance, geht nun aber so weit, daß nicht nur der Zuschauer, sondern auch die betroffene Person selber, neben der Aufklärung durch die Repräsentanten des Guten, vom Versucher über die drohende Gefahr unterrichtet wird. Einer solchen Darstellung liegt die Absicht des Predigens und Belehrens zugrunde; das ist der Inhalt der Reden. Sie kann nicht auf eine Wirklichkeitsnachahmung oder dramatische Wahrscheinlichkeit (verisimilitude) abzielen; wenn sogar der Gegner sein Opfer warnen und das böse Ende vorbeschreiben muß, der Held aber dennoch als Unterlegener gezeigt wird, dann liegt in diesem, vom "realistischen" Standpunkt aus unwahrscheinlichen Geschehen nicht die Darstellungsintention, real mögliche Handlung zu bieten.

Doch dieses Gestaltungsprinzip wandelt sich. Es soll nun dargestellt werden, wie gerade die Versuchung und der "Sündenfall" von Drama zu Drama illusionistischer wird, oder, anders ausgedrückt, von einer Vorform der Intrige zu einer echten Form der Intrige wird, somit der shakespeareschen Darstellung allmählich näherrückt.

Die wichtigste dramatische Person dieser Phase des Geschehens

---

[1] Siehe oben Detraccio, Kap. II, 1.

ist die Gestalt, die es vermag, den Helden zum Sünder werden zu lassen. In The Castle of Perseverance tragen mehrere Personen dazu bei, aber die eigentliche Wende erfolgt erst als Auaricia erscheint[2]. Als Humanum Genus, mit lasterhaften Neigungen, aber noch ohne Sünde, vor dem erhöht sitzenden Covetousness steht, hat er kurz zuvor von Bonus Angelus gehört, welches Schicksal ihn erwartet (V. 791ff.); selbst Malus Angelus hatte dem zugestimmt:

> Tyl Mankynde fallyth to podys prys,
> Coueytyse schal hym grype and grope
> Tyl sum schame hym schende...   (V. 808ff.)

Nun wendet sich Auaricia nochmals an Humanum Genus und erklärt:

> Moo synnys I wolde þou vndyrfonge:
> Wyth coveytyse þe feffe I wyll;
> And þanne sum pryde I wolde spronge,
> Hyȝe in þi hert to holdyn and hyll
> And abydyn in þi body.
> Here I feffe þe in myn heuene
> Wyth gold and syluyr lyth as leuene.
> þe dedly synnys, all seuene,
> I schal do comyn in hy.   (V. 884ff.)

Der Held weiß nun ganz genau was er sich einhandelt, falls er der Aufforderung Auaricias, zu ihm hinaufzusteigen, gehorchen wird. Gleichzeitig dürften auch den Zuschauern die Folgen klar geworden sein, die durch die Sünde Habgier entstehen. Dennoch aber verzichtet der Dramatiker nicht darauf, diese nochmals in einer typisch homiletisch-didaktischen Rede der Sündenpersonifikation Auaricia aufzuzeigen:

> For whanne Mankynd is kendly koueytous.
> He is provd, wrathful, and envyous;
> Glotons, slaw, and lecherous
> þei arn oþyrwhyle amonge.   (V. 1028ff.)

Dann fordert er schließlich im Beisein Humanum Genus' die sechs weiteren Sünden auf:

> Lete vs lullyn hym in oure lust
> Tyl he be dreuyn to dampnynge dust.
> Colde care schal ben hys crust
> To deth whanne he schal dryve.   (V. 1041ff.)

---

[2] Zur Analyse der komplexen Versuchungsdramatik siehe Habicht (226, 33ff.).

Und ohne irgendwelche Hindernisse, sei es durch Zögern oder Zweifel Humanum Genus' oder durch Einspruch einer Tugendfigur, wird der Held dann sündig.

In dieser Darstellung ist keine Absicht zu erkennen, das Geschehen in irgendeiner Weise als real möglich zu gestalten. Das zugrundeliegende Schema der Moralität verlangt den "Sündenfall" des Helden; und automatisch wird diese notwendige "Handlung" ausgeführt. Der Form der Darstellung, der Aufklärung des Zuschauers und des Helden durch Tugend und Sündenfigur, liegt die Intention des direkten Belehrens und Predigens zugrunde. Die dramatischen Personen sind ihre ausführenden Organe, reine Funktionsfiguren ohne Individualität[3].

The Castle of Perseverance kennt aber, wie wir wissen, eine doppelte Sündenphase des Helden, so daß also eine zweite Versuchung zu beobachten ist. Diese Szene nun zeigt bereits Ansätze zu einer illusionsfördernden Gestaltung:

Humanum Genus weilt im "Castle of Perseverance". Die ersten sechs Sündenpersonifikationen haben im Kampf um ihn eine Niederlage gegen die Hüter des Schlosses davongetragen. Nun wird Auaricia an sein früher gegebenes Versprechen erinnert, den Helden zurückgewinnen zu können. Diese erneute Konfrontation Auaricias mit Humanum Genus ist ungleich dramatischer und zum Teil auch "wahrscheinlicher":

> How, Mankynde! I am atenyde   ('grieved')
> For þou art þere so in þat holde,   (V. 2427f.)

mit solch vorgetäuschter Sorge soll das Opfer vom Schloß herabgelockt werden[4]. Doch da stellt sich dem Versucher zunächst ein Gegner in den Weg; Largitas schimpft ihn einen Verräter (V. 2442) und macht ihm seine böse Natur zum Vorwurf:

> þou norchyst pride, envye, and hate,
> þou Coueytyse, þou cursyd hounde.   (V. 2457f.)

---

[3] Vgl. hierzu meine Analyse Auaricias in Kap. II, 1.

[4] Derartige Heuchelei wird in den folgenden Moralitäten zum "standard motif" des verführenden Vice; vgl. Spivack (338, 162).

Auaricia antwortet ihr ärgerlich:

> What eylyth þe, Lady Largyte,
> Damysel dyngne upon þi des?
> And I spak ryth not to þe,
> þerfore I prey þe holde þi pes, (V. 2466ff.)

um dann Humanum Genus erneut mit Versprechungen zu locken. Hinter diesen Verheißungen ist zunächst nur die Stimme der Personifikation Habsucht zu hören:

> Coueytyse is a frend ryth fre,
> þi sorwe, man, to slake and ses.
> Coueytyse hathe many a ȝyfte.
> Mankynd, þyne hande hedyr þou reche.
> Coueytyse schal be þi leche. (V. 2472ff.)

Mankind steht jedoch noch ratlos da:

> Coueytyse, whedyr schuld I wende?
> What wey woldyst þat I sulde holde? (V. 2479f.)

Dann klagt er über sein Alter, seine kranken Glieder, seine tropfende Nase; das ist für Auaricia Wasser auf der Mühle, denn er geht nun geschickt auf die Sorgen des Gegenüber ein, indem er es zu überzeugen versucht:

> Petyr! þou hast þe more nede
> To haue sum good in þyn age... (V. 2492f.)

Humanum Genus aber macht es dem Versucher nicht leicht; noch ist er nicht gewonnen, zögert, zeigt sich unentschlossen:

> I wyl not do þese ladys dyspyt
> To forsakyn hem for so lyt.
> To dwellyn here is my delyt;
> Here arn my best frendys. (V. 2514ff.)

Auaricia hingegen gibt nicht auf; er versucht es ein viertes Mal, nun mit dem zugkräftigen Argument

> ȝa, up and don þou take þe wey
> þorwe þis werld to walkyn and wende
> And þou schalt fynde, soth to sey,
> þi purs schal be þi best frende.
> þou þou syt al-day and prey,
> No man schal com to þe nor sende,
> But if þou haue a peny to pey,
> Men schul to þe þanne lystyn and lende
> And kelyn al þi care.
> ...
> If þou be pore and nedy in elde
> þou schalt oftyn euyl fare. (V. 2518ff.)

Hiermit hat Auaricia nun endlich Erfolg, und Humanum Genus steigt vom Schloß herab, um zum zweiten Mal ein sündiges Leben zu führen.

Dieser beinahe spannend zu nennenden Szene kann, das hat die Analyse gezeigt, primär kein homiletisch-didaktisches Darstellungsprinzip zugrunde liegen, denn zunächst beinhalten die Reden keine theologischen Lehren. Auch die Technik der Versuchungsdarstellung nähert sich echter Dramatik: dem Dichter ist es keineswegs allein darum zu tun, den vorgeschriebenen Geschehensverlauf ganz geradlinig und möglichst schematisch-automatisch abrollen zu lassen. Auaricia hat zu kämpfen: erst gegen eine Tugendfigur und schließlich in geduldigem dreifachem Ansatz mit Humanum Genus selber.[5] Diese Gestaltung einer Konfrontation des Versuchers mit seinem tugendhaften Gegenpol __und__ mit seinem Opfer bringt Dramatik ins Spiel: Es ist einfacher, eine Intrige erfolgreich durchzuführen, wenn keine anderen Gestalten behindernd eingreifen; Auaricia jedoch muß zunächst sein Geschick gegenüber Largitas beweisen, sie ausschalten. Die Konfrontation von Versucher und Versuchtem ist ebenso dramatisch und real: Humanum Genus kann hier keineswegs als "the passive prey of contending forces"[6] bezeichnet werden, denn er sieht nicht tatenlos zu, wie Tugend und Sünde um ihn kämpfen, sondern es wird von ihm selber, wie von einem Menschen, nicht von einer Abstraktion der Menschheit, eine Entscheidung verlangt, und sie gibt den Ausschlag für sein weiteres Schicksal.

Schließlich erweist sich der Erfolg der Versuchung auch deswegen als "realistischer", weil das ausschlaggebende Argument des Versuchers, das Humanum Genus zum Übertritt bewegt, keinem

---

[5] Fehsenfelds Einwand (215, 136), daß es bei der Belagerung des Schlosses an Spannung, Variierung sowie Differenzierung zwischen den Sprechern fehle, ist wohl kaum zutreffend.

[6] Wie z. B. Schell (327, 246) feststellt.

theologischen Bereich entstammt[7]. Wenn hier argumentiert
wird, daß es alten und hilfebedürftigen Menschen wegen ihrer Armut oft sehr schlecht gehe und die Geldbörse überall
in der Welt der beste Freund sei, dann wird hier ganz sicher
der alltägliche Erfahrungsbereich eines manchen Zuschauers
angesprochen. Homiletisch-didaktisch wäre die Darstellung,
wenn sich sogleich eine Tugend einschalten würde, um, vielleicht unter Hinweis auf die Kardinaltugenden und mit Untermauerung aus der Bibel, dieses schlagkräftige, konkrete und
auf die Realitäten zutreffende Argument zu entkräften. Doch
der Dramatiker verzichtet hierauf und läßt Humanum Genus
ganz bezeichnend mit diesem Rat gewonnen werden. Der Held
sagt selber:

> Certys þis ȝe wel knowe,
> It is good, whouso þe wynde blowe,
> A man to haue sumwhat of hys owe,
> What happe so-euere betyde.   (V. 2540ff.)

Gegenüber dem ersten "Sündenfall" wird hier bei der zweiten
Versuchung auch auf homiletisch-didaktische Anreden des Zuschauers fast völlig verzichtet. Ein lebhafter, wenn auch in
seinen Redeteilen noch jeweils eine volle Strophe umfassender
Dialog aller Beteiligten erfüllt statt dessen - und ungleich
dramatischer - das vorgeschriebene Schema. Der Ausgang der
Handlung, zugegeben, ist rein allegorisch: Habsucht kann Humanum Genus zur Habsucht und damit zu weiteren Sünden verführen. Aber die dramatische Technik der hier gezeigten Figurenkonfrontation sowie der Fortschritt in Form und Inhalt der
Rede deutet bereits darauf hin, wie sich die Darstellung der
Versuchung zu einer "realistischeren" Gestaltung wandeln
könnte.

---

[7] Southern bemerkt: "We see how original and effective a stroke this is; original in being a reading of the cause of Man's fall which is not the traditional theological cause; effective in that when the moment occurs in the play its impact is considerable and its conviction unquestionable and at the same time deeply touching" (336, 11).

2. "Wisdom"

Im zweiten Drama der Macro-Moralitäten wendet sich nur Wisdom, der einzige Vertreter des guten Prinzips in diesem Stück, an die Personifikationen der drei Seelenkräfte Mind, Will und Understanding, um sie, die gemeinsam die Rolle der Menschheitsfigur spielen, über die Methoden der Versuchung aufzuklären:

> Wan suggestyon to þe Mynde doth apere,
> Wndyrstondynge, delyght not ȝe þerin;
> Consent not, Wyll, yll lessons to lere,
> Ande than suche steryngys be no syn.
> Thei do but purge þe soule wer ys suche contrauersye.
> (V. 301ff.)

Diese abstrakte Vorwarnung wird ergänzt durch die Benennung der drei konventionellen Feinde: World, Flesh und Fiend (V. 294).

Nach dem Abtritt dieser Figuren erscheint "LUCYFER in a dewyllys aray wythowt and wythin as a prowde galonte"[8]. Aus seiner in sieben Schweifreimstrophen vorgenommenen Selbstvorstellung erkennen wir, daß er jene Funktion innerhalb der Moralität besitzt, die in The Castle of Perseverance, hauptsächlich in der zweiten Phase, der Sünde Auaricia zukam: Er ist Versucher.

Ein solcher der eigentlichen Handlung vorausgehender Monolog mag, besonders wenn im Vergleich zu der zweiten Versucherszene in The Castle of Perseverance gesehen, recht undramatisch anmuten. Aber eine derartige Selbsterklärungsszene kann nicht von vornherein deswegen verworfen werden, nur weil sie ein an den Zuschauer gerichteter Monolog und nicht dramatischer Dialog ist. Noch Shakespeare konnte ihn nicht entbehren; auch Richard III. zum Beispiel spricht in dieser Weise zum Publikum. Welche Dienste diese Redeform dem Dramatiker Shakespeare leistete, ist bekannt[9]. Wir wissen auch, daß in einem allegorischen Drama Selbsterklärungsreden reiner Personifikationen

---

[8] Szenische Anweisung vor V. 325.

[9] Vgl. z. B. Sehrt (333, 118f.) über den Einführungsmonolog Richard III.

unumgängliche Notwendigkeit zum Verständnis der Darstellung sind, denn die Kenntnis der Bedeutungsinhalte der abstrakten Namen ist mitentscheidend für die Erkenntnis der allegorischen Bedeutung. Nun ist Luzifer als Teufel aber weder allegorische Personifikation noch als dramatischer Charakter ein Individuum, so daß eine Zuschaueranrede von hier aus gerechtfertigt erschiene. Warum also spricht er diesen Monolog?

In der ersten Strophe nennt Luzifer, ungleich seinem Vorgänger, ein Motiv für seinen Antagonismus:

>   For envy I lore.   (V. 326)

Auaricias Handlungsmotivation lag ausschließlich im vorgeschriebenen moralitätenhaften Schema begründet. Der Dramatiker <u>Wisdoms</u> geht unterschiedlich vor: Indem er den Teufel als Versucher einsetzt, wird das Handlungsgeschehen aus dem <u>Wesen</u> einer dramatischen Person initiiert: Luzifers Neid treibt ihn zur "Intrige", qualifiziert ihn also dazu, als nicht-allegorische Gestalt in der Moralität die Versucherrolle zu spielen. Die Selbsterklärungsrede erscheint wie eine Rechtfertigung, den Teufel in der Allegorie auftreten zu lassen.

Weiterhin zeigt sich der Dramatiker bemüht, durch den Monolog im Zuschauer die Vorstellung aufzuheben, das Sein und Handeln des Teufels sei nur an eine zurückliegende biblische Zeit gebunden, indem er Luzifer sich als im Jetzt, in der realen Zeit existent beschreiben läßt:

>   I am as wyly now as than;
>   þe knowynge þat I hade, yet I can;   (V. 341f.)

Dieses In-der-Zeit-Sein des Teufels wird verstärkt durch eine Allusion auf den zeitgenössischen Klerus (V. 348), die kurze Zeit später zu einer scharfen Satire auswächst[10].

Neben diesen beiden Funktionen erfüllt der Monolog nun auch die konventionellen Aufgaben: die namentliche Vorstellung sowie das Nennen von Absicht und Methode der Versuchung.

---

[10] Siehe hierzu Bevingtons Analyse (<u>Politics</u>, 171, 29ff.).

Ein wesentlicher Fortschritt im Hinblick auf die illusionsfeindlichen Aufklärungsreden ist darin zu sehen, daß der Dramatiker den Versucher sich <u>allein</u> dem Zuschauer, nicht aber seinen Opfern erklären läßt, wie es noch in <u>The Castle of Perseverance</u> in mehrfacher Weise durch Auaricia geschah. Der Grund scheint in dem Bemühen nach einer wirklichkeitsnäheren Gestaltung der Versuchungsszene zu suchen zu sein: Der Gegner soll, wie auch im täglichen Leben, ohne vorherige Warnung konfrontiert werden und einer echten Täuschung unterliegen. Auf dieses Prinzip des Dramatikers ist auch Luzifers Aufmachung zurückzuführen: Unter seinem Teufelskostüm nämlich trägt er die Kleidung eines "goodly galont"[11], in der er beim nächsten Auftritt, wie im Monolog erklärt, erscheinen will, um sein Werk erfolgreich durchzuführen, denn

> to tempte man in my lyknes,
> Yt wolde brynge hym to grett feerfullnes,
> I wyll change me into bryghtnes,
> And so hym to-begyle,
> Sen I xall schew hym perfyghtnes,
> And wertu prove yt wykkydnes;   (V. 373ff.)

Der Monolog steht also nochmals im Dienste einer Aufklärung, aber nun, um ein "neues", im homiletisch-didaktisch ausgerichteten Drama unnötiges Mittel der Intrige, das Verkleiden, aufzudecken. Hierdurch besitzt der Zuschauer gegenüber dem Opfer - ähnlich wie im shakespeareschen Drama - ungleich mehr Information und Klarheit über die kommenden Ereignisse im dramatischen Geschehen.

In der nächsten Szene schickt sich der "stolze Galan" an, seine Pläne in der dem Publikum erklärten Weise zu verwirklichen. "Die tragische Dramatik der Verblendung steckt in der Dialektik der Überredungsargumente"[12]. Doch sollte gleichzeitig festgestellt werden, daß diese "geistige" <u>Ver</u>blendung begleitet ist von einer rein äußerlichen Blendung durch das Galans-

---

[11] Szenische Anweisung nach V. 380.

[12] Habicht (226, 36). - Eine kurze Analyse besonders im Hinblick auf die Thematik der Argumente gibt, neben Bevington, auch A. Williams (<u>Drama</u>, 365, 158).

kostüm. Hier zeigt sich ein Überschneiden von zwei gegensätzlichen Darstellungsintentionen: Einerseits richtet der Dramatiker seine Technik auf eine Konkretisierung und illusionistische Gestaltung des Geschehens aus; deswegen erscheint der Teufel in der Maske eines Höflings und die Opfer in der Mönchskutte. Der Inhalt der Intrigenargumente dagegen ist nur zu einem kleinen Teil konkret-real, in der Hauptsache abstrakt-allegorisch, also auf die dramatischen Personen als Personifikationen der Seelenkräfte bezogen.

Im Hinblick auf die Dialoggestaltung der Versuchungsszene in Wisdom ist festzustellen, daß die direkte Anrede des Publikums während des Vorgangs fortgefallen ist. Ohne den Dialog zwischen Versucher und Versuchten zu unterbrechen, um erklärende Kommentare abzugeben, vollzieht sich die Handlung. Das sieht zunächst nochmals wie ein Bemühen um Abbau der homiletisch-didaktischen Anreden aus. Dann aber wird diese Absicht umgehend wieder aufgegeben, denn nach seinem Erfolg muß Luzifer aufs neue in einer weiteren vierstrophigen Rede das Vorausgegangene erklären und dabei auf die Methode seiner Versuchung hinweisen:

>   Thus by colours and false gynne
>   Many a soule to hell I wyn.   (V. 547f.)[13]

3. "Mankind"

In Mankind (ca. 1466)[14] wird der Titelheld vor der Versuchung, wie seine Vorgänger in Wisdom, nur von dem einzigen Vertreter des guten Prinzips, Mercy, über die Methoden des Versuchers aufgeklärt (V. 294ff.). Gleichzeitig werden ihm als Gefahren jedoch nicht - wie vorher den Seelenkräften - zeitlose Abstraktionen genannt, sondern die Namen New Gyse und Nowadays scheinen bereits ein In-der-Zeit-Sein zu indizieren. Daß Nought, der mit diesen beiden im gleichen Atemzug erwähnt wird, zu

---

[13] Glossary in Ed. Eccles (6) unter: colo(u)rs 'pretences'; gynne 'cunning'.

[14] Baker (163, 91).—Alle Belege zu Mankind aus Ed. Eccles (6).

ihnen gehört, zeigt sein Name schon durch den identischen Anfangsbuchstaben, der eine alliterative Bindung zu den anderen beiden herstellt.

Als weiterer Feind wird Titivillus vorgestellt. Diese Bezeichnung rief im mittelalterlichen Zuschauer sicherlich unmittelbarere Assoziationen hervor als im heutigen Leser. Es fragt sich aber trotzdem, ob er beim Hören des Namens an die möglichen Bedeutung von "all vile" dachte - was ich bezweifeln möchte - oder an den Vorgänger Tutivillus im "Juditium" des Towneley Cycle[15]. Dieser war wohl ohne Zweifel noch in denselben Jahren zu sehen, in denen die ersten Aufführungen Mankinds stattfanden[16].

Von diesen vier Gefahren setzt nur Titivillus die mit Auaricia begonnene Reihe der erfolgreichen Versucherfiguren fort. Zu dieser Erkenntnis gelangt der Leser, der nach Beendigung der Lektüre die Moralität zu interpretieren versucht. Der mittelalterliche Zuschauer hingegen ist nach der Vorwarnung durch Mercy zunächst Zeuge eines Verführungsversuches von Nought, New Gyse und Nowadays. Weil nun aber deren Unternehmen mißglückt und die ganze Szene durch mehr oder weniger anstößige, in dieser Form bislang in der Moralität unbekannte "Spaßmacherei" ihr Gepräge erhält, scheint der Versuch der "Laster" eine überflüssige Episode zu sein. "Für die Dramatisierung der eigentlichen Haupthandlung wird dadurch nichts gewonnen, sondern sie wird durch die komischen Episoden ganz in den Hintergrund gedrängt"[17]. Eine derartige Behauptung - die sich zwar auf alle komischen Szenen bezieht, aber deswegen die erste Szene einschließt - erkennt jedoch das hier primär zu wirken scheinende Darstellungsprinzip des Dramatikers und die sich daraus für das Gesamtschauspiel ergebende Problematik

---

[15] Zur Übersetzung sowie dem Hinweis auf das Mysterienspiel siehe Withington (Braggart, 139, 125).

[16] Harbage gibt als Entstehungszeit des Towneley Cycle ca. 1390-1410 an; das MS. stammt aus den Jahren 1450-1500.

[17] Fehsenfeld (215, 47).

nicht. Diese Interpretation impliziert die Prämisse, daß <u>Mankind</u> primär oder auch ausschließlich als eine <u>Moralität</u> konzipiert ist oder, anders ausgedrückt: die "eigentliche Haupthandlung" richtet sich nach dem von der typischen Moralität vorgeschriebenen Strukturschema, während die komischen Teile nur zusätzliche Nebenhandlung sind. Das wiederum würde im Hinblick auf die Form und den Inhalt der Aussage <u>Mankinds</u> bedeuten: Alle in diesem Drama zu findenden Ingredienzen, die keine Funktion innerhalb des fixierten Moralitätenschemas zu besitzen scheinen oder die nicht der homiletisch-didaktischen Intention des Dramas dienlich sind, bilden überflüssige, desintegrierte Teile des Ganzen und können der Haupthandlung daher abträglich sein.

Zweifel an der Gültigkeit dieser Interpretation treten auf, wenn wir sehen, daß hier die Erkenntnis der Dominanz von Komik die Kritikerin nicht veranlaßte, die Frage zu stellen, ob denn die Darstellungsintention des Dramatikers nicht vielleicht genau entgegengesetzt zu der war, die von ihr vermutet wurde, nämlich primär Komik und Unterhaltung zu bieten, aber in einem moralitätenhaften Rahmen. In dieser Weise beurteilt W. K. Smart das Spiel: "This is only a sham morality - with a slight morality-framework that offers an excuse for the production of the play, whose chief business is to entertain the country audiences with its coarse humor..."[18]. Diese Ansicht nimmt eine extreme Gegenposition ein, weil sie die Komik als primär und das Wesen des Dramas ausmachend annimmt, hingegen die durch das Moralitätenschema diktierte Handlung zwar nicht leugnet, aber ihr nur die undramatische Funktion eines Vorwandes ("excuse") zugesteht, mit Hilfe dessen <u>Mankind</u> zur Aufführung gelangen konnte.

Beide Standpunkte verlangen nun die Frage, ob es sich am Text

---

[18]Smart (116, 120). Andere Interpreten äußern sich ähnlich; z. B. Rossiter (319, 107): "It is extremely low in parts, and often just dirty: written for inn-yard amusement and East Anglian - not to say 'Cambridge' - bumpkins". Vgl. auch A. Williams (365, 156).

prüfen läßt, welche Interpretation zutrifft. Ist <u>Mankind</u> primär oder nur Moralität durchsetzt mit komischen Episoden, oder ist es "Komödie", Spaß und Unterhaltung innerhalb eines moralitätenhaften Rahmens?[19]

Überschauen wir zunächst das <u>Gesamtdrama</u>, dann ist die erste Beobachtung, daß nur höchstens ein Drittel homiletisch-didaktische Rede aufweist[20], während der größere Teil den groben Späßen, obszönen Äußerungen, Parodien und lustigen Gebaren der fünf mit einem "lasterhaften" Namen bedachten Gestalten gehört.

In der <u>Eröffnungsszene</u> stehen sich zwei dramatische Personen gegenüber, welche die allegorischen Namen Mercy und Mischief tragen[21]. Ein voreiliger Leser wird daraus sofort ableiten wollen, daß er sich offensichtlich in einer allegorischen Moralität befindet, sind doch die Figuren mit Namen wie in Allegorien bezeichnet und ist doch <u>mercy</u> "Gnade" die beherrschende Idee der Moralität. Betrachten wir aber den Inhalt der Rede Mercys, dann könnten - von den Versen 17 und 18 abgesehen, in denen die Person sich namentlich vorstellt - die vierzig Zeilen von irgendeiner weisen Figur stammen. Hier werden christliche Lehren verbreitet und die sich daraus ergebenden Forderungen nach einem entsprechenden Lebenswandel gestellt. Ein abschließendes Bibelzitat soll die Verbindlichkeit dieser allgemeinen Maximen für den Zuschauer untermauern:

> The corn xall be sauyde, þe chaffe xall be brente.
> I besech yow hertyly, haue þis premedytacyon.   (V. 43f.)

---

[19] In diesem Kapitel geht es nicht darum, <u>Mankind</u> einer frischen Gesamtanalyse zu unterwerfen. Die Frage nach der Funktion der ersten mißglückenden <u>Versuchung</u> jedoch macht eine etwas eingehendere Betrachtung des Dramas notwendig. Dabei wird sich zeigen, daß die Ergebnisse eigentlich dazu zwingen, <u>Mankind</u> erneut aus einer anderen Perspektive zu analysieren. Dies würde aber weit über meine eigene Themenstellung hinausführen und muß daher Gegenstand einer späteren Einzeluntersuchung bleiben.

[20] Vgl. Coogan (40, 92).

[21] Mercy wird in einem späteren Kapitel eingehender untersucht.

Diese biblische Metapher bildet den Ansatzpunkt für die Antwort Mischiefs, die, ohne daß sie auch nur im geringsten über die im allegorischen Namen ausgedrückte Lasterhaftigkeit Auskunft gibt, nun dieses Bild Mercys "durch Imperativ, Wortspiel, Nonsens-Vers und Hundelatein attackiert, parodiert, verkehrt und ['mißversteht]"[22]:

>   Ande ȝe sayde þe corn xulde be sauyde and þe chaff
>   xulde be feryde,
>   Ande he prouyth nay, as yt schewth be þis werse:
>   'Corn seruit bredibus, chaffe horsibus, straw fyrybusque.'
>   Thys ys as moche to say, to yowr leude wndyrstondynge,
>   As þe corn xall serue to brede at þe nexte bakynge.
>   'Chaff horsybus et reliqua,'
>   The chaff to horse xall be goode provente,
>   When a man ys forcolde þe straw may be brent,
>   And so forth, et cetera.   (V. 55ff.)

Die wörtliche Auslegung des biblischen Bildes "verbindet närrischen Unsinn mit bäuerlichem Wirklichkeitssinn"[23]. Sie weist Mischief wohl als gewitzten Narren, aber noch nicht als allegorische Personifikation seines Namensinhaltes aus.

Beides – die Konfrontation eines Weisen mit einem Narren und die Form der Komik, durch die die scheinbare Überlegenheit der Argumentation des Narren wieder aufgehoben wird – ist nun aber keineswegs ein unabdingbarer Bestandteil einer Moralität, sondern viel eher "das Typische und für die Zielsetzung des Fastnachtsspieles höchst Kennzeichnende"[24], so, wie es vor allem

---

[22] Weimann (363, 184).

[23] Weimann (363, 187).

[24] Barbara Könneker (487, 65). In bezug auf das Fastnachtsspiel meint Könneker außerdem: "Was sich über den Sinngehalt und die epochale Bedingtheit des Spieles von Salomon und Markolf aussagen läßt, gilt im Grunde, cum grano salis, für das spätmittelalterliche Fastnachtsspiel überhaupt "(69). – Ich will hier andeuten, daß Mankind – bisher ausschließlich in die Kategorie Moralität eingeordnet – vielfältige Gemeinsamkeiten mit dem deutschen Fastnachtsspiel aufweist. Ob Mankind mehr Fastnachtsspiel als Moralität ist – also ein Fastnachtsspiel nur mit einem moralitätenhaften Rahmen –, könnte nur eine eingehende Gesamtanalyse zeigen. – Weimann, wie vor ihm Coogan (40) und Smart (115), weist darauf hin, daß Mankind wegen der vielen in ihm enthaltenen jahreszeitlichen Anspielungen zur

im spätmittelalterlichen Deutschland Ausprägung fand. Der
Vertreter des Prinzips der Vernunft und Weisheit - hier wäre
das Mercy - "betrachtet die Dinge von oben, mißt sie an dem,
was sein soll, und formuliert dementsprechend seine - immer
allgemein gehaltenen - Lehren, stellt seine normativen Forderungen auf"[25]. Genau dies spiegelte die Einführungsrede Mercys.
Der Repräsentant des Narrentums - hier zunächst Mischief -
"konstatiert dasjenige, was ist und zieht seine Schlüsse aus
dem Einzelfall, aus der unmittelbaren Anschauung und konkret
gewonnenen Erfahrung"[26]. So sah Mischiefs Antwort aus. Der
einstweilige Sieg dann, den der Narr im Fastnachtsspiel erringt, "bleibt ohne Folgen, zieht keinerlei Konsequenzen
nach sich und läßt die Dinge hinsichtlich ihrer Beurteilung
und Wertung in der Schwebe"[27]. Auch diesem Merkmal begegnen
wir - nicht in der Eingangsszene, aber später - in Mankind:
Die erfolgreiche Versuchung der Hauptfigur - das heißt, der
einstweilige Sieg des Sinnlich-Närrischen über den Vertreter des in der Obhut des Prinzips der Vernunft Stehenden, Mankind[28], - hat keine der aus den Moralitäten gewohnten und bekannten Folgen: In einer "Gerichtsszene" (V. 668ff.), die ihrerseits ebenfalls ein "immer wieder gestaltetes Motiv" der

---

Weihnachts- oder Fastnachtszeit aufgeführt worden sein könnte.
Damit ist nun meine Frage noch nicht beantwortet, denn die Alternative beinhaltet Unbestimmtheit. Auch W.s Kontinuitätsnachweis der aus den Mummers' Plays bekannten "närrischen Nonsens-Rede" (185) in Mankind hilft nicht viel weiter, zeigt doch
gerade seine Methode, die die Integration des närrischen Elements zu beweisen sucht, daß das Närrische in Mankind nicht als
das primär formgebende Darstellungsprinzip angesehen wird,
denn dann würde es keiner Integration bedürfen.

[25] Könneker (487, 65); Salomon und Mercy bzw. Mischief und
Markolf sind hier ohne weiteres austauschbar.

[26] Könneker (487, 65).

[27] Könneker (487, 68).

[28] Hier ist z. B. eine Nahtstelle zwischen Moralität und
Fastnachtsspiel: Jetzt nämlich wird das Prinzip der Vernunft,
vorher nur identisch mit Mercy, in den noch sündelosen, den
Ratschlägen des Weisen folgenden Moralitätenhelden hineingetragen, während es im Fastnachtsspiel immer mit einer einzigen
Gestalt identisch bleibt, hier dem Salomon.

Fastnachtsspiele ist[29], sorgt Mischief der Spaßmacher dafür, daß das Werk des Versuchers auf parodistische, komische Weise ins Lächerliche gezogen wird.

Neben den Szenen mit Mischief bilden die Auftritte mit Nought, New Gyse und Nowadays einen weiteren Gegenpol zu den Reden Mercys, sei es, daß die drei gemeinsam mit jenem oder allein auftreten. Auch sie sind, wie Mischief, als Fastnachtsnarren konzipiert; das wird aus ihren obszönen Reden, ihren Tänzen und Liedern offenbar. Nought wird sogar einmal expressis verbis als *fool* bezeichnet: Nowadays hat Mercy ein "Rätsel" aufgegeben, doch statt einer Antwort des Befragten wird von Nought eine Lösung angeboten. Da fährt ihn der "Quizmaster" an:

> Who spake to þe, *foll*? þou art not wyse!
> Go and do þat longyth to þin offyce:
> Osculare fundamentum!   (V. 140ff., meine Hervorhebung)

Noughts Erwiderung ist ein Musterbeispiel der Übertreibung und Obszönität, wie sie die Narren hier und im Fastnachtsspiel kennzeichnet:

> Lo, master, lo, here ys a pardon bely-mett.
> Yt ys grawntyde of Pope Pokett,
> Yf ȝe wyll putt yowr nose in hys wyffys sokett,
> ȝe xall haue forty days of pardon.   (V. 143ff.)

Nicht die Intention eine Moralität zu konstruieren steht primär hinter diesen Szenen, sondern Gehalt und Gestalt solcher Darstellung sind bestimmt von der nahenden Fastenzeit:

Der Gedanke an die unmittelbar bevorstehende Zeit, da Lachen und Freude verboten sind, da das Leben nicht etwa nur in die normalen Gleise zurückfindet, sondern unerbittlich in seinen Rechten beschnitten wird - dieser Gedanke an den plötzlichen Umschwung, den übergangslosen Abbruch, reizt zu einem hemmungslosen Sichaustoben der Triebe und Leidenschaften,... forciert den Überschwang und treibt unwiderstehlich dazu, gewaltsam alle Schleusen der sonst streng zurückgestauten Lebenslust zu öffnen. Das Bewußtsein der geforderten unbedingten Hinwendung zu Gott im Nachvollzug der *passion* steht hinter der Verherrlichung des Narrentums im Fastnachtsspiel und verleiht ihr häufig den Charakter absichtsvoller Übertreibung, ja der bewußten

---

[29] Könneker (487, 61).

Provokation: was dort streng untersagt ist, wird hier auf die
Spitze getrieben, und was dort als allgemeines Gesetz gilt,
wird hier unter unbändigem Gelächter durch die Gültigkeitserklärung des Gegenteils annulliert[30].

Diese Beschreibung trifft auch auf <u>Mankind</u> zu. Sogar auf
die Passion Jesu hatte Mercy hingewiesen und - wie der Weise
im Fastnachtsspiel - gefordert:

> Yt may be seyde and veryfyede, mankynde was dere bought.
> By þe pytuose deth of Jhesu he hade hys remedye.
> He was purgyde of hys defawte þat wrechydly hade wrought
> By hys gloryus passyon, þat blyssyde lauatorye.
> O souerence, I beseche yow yowr condycyons to rectyfye
> Ande wyth humylite and reuerence to haue a remocyon
> To þis blyssyde prynce þat owr nature doth gloryfye,
> þat ȝe may be partycypable of hys retribucyon.
>
> (V. 9ff.)

Selbst dieser nur flüchtige Überblick der eröffnenden und einiger anderer Szenen <u>Mankinds</u> läßt erkennen, welches Gestaltungsprinzip ihnen zugrunde liegt. Hier geht es dem Dramatiker
nicht darum, eine allegorische Moralität zu zeigen, indem er
die dafür erforderlichen Figuren auftreten läßt, sondern hier
sollen im Moralitätenschema nicht vorgesehene, ausgelassene
und über die Stränge schlagende Narren vorgestellt, der "Kehrseite einer asketisch weltabgewandten Daseinshaltung"[31], wie
sie Mercy repräsentiert - Ausdruck verliehen werden. Allegorische Identitäten aber werden nicht aufgedeckt; Mischief ist
Narr; Nought, New Gyse und Nowadays ebenfalls. Und weil diese
drei <u>hier</u> keine allegorischen Personifikationen irgendwelcher
Begriffe aus dem Bereich des bösen Prinzips der Moralität darstellen, sondern die Funktion von Narren besitzen, besteht nun
auch für den Dramatiker keine Notwendigkeit, sie durch Selbsterklärungsreden, wie sie für Abstraktionen unabdingbar sind,
dem Publikum vorzustellen. Nought, New Gyse und Nowadays können, was der Personifikation unmöglich ist, sich durch ihr
Handeln selber darstellen und in dieser Weise ihre - nichtallegorische - Identität enthüllen.

Und dennoch; die typischen Strukturmerkmale des Moralitäten-

---

[30] Könneker (487, 69f.).   [31] Könneker (487, 69).

schemas sind in <u>Mankind</u> nicht wegzuleugnen. Wie aber läßt der Dramatiker nun diese drei Gestalten in die Moralität eintreten und ihr dienlich werden, oder sind ihre Auftritte doch desintegriert, störend und überflüssig?[32]

Die Antwort auf den ersten Teil der Frage gibt die spezifische Identität von Nought, New Gyse und Nowadays, durch die sie sowohl im Fastnachtsspiel als auch in der Moralität <u>Mankind</u> funktional werden können: In einem ganz bestimmten Sinne nämlich repräsentieren diese drei die W e l t . Mercy sagt es einmal: "þe World we may hem call" (V. 885). A. P. Rossiter, für den sie "buffoons" sind, wird von der Erklärung Mercys, die erst ganz am Schluß der Darstellung erfolgt, nicht sehr überzeugt[33]; auch D. M. Bevington bezeichnet die Äußerung als "an afterthought, instead of a preconceived plan for the entire play"[34]; diesen gegenüber stehen Meinungen wie die W. Habichts, der die drei "in der Tat für die 'Welt' stehen" sieht[35]; die Coogans, die sie als "the distracting and evil influences of the world, external to man, that may make it easy for him to sin"[36] bezeichnet; ähnlich für Mackenzie stehen sie "in a general way for the temptations of the world and the flesh, which assail the heart of Man and lure him away from virtue"[37]; und auch Heiserman kommentiert: "He [Mankind] is corrupted by the various evils of the times, called New-gyse, Now-a-Days, and Nought"[38].

---

[32] Diese Frage kann und wird hier nun in bezug auf die spezifische Themenstellung dieses Kapitels, das Problem der Versuchungsdramatik, beantwortet werden. Eine Einzeluntersuchung hingegen muß versuchen, sie im Hinblick auf alle Szenen und Phasen <u>Mankinds</u> zu beantworten.

[33] Rossiter (319, 107f.).

[34] Bevington (<u>Mankind</u>, 169, 137).

[35] Habicht (226, 89).

[36] Coogan (40, 82).

[37] Mackenzie (<u>English Moralities</u>, 96, 68).

[38] Heiserman (232, 98).

Trotz dieser Diskongruenz der Meinungen ist doch der Interpretationsansatz aller Kritiker identisch: Sie gehen von der Konzeption aus, daß <u>Mankind</u> ausschließlich Moralität ist; und damit assoziieren sie mit dem Begriff "Welt" die typische Mundus-Personifikation der Predigt und des Dramas im Mittelalter, hinter der "die christliche Tradition des moralischen Begriffes der verführerischen, trügerischen Welt" steht[39]; Mundus ist der Versucher, "die Realität der Sünde, die dem Menschen in ihrer blendenden Vergänglichkeit gegenübertritt und ihn das 'memento mori' vergessen läßt"[40]. Dieser Sinngehalt im Begriff "Welt" trifft aber für Nought, New Gyse und Nowadays kaum zu. Die Narren können nicht gleichgesetzt werden mit der blendenden, trügerischen, verführerischen Versucherpersonifikation Mundus. In ihrer Konfrontation mit Mercy zu Anfang des Dramas geht es nicht - wie üblich in einer typischen Moralität - um den Kampf beider nach der Seele Mankinds, sondern hier stehen sich zwei Prinzipien, das rationale und das sinnliche gegenüber, wobei die Vertreter des letzten den Repräsentanten der Vernunft verlachen und verhöhnen, so einstweilig einen Sieg davontragen. Ihre Forderung der Freude am Dasein, die gegen die Forderung Mercys gestellt wird, ist die charakteristische Forderung des Fastnachtsnarren. Sie manifestiert sich in ihrem <u>weltlichen</u> Treiben und Übertreiben, ihren Tänzen, Liedern und obszönen Späßen, die sich fast immer auf das Geschlechtliche beziehen. Von solcher Art ist ihre Weltlichkeit.[41]

---

[39]Habicht (226, 39).   [40]Habicht (226, 40).

[41]Noch einmal soll ein Zitat aus Könneker (487, 59) die Nähe <u>Mankinds</u> zum deutschen Fastnachtsspiel verdeutlichen: "Denn was in den weitaus meisten Fastnachtsspielen in offener Rebellion gegen jeden Appell zur Weltentsagung gestaltet wird... ist nichts anderes als der Durchbruch und Aufbruch des nackten Triebes, die Emanzipation der primitivsten, durch nichts gebändigten oder sublimierten Kreatürlichkeit, verbunden mit einer übersteigerten Lust am unflätig Schmutzigen und Ekelerregenden. Sämtliche Tabus werden gebrochen; hier herrscht der unbezähmbare Drang zum Hinabzerren, der sich Ausdruck verschafft in einer kaum zu überbietenden Obszönität der Sprache, des Bildes und der Gebärde... Insbesondere aber ist es das Geschlechtliche in seiner gröbsten und entstelltesten Form, das

Diese im Fastnachtsspiel lizenzierte, närrische Weltlichkeit wird nun aber, wenn sie in einer Moralität auftaucht, zur nicht-lizenzierten Sündhaftigkeit. Für Mercy als "tugendhafte" Moralitätenfigur sind Sprache und Gebaren von Nought, New Gyse und Nowadays höchst sündig und verwerflich.[42] Damit aber ist den drei Gestalten die Tür zur Moralität geöffnet; ihre in der Moralität lasterhafte Weltlichkeit qualifiziert sie dafür, vom Dramatiker als "Versucher" eingesetzt zu werden. (Damit kommen wir nun zur Beantwortung des zweiten Teils unserer Frage und kehren zum Ausgangspunkt der Argumentation zurück:) Wie nämlich, so haben wir uns gefragt, können diese drei der Moralität zu Diensten sein, wenn doch ihre "Versuchung" im Grunde nicht mehr als eine Verspottung Mankinds ist, die schließlich auch noch mißglückt?

Der Auftritt Titivillus', des später erfolgreichen Versuchers, gibt die Antwort: Auch das Erscheinen dieser dramatischen Person hat sein Motiv nicht im Moralitätenschema; Titivillus soll spaßmachen und tut dies auch - sogar während der ganzen Zeit, in der er sich auf der "Bühne" befindet[43]. Bereits sein erster Satz weist ihn als zum Fastnachtsspiel gehörenden Narren aus:

>   Ego sum dominancium dominus and my name ys Titivillus.
>   (V. 475)

Desgleichen kennt der Zuschauer sein aus den Mummers' Plays entliehenes Foolskostüm, das seine Identität sofort enthüllt[44].

---

in der Narrheit seinen Siegeszug antritt und sich alles unterwirft, was an geistigen und sittlichen Kräften im Menschen lebendig und wirksam ist". Daß diese Beschreibung auch auf Mankind zutrifft, kann eine Lektüre zeigen,(doch ist es ratsam, nicht die Ausgabe Adams' (1) zu benutzen, der wegen "obscenity" (fn. 2, 307) Passagen und Lieder ("unprintable", fn. 1, 311) ausläßt).

[42]"Ydyll language" (V. 147) und "synfull weys" (V. 106) sind z. B. die Qualifizierungen Mercys.

[43]Coogan (40, 72): "He is a comic character throughout the play".

[44]Vgl. Weimann (363, 179 und 181f.).

Nicht lange aber, und Titivillus wird in den Funktionskreis der Moralität hineingezogen, indem New Gyse und seine "Kollegen" auf ihre vorhergehende Begegnung mit Mankind zu sprechen kommen und den "Teufel" nun um Kompensation für die dabei erhaltenen Wunden bitten:

   N. G. Then speke to Mankynde for þe recumbentibus of my jewellys.
   N. D. Remember my brokyn hede in þe worschyppe of þe fyve vowellys.
   N. ȝe, goode ser, and þe sytyca in my arme. (V. 496ff.)[45]

Und Titivillus verspricht, sie zu rächen:

      I xall venge yowr quarell, I make Gode avow.
                                             (V. 501)

Der anfängliche Mißerfolg der drei mußte also eintreten, um den Narren Titivillus zur Rache auffordern zu können; mit anderen Worten: das nicht-allegorische Rachemotiv stellt das Bindeglied zwischen der Rolle des Spaßmachers und des Versuchers dar, die Brücke, die die Fastnachtsfigur in die Moralität einläßt.

Damit aber hat die Anfangsszene mit Nought, New Gyse und Nowadays sich als ein notwendiger, integrierter Bestandteil des Gesamtdramas erwiesen. Sie erfüllt keinen geringeren Zweck, als dem Rollenwechsel Titivillus' ein Motiv zu liefern, somit das Fastnachtsspiel __Mankind__ mit der Moralität __Mankind__ zu verknüpfen. Nicht zuletzt übt diese geschickte Technik des Dramatikers auch ihren Einfluß auf die Wahrscheinlichkeit der Darstellung aus: Indem der "Intrige" ein reales Motiv vorausgeht, wird die sonst so mechanische Zwangsläufigkeit des moralitäten-

---

[45] Bezeichnenderweise geschieht auch diese Aufforderung zur Rache wieder in närrischer Redeform! - Die formale Gemischtheit in __Mankind__ wird also immer wieder offensichtlich; eine Untersuchung müßte zeigen, wo die Moralität und wo das Fastnachtsspiel dominanten Einfluß auf die Darstellung ausübt und wie eine Verknüpfung und Verwebung beider zustandekommt. - Zur Bedeutung von V. 497 schreibt Smart (116, 57): "The v. vowellys" = the five wounds? [Christi] ; zu V. 498: "sytyca in my arme" = The modern "sciatica" is evidently the meaning.

haften Handlungsablaufs durchbrochen, und die nachfolgende Verführung gewinnt an Wirklichkeitsnähe.

Größere dramatische Wahrscheinlichkeit wird in Mankind auch durch die fortschrittliche Form der Rede in der Versuchungsszene erreicht[46]. Wie Luzifer in Wisdom, nur in weitaus kürzerer Weise, erklärt auch Titivillus dem Publikum seine Methoden (V. 529ff.). Die sprachliche Form der Verführung war im früheren Drama ein Überredungsdialog; die Versuchung durch Titivillus dagegen ist eine "handgreifliche Übertölpelung"[47], die sich in mehreren Schritten vollzieht, und vor jedem weiteren Schritt erklärt der Versucher den Zuschauern den nachfolgenden Vorgang. Das geschieht entweder durch eine direkte Anrede - in V. 565ff. als Mankind sich nicht auf der Bühne befindet - oder durch ein kurzes Aside (V. 555ff.; 589ff.). So wendet sich Titivillus, nachdem er Mankind den Spaten entwendet hat, vertraulich an den Zuschauer mit den Worten:

Qwyst! pesse! I xall go to hys ere and tytyll þerin.
(V. 557)

Blitzschnell muß er dann hinter Mankind getreten sein, denn gleich die nächsten Verse werden dem Betenden ins Ohr gesprochen (V. 559f.).

Auch Mankind kommt zwischen diesen, keineswegs homiletisch-didaktischen Reden des Titivillus immer noch einmal zu Wort, um jeweils die realen Auswirkungen der Machenschaften des "Teufels" zu nennen (V. 541ff., 561ff., 581ff.). Es handelt sich also keineswegs bei der Redeform der Versuchung um eine einfache "monologische Traumeinflüsterung", die eine "ausgesprochene Rückentwicklung"[48] der sprachlichen Form dieses Handlungs-

---

[46] Eine Analyse des Vorgangs selbst u. eine Erklärung seiner symbolischen Bedeutung findet sich bei Habicht (226, 36f.).

[47] Habicht (226, 37). - Diese kaum an den Verstand appellierende und nicht auf Belehrung ausgerichtete, statt dessen reich mit Komik ausgestattete Form der Versuchung unterstreicht noch einmal, wieviel mehr Gewicht auf der Intention lag, ein Fastnachtsspiel zu gestalten und keine Moralität.

[48] Fehsenfeld (215, 47).

abschnitts darstellt. Auch nimmt sich die Situation nicht so
aus, daß "schon wenige ins Ohr geflüsterte Worte des Teufels
genügen, um Mankind in seinem Gebet zu stören und ihn vom rechten Weg abzubringen"[49]. Vielmehr ist hier eine erneute Stufe
des Abbaus der Aufklärungs- und Verdeutlichungstechnik zu beobachten: Kein langer, der eigentlichen Versuchung vorangesetzter Redeblock, der eine Selbsteinführung und ausführliche
Darlegung von Plänen und Methoden des Versuchers umfaßt, sondern durch Redeeinschübe von seiten Mankinds und beiseitegesprochene, kurze Kontaktaufnahmen des Titivillus wird die Verführungshandlung aufgelockert. Außerdem kann der Dramatiker
sich wegen der Kommentierung anhand dieser Asides, durch die
der Zuschauer gleichsam simultan über das Gesehene Klarheit
erhält, nach Abschluß der Versuchung eine erneute Erklärung
sparen. Luzifer in Wisdom mußte nochmals in vier achtzeiligen
Strophen seine Handlung deuten; doch Titivillus hat für den
Zuschauer lediglich - beinahe wie Detraccio - ein letztes
Couplet übrig, das kurz und knapp die Verbindung zur Moralität wieder herstellt und dem nachfolgenden Teil einen "Übergangsvers" liefert, bevor er für immer vom Geschehen fernbleibt:

>   Farwell, euerychon! for I haue don my game,
>   For I haue brought Mankynde to myscheff and to schame.
>   (V. 605f.)

Titivillus hat seine Rolle als Spaßmacher des Fastnachtsspiels
und als Versucher der Moralität gespielt und tritt ab.

4. "Nature"

Pride war die Sünde, die Luzifer in die Verdammnis stürzte;
durch Pride wurde Rex Vivus zu Fall gebracht; Pride wurde in
The Castle of Perseverance von Auaricia als erste Sündenpersonifikation zu Humanum Genus gerufen; und mit Pride, der Wurzel allen Übels, beginnt in Henry Medwalls Nature I (ca. 1495)

---

[49] Mehl (ShJb, 425, 147).

der allegorische Vorgang der Versündigung der Hauptfigur
M a n , "nachdem das rechte Verhältnis von Reason und Sensuality aufgehoben ist"[50].

Eine solche Beschreibung jedoch, die von Pride vermuten ließe, nur eine allegorische Personifikation der gleichnamigen Sünde zu sein, geht weit an der tatsächlichen Identität dieser Figur vorbei.

Der Dramatiker läßt Pride sich in einem an das Publikum gerichteten Monolog vorstellen (V. 724ff.)[51], der sich von den uns bisher begegneten Selbsteinführungsreden maßgeblich unterscheidet: Als Pride die Bühne betritt[52] ruft er ungeduldig aus:

Who dwelleth here / wyll no man speke?   (V. 724)

Diese Frage spiegelt eine Art <u>Orts</u>empfinden der Person. Sie sieht sich an einem konkreten Platz, vielleicht vor einem Haus, denn sie ruft nach dessen Bewohnern ("dwelleth"). Betont zu werden verdient eine solche Anspielung auf einen Handlungsort deswegen, weil eine allegorische Personifikation keine Ortsgebundenheit - ebensowenig wie eine Zeitgebundenheit - kennt und daher von vornherein für den <u>Leser</u> die Identifizierung Prides als eine solche dramatische Person suspekt erscheinen muß[53]. Auch die nachfolgende zornige Feststellung Prides zeigt, daß der Dramatiker ihn an einem konkreten Ort stehen sieht:

---

[50]Habicht (226, 47).

[51]Alle Textbelege aus <u>Nature</u> entstammen der Ausgabe von Brandl (3); die dort fehlende Zeichensetzung wurde - abgesehen vom Zitatende - nicht ergänzt; Hervorhebungen sind von mir.

[52]<u>Nature</u> scheint die erste Moralität zu sein, die - nach den "Rundtheater"- und den szenisch-räumlich variierenden Wandertheaterstücken - auf einer Innenbühne aufgeführt wurde. Siehe hierzu Southern (337).

[53]Braun (<u>ShJb</u>, 181, 198) schreibt: "Die örtlich-zeitliche Zuordnung und Einordnung des Gesamtgeschehens... beginnt erst sehr spät... im Falle der Personifikationen wäre es sogar absurd gewesen, sie örtlich und zeitlich festlegen zu wollen, denn die Personifikationen haben keinen realen Ort und sind an keine reale Zeit gebunden". - Leider finden sich in ihrer Darstellung, die den Beginn des Wandels mit dem 16. Jh. wohl zu spät ansetzt, keinerlei Formbeispiele.

> A gentylman comys in at the dorys
> That all hys dayes hath worn gylt sperys
> And none of thys knaues nor cutted horys
> Byddys hym welcom to house. (V. 728ff.)

Zudem ist diese Rede eine ausgezeichnete Selbstdarstellung und bedarf kaum einer weiteren Erklärung im Hinblick auf den "Charakter" des Sprechers: Er sieht sich als "Gentleman" und im gleichen Augenblick flucht er so gar nicht auf die feine Art.

Die nächste Strophe beinhaltet ebenfalls eine Novität bezüglich der Personencharakterisierung in den Moralitäten: Pride berichtet von seinen Eltern und wohlhabenden Vorfahren und daß er eine Erbschaft gemacht habe (V. 732ff.). Hier werden zwar keine individuellen, sondern nur relativ allgemeine Lebensumstände mitgeteilt, aber eben Einzelheiten aus einem realen Leben, und auf ein solches kann eine allegorische Abstraktion nicht verweisen. Damit wäre ebenfalls ein Anfang gemacht, die dramatische Person wirklichkeitsnäher werden zu lassen.

Dann folgen vier Strophen, in denen Pride seine Kleidung beschreibt. Auch für Superbia in <u>The Castle of Perseverance</u> lag eine Bedeutung darin; sie wies Humanum Genus an:

> Loke þou blowe mekyl bost
> Wyth longe crakows on þi schos.
> Jagge þi clothis in euery cost,
> And ell men schul lete þe but a goos... (V. 1058ff.)

Eine einzige Strophe aus Prides Rede macht den vollzogenen Wandel in der Personendarstellung deutlich:

> I loue yt well to haue syde here
> Halfe a wote byneth myne ere
> For euer more I stande in fere
> That myne nek shold take cold
> I knyt yt vp all the nyght
> and the day tyme kemb yt down ryght
> And then yt cryspeth and shyneth as bryght
> as any pyrled gold. (V. 756ff.)

Das ist keine Selbstbeschreibung einer Personifikation, sondern die Selbstdarstellung eines affektierten, eitlen Snobs[54].

---

[54] Für Bevington (<u>Politics</u>, 171, 51f.) konzentriert sich in Pride die politische <u>Satire</u> in Medwalls <u>Nature</u>. "By ridiculing Pride's fashions and exploitation of the poor, Medwall defends a governmental policy of heavy taxation on those who can afford to support the public weal" (52).

Pride wird von einem kleinen Jungen begleitet, der ihm sein
Schwert trägt. Der Hinweis, daß dieser sein eigenes Kind sei
(V. 788ff.), fügt seiner "Biographie" ein weiteres, wenn auch
noch ganz allgemeines Element bei.

Nach neun Strophen "zur eigenen Person" hören wir dann endlich den Grund seines Erscheinens: Pride hat gehört, daß kürz-
lich ein wohlhabender Mann in dieses Land gekommen sei, der
einen großen Haushalt führen wird; zu ihm will er in den Dienst.
Auch das ist neu: Pride wird sich Man aus eigener Motivation
nähern, nämlich um sich als Bediensteter bei ihm einstellen
zu lassen[55]. Dadurch vermeidet der Dramatiker den Eindruck,
daß Pride sich als allegorische Personifikation Humanum Genus
nähert, weil das moralitätenhafte Schema es so vorschreibt.
Die Begegnung der beiden Gestalten hat also ein real mögliches
Motiv; die früher allegorische Versuchungsszene wird hier zu
einer konkreten "Bewerbung" werden.

Schließlich enthält auch der Abschluß dieses Erstauftrittsmo-
nologs eine weitere Neuigkeit:

> I mete worldly affeccyon ere wyle
> From thys town skant a myle
> and he hath shewed me a praty whyle
> If I may put yt in vre
> He tellys me that Sensualyte
> Begynnys a great rular to be
> and yf yt be so / care not for me
> The mater ys cok sure.   (V. 812ff.)

In früheren Dramen erklärten Tugenden wie Laster dem Helden
und dem Zuschauer in allen Einzelheiten die Methode des Versuchers. Hier aber wird von einer solchen Verdeutlichung völlig
abgesehen und statt dessen von Pride nur die vage Andeutung gemacht, daß er "a praty whyle" (V. 814) kenne und die 'Sache
todsicher sei'. Weniger hätte man in so vielen Worten nicht
ausdrücken können. Hier sind wir auf dem Wege zu shakespearescher Technik: Wir sehen Richard III., der, nachdem er sein

---

[55] Wenn sich Figuren wie Pride als "Bedienstete" ausgeben,
so ist mit dieser neuen Namensbezeichnung noch nicht bewiesen,
daß sie als dramatische Person bereits in die Kategorie "Typ"
eingeordnet werden können, wie Tergau (125) dies tut.

Wesen und seine Pläne dargestellt hat, nun dadurch Spannung schafft und das Publikum aktiviert, weil er "nicht deutlicher wird"[56].

Erst nach dieser "Exposition" wird Pride der beiden anderen sich auf der Bühne befindlichen Gestalten gewahr. Alle begrüßen sich, und Man fragt Pride, woher er komme. Dieser hingegen läßt sich noch auf kein Gespräch mit jenem ein und will zunächst einmal mit seinem Begleiter sprechen, der, wenn Worldly Affection ihn richtig informiert hat, Sensuality sein muß. Dieser Dialog verdient aus mehreren Gründen ganz zitiert zu werden. Die Regieanweisung, in ihrer Art die erste in der Moralität überhaupt, fordert:

>   Then Pryde speketh to Sensua. in hys ere that all may here.
> P. Syr I vnderstand that this gentylman is borne to great
>   fortunes and intendeth to inhabyt herein the contray. And
>   I am a gentylman y alway hath be brought vp wyth great
>   estatys and affeed wyth them and yf I myght be in lyke
>   fauour wyth this gentylman I wold be glad therof and do
>   you a pleasure.
> S. Where ys your dwellynge
> P.   I dwell her by
> S. What ys your name
> P.   Pryde
> S.   Pryde?
> P.   ye sykerly
>   But I am cleped worshyp comenly
>   In placys where I dwell.
> S. Worshyp now in fayth ye saw trew
>   ye be radix viciorum. Rote of all vertew.
> P. ye ye man ye wolde say so yf ye me knew.
> S. Turd I know you well...   (V. 836ff.)

Der <u>Inhalt</u> dieses Dialogs fügt der Einführungsrede Prides kaum neue Fakten hinzu. Es sollte aber angemerkt werden, daß erst hier der Name "Pride" zum ersten Male fällt und nicht - wie bei allegorischen Personifikationen üblich - im Erstauftrittsmonolog genannt wurde. Neu erscheint die Bekanntmachung von Prides <u>Decknamen</u>, eines bislang noch nicht verwandten <u>device</u> der Intrige.

---

[56] Sehrt (333, 119).

Dieses Phänomen der doppelten Einführung Prides[57] ändert nun aber nichts an der Tatsache, daß die zweite Vorstellung sich in der _Form_ maßgeblich von der ersten und auch von allen in früheren Moralitäten vorgenommenen Personeneinführungen unterscheidet. Zunächst ist es neu, daß der "Intrigant" seine Absichten und Methoden einer anderen sich auf der Bühne befindlichen Person entdeckt. Die _direkte_ Hinwendung zum Zuschauer, noch für Luzifer in Form des Monologs und für Titivillus in Form des _Aside_ charakteristisch[58], ist damit völlig aufgehoben; das Publikum erfährt _indirekt_, echt dramatisch, im _Dialog_ die Identität und die Planung einer Intrige. Dann erscheint es auch bedeutsam, daß Man, der ebenfalls auf der Bühne anwesende Held, bewußt unaufgeklärt gelassen wird, denn der Dialog der zwei Verschwörer wird _beiseitegesprochen_[59]. Daß zudem diese Szene durch die ins Ohr geflüsterten Worte, die erste Prosa in der Moralität überhaupt, echt dramatisch wird, schließlich auch ein schönes Stück Komik bietet, unterstreicht Medwalls weit entwickelte Form der Darstellung.

Nur um kurz anzudeuten, wieviel die allegorische Personifikation Superbia in _The Castle of Perseverance_ von Pride in _Nature_ trennt, sei hier ein Ausschnitt der Erstauftrittsrede der früheren dramatischen Person geboten:

> Bon I am to braggyn and buskyn abowt,
> Rapely and redyly on rowte for to renne.
> Be doun, dalys, nor dennys no duke I dowt,
> Also fast for to fogge, be flodys and be fenne.
> I rore whanne I ryse.   (V. 910ff.)

---

[57] Die zwölfstrophige Anfangsrede Prides ist meiner Meinung nach eine _interpolierte_ Satire Medwalls; würde sie fortgelassen, so beeinträchtigte dies das allegorisch-moralitätenhafte Geschehen weder in seiner Aussage noch in seiner Deutlichkeit.

[58] Bethell (379, 88) unterscheidet zwei Formen des _Aside_; Titivillus' Beiseitesprechen fällt unter Typ II, "meant for the audience only, and is conventionally accepted as inaudible to other characters upon the stage". Diese Form bezeichne ich als relativ unrealistisch, da der Zuschauer direkt angesprochen wird.

[59] Dies ist Bethells Typ I des _Aside_ (379, 88), "conventionally understood to be inaudible to some further characters present on the stage", das um einen Grad "wahrscheinlicher" ist, denn der Zuschauer wird nicht länger direkt angesprochen.

Ein Vergleich dieser Selbstbeschreibung Superbias mit der – jetzt noch unvollständigen – Zeichnung Prides in <u>Nature</u> zeigt, wie unhaltbar es ist, jede mit einem allegorischen Namen bedachte dramatische Person als eine allegorische Personifikation zu bezeichnen. Eine solche Interpretation sieht nicht den Wandel, der sich innerhalb der Moralität vollzieht, und der sich nicht allein in der Zeichnung zunehmend realerer dramatischer Personen manifestierte, sondern Hand in Hand damit in der dramatischen Technik der Handlungsdarbietung und der Einführung neuer Formen der Rede und des Dialogs. Die hier entwickelten Gestaltungselemente werden später <u>gemeinsam</u> mit den Techniken und Konventionen des lateinischen Dramas dazu dienen, eine Komödie, Tragödie, Romanze, Farce oder Historie zu schaffen. Das heimische Volksdrama und die humanistische Tradition befruchten sich gegenseitig, um schließlich durch das Genie Shakespeare die einmalige Blüte des englischen Schauspiels hervorzubringen.

Unverändert bleibt bei dem Wandel der Moralität zunächst das sie konstituierende und charakterisierende Merkmal überhaupt, das Schema. <u>Nature</u> nun zeigt die ersten Anstrengungen, den zugrundeliegenden, allegorisch-moralitätenhaften Geschehensablauf durch ein real möglich erscheinendes Handlungsgewebe zu verhüllen. Nur die allegorischen Namen weisen weiterhin auf eine mögliche zweite Bedeutung der Darstellung hin. Dialog und Handlung jedoch könnten teilweise als reales Geschehen gelten.

Als Beispiel sei an die Personenkonstellation erinnert, deren Zustandekommen eine nicht-allegorische Motivation zugrunde lag: Die Hauptfigur ist ein wohlhabender Herr mit zwei Dienern. Er läßt sich von dem einen der beiden überreden, nur ihn in seinen Diensten zu behalten und schickt den anderen fort. Ein Dritter, der von dem Reichtum des Neuankömmlings gehört hat, bemüht sich gleichfalls um Einstellung, damit er am Wohlstand teilhaben kann. Er trifft den Diener des Herrn, stellt sich ihm vor und bittet darum, bei seinem Herrn eingeführt zu werden. "For twaynty pound" (V. 888) ist der Diener bereit. Es wird ihm noch ans Herz gelegt, daß die "Bewerbung" doch möglichst diskret durchgeführt werden möge ("I wyll not be knowen that yt ys my sekyng", V. 892). Setzt man in diese alltägliche Handlung die allegorischen Namen ein, dann wird das allegorische Fundament sichtbar: Man, der Herr, hat zunächst zwei Diener, Reason und Sensuality. Er entläßt Reason. Pride, ein Dienstsuchender, will zu Man und schafft dies durch die Hilfe des Dieners Sensuality. Übersetzt heißt das: Der Mensch, der sich allein von seinen Sinnen leiten läßt, Vernunft und Verstand ausschaltet, wird hochmütig und damit sündig.

Diese <u>Doppelbödigkeit</u> des Spiels setzt sich auch noch im folgenden Gespräch, der Versuchung oder "Bewerbung", fort. Wenn man von kleinen Ungeschicklichkeiten absieht, kann der Dialog streckenweise als "realistisch" bezeichnet werden. Hören wir zunächst den Anfang (die allegorischen Namen sind durch Herr (H) und Bewerber (B) ersetzt):

```
H.  Syr ye be welcom to thys place
B.  I thanke you syr / but I do you trespace
    to come thus homly.
...
H.  Now syr what haue ye to say to me
B.  No great thyng syr / but I come to se
    And to know what maner man ye be
    That all men prayseth so mouche
H.  Prayse whom prayse they.
B.  Mary you
H.  me.
B.  ye syr I make myne auow
    They gyue you a praysyng good I now
    I harde neuer none suche
    and surely ye be ryght wurthy
    I se well now they do not ly
    and therefore I dyd my hyder hy
    To acquaynt me wyth you
    But ye may say that I am bold.         (V. 915ff.)
```

Auffallend ist zunächst die geschickte Art, mit der der Bewerber sich bei dem Herrn einzuschmeicheln versucht. Der Bote in <u>The Pride of Life</u> schmeichelte seinem Herrn, indem er ihm sagte, wie er persönlich ihn, seine Pferde und Reichtümer schätze. Der Bewerber hier jedoch berichtet seinem Gegenüber zuerst von anderen Leuten und deren Lobpreis, um dann, nachdem er sich angeblich selber von der Angemessenheit eines solchen Preises überzeugt hat, jenen anderen beizupflichten. Er erreicht auf diese Weise gleichermaßen einen doppelten Effekt und vermeidet dadurch obendrein, daß seine Absichten sogleich durchschaut werden.

Ein wesentliches Merkmal des Schmeichlers ist eine scheinbare Unterwürfigkeit. Auch sie spiegelt sich in der Rede des Bewerbers. Gleich der erste syntaktische Einschub "but I do you trespace to come thus homly" (V. 916f.), der Zurückhaltung und Selbsttadel ob seiner "Unhöflichkeit" beinhaltet, ist in Wahrheit Heuchelei, wissen wir doch ganz genau, was dahinter steckt. Ähnlich lautet es noch einmal unmittelbar nach seiner Lobhudelei: "But ye may say that I am bold" (V. 935).

Schließlich fällt uns hier und im weiteren Verlauf des Dialogs ein häufiger Gebrauch von heuchlerischen Versicherungen und Beteuerungen auf, zum Beispiel "I make myne auow" (V. 928), "truly" (V. 942), "in good fayth" (V. 947), "be ye sure" (V. 963), "I pray you syr" (V. 1005). Dies sind Wendungen, die auch später den Intriganten Iago charakterisieren werden, wenn er sich mit "I pray, sir", "be assured of this" oder "be advis'd"[60] in Othellos Gemüt einschleicht. Medwall bedient sich also schon bestimmter Spracheigentümlichkeiten, hier syntaktischer Mittel, um den Typ des Intriganten herauszuarbeiten.

Auch Iagos vielfacher "Hinweis auf 'honour', 'honest' oder 'honesty' in bezug auf die Vertrauenswürdigkeit der eigenen Person"[61] besitzt Präzedenzfälle: Der Bewerber in Nature erfährt, wer der Ratgeber des Herrn ist, dem er gegenübersteht. Spontan entrüstet er sich und zeigt sich in seiner Ehre gekränkt; er kann nicht verstehen, wie man den Rat eines Schurken seinem Rat vorziehen kann:

>   I pray you syr make not me a sot
>   I am no tryfler
>   I haue bene in honour here to forne
>   ye alow the counsell of a karle borne
>   Byfore myne I haue yt in scorne...   (V. 1005ff.)[62]

---

[60] Ehrl (397, 117).   [61] Ehrl (397, 117f.).

[62] SOED: sot = a foolish or stupid person; (trifler) - trifle = a false or idle tale, told to deceive, cheat or befool... a trifler; carl [born] = a man of the common people ... a villain... Hence, a base fellow, a churl.

Nur wenige Verse später zeigen die Schmeicheleien, das Heucheln und das Hinhalten ihre Wirkung: Der Bewerber ist am Ziel seiner Umgarnung angelangt; er wird mit der ersten Dienstleistung beauftragt, während der Herr sich unterdessen in einen nahen Gasthof begibt.

Der zweite Teil von Nature ist zwar ein selbständiges, in sich geschlossenes Drama, das auch ohne den ersten Teil eine verständliche Moralität darstellen würde, scheint aber dennoch als Fortsetzung gedacht zu sein, wie das Verfolgen des allegorischen Handlungsfadens erhellt. Nature I schloß mit der Umkehr Mans, das heißt mit der Rückkehr Reasons, doch sieht die Ausgangssituation gegenüber dem früheren Teil dennoch verändert aus: Vorher waren beide, Reason und Sensuality, bei Man "angestellt", wobei Reason über Sensuality stand. Nature II hingegen wird mit einer Szene eröffnet, in der wir Man nur im Gespräch mit Reason sehen, ohne Sensuality. Soll der Held also zum zweiten Male zum sündigen Leben verführt werden, dann muß zunächst Sensuality dafür sorgen, wieder an Reasons Stelle zu treten. Das heißt in bezug auf die Verführung, daß hier der neue Versuch von Sensuality ausgehen muß, bevor irgendeine Sünde von Man begangen werden kann. Genau so wickelt sich die Handlung ab: In der Form der Darstellung zeigen die Überredungstaktiken von Sensuality, wie vordem bei Pride, fast "realistische" Züge. Sogar Emotionen werden vorgetäuscht, denn Sensuality beginnt zu weinen[63]. Er kann Mans Mitleid erregen und hat in kürzester Zeit Erfolg, denn Man ruft nach Bodily Lust (V. 164), das heißt, Man ist dem Leben in Sünde zurückgewonnen.

Angesichts dieser vielfältigen Fortschritte in der Form der Darstellung, die allein schon in der "Versuchung" und deren bedeutsamster Gestalt erkennbar waren, fragt man sich, wie Natures Dramatiker als ein Autor "baffled by the tradition of the morality play, unable to freshen its conventions"[64] beschrieben werden kann.

---

[63]Regieanweisung nach V. 80: "Then he wepyth".
[64]Heiserman (232, 102f.).

5. "Mundus et Infans"

The plot of Mundus et Infans follows the pattern already conventional, of innocence corrupted by evil into a state of degeneracy, an encounter with God's grace resulting in conversion to goodness, then a relapse, and finally recovery to salvation[65].

Eine derartige Struktur, die im Hinblick auf die doppelte Sündenphase identisch ist mit der von The Castle of Perseverance, läßt vermuten, daß hier wie dort zwei Szenen der Versuchung gestaltet sein müßten. Die Bezeichnung "Versuchung" trifft hingegen kaum auf die erste, eher aber auf die zweite der Szenen zu, die der Versündigung des Helden vorausgehen. In allen bisher kennengelernten Moralitäten trat der Versucher an sein Opfer heran, um es - in jedem Drama auf verschiedene Weise - zum Bösen konvertieren zu lassen; in Mundus et Infans (1500-1522) jedoch entschließt sich Infans, zu Mundus zu gehen ("Now in to the Worlde wyll I wende/ Some comforte of hym for to craue", V. 48f.)[66], und nachdem er Mundus begrüßt hat, hören wir folgenden Dialog:

> M. Welcome, fayre chylde! What is thy name?
> I. I wote not, syr, withouten blame;
> But ofte tyme my moder , in her game,
> Called me Dalyaunce.
> M. Dalyaunce, my swete chylde?
> It is a name that is ryght wylde,
> For, whan thou waxest olde,
> It is a name of no substaunce.
> But, my fayre chylde, what woldest thou haue?
> I. Syr, of some comforte I you craue,
> Mete and clothe my lyfe to saue;
> And I your true seruaunt shall be.
> M. Now, fayre chylde, I graunte the thyne askynge;
> I wyll the fynde whyle thou art yinge,
> So thou wylte be obedyent to my byddynge.
> These garmentes gaye I gyue to the;
> And also I gyue to the a name
> And clepe the Wanton, in euery game,
> Tyll xiiij yere be come and gone, -
> And than come agayne to me.

---

[65]Bevington (Mankind, 169, 117).

[66]Alle Textbelege zu Mundus et Infans entstammen der Ausgabe Manlys (12); Hervorhebungen sind von mir.

> W. Gramercy, Worlde, for myne araye!
> For now I purpose me to playe.
> M. Fare-well, fayre chylde, and haue good-daye!
> All rychelesnesse is kynde for the.   (V. 52ff.)

Wanton wandelt sich noch zweimal, zunächst zu Love-Lust and Liking und schließlich zu Manhood. Auch diese Übergänge werden in ganz ähnlicher Form wie beim ersten Mal dargeboten[67]. Ein solcher Redewechsel kann aber wohl kaum als "Verführungsdialog"[68] und Mundus auch nicht als "Versucher"[69] bezeichnet werden. Weder die Hauptgestalt noch der Zuschauer erhalten in irgendeiner Weise Aufklärung darüber, daß nun eine Versuchung stattfinden wird; diese fehlende Verdeutlichung wäre - im Hinblick auf die Form der Darstellung und die wachsende dramatische Wahrscheinlichkeit - dann als Fortschritt zu werten, wenn nachher dann doch eine Versuchung von seiten der Welt durchgeführt würde. Aber wie dieser Dialog gezeigt hat - und die nachfolgenden ebenso demonstrieren -, geht die Initiative zur Konfrontation der beiden von Infans selber aus; zudem fehlt ein aktiver Versucher, der, mit welchen Mitteln auch immer, den Helden zum sündigen Leben verlockt. Hier aber, desgleichen bei den nächsten Wandlungen, findet kein physischer Konflikt, keine Argumentation und keine Intrige statt.

Die dem zweiten "Sündenfall" vorausgehende Szene dagegen bietet sich in unterschiedlicher Form dar, so daß für sie die Bezeichnung "Verführungsszene" eher zutreffend wäre.

Bevor der "Versucher" auftritt, wird Manhood von Conscience vor "folye" (V. 482) gewarnt. Dieser Begriff bedarf einer etwas eingehenderen Erklärung, da er - wenn verglichen mit <u>stulticia</u> in <u>The Castle of Perseverance</u> - einen neuartigen Bedeutungsinhalt aufweist, der Ausdruck einer gewandelten Didaktik ist.

---

[67] Vgl. V. 119ff. zu Love-Lust-Liking; V. 146ff. zu Manhood.

[68] So Habicht (226, 162).

[69] So Habicht (226, 39); auch Margeson (278, 27 fn. 15) spricht von "first temptation".

Es ist nicht damit gedient, die Gestalt Folly als Nachfolger der allegorischen Personifikation Stulticia in The Castle of Perseverance zu bezeichnen[70], ohne die mit diesem Namen benannte Person in ihrer Rede und Handlung zu analysieren, um diese mögliche Kongruenz zu finden. Desgleichen bedeutet die alleinige Feststellung, daß Folly in Mundus et Infans eine Personifikation der sieben von Conscience aufgezählten Sünden sei[71], daß der Umschwung, der sich im Hinblick auf die didaktische Aussage dieser Moralität in Folly manifestiert, wohl nicht erkannt worden ist.

Die Bemerkung von Conscience "Pryde, Wrathe, and Enuy, Slouthe, Couetous and Glotonye, - Lechery the seuente is: These seuen synnes I call folye" (V. 458ff.) darf nicht einfach "at its face-value" genommen werden, sondern man hat sie als eine Aussage zu sehen, die in einem größeren Gesprächszusammenhang steht. Sie ist nämlich Teil einer Antwort auf die Frage Manhoods: "What! Conscyence, sholde I leue all game and gle?" (V. 449). Diese "Gretchenfrage" der Moralität wurde bislang immer dahingehend beantwortet, daß "game", als Betätigung im Bereich des Weltlichen und als diesseitige Freude, Sünde sei und deswegen gemieden werden müsse. Contemptus mundi und memento mori bestimmten den homiletisch-didaktischen Ton der Ermahner. In Mundus et Infans nun hat sich diese Lebensanschauung gewandelt, denn jetzt antwortet Conscience:

> Nay, Manhode, so mote I thye;
> All myrthe in measure is good for the.   (V. 450f.)

Ein Überschreiten dieses Mittelmaßes - und was sind die aufgezählten Sünden anderes als Ausdruck des Übermaßes und der Maßlosigkeit - ist Torheit (folly). Manhoods Verlangen nach "sportynge of playe" (V. 470) wird nicht verboten, sondern mit der Ermahnung, Herrschaft über sich selbst zu üben ("good

---

[70] Ramsay (103, clxxxvi).

[71] Ramsay (103, clxxxvi), MacCracken (90, 490), Bevington (Mankind, 169, 121), Habicht (226, 41).

gouernaunce kepe", V. 472) und Urteilsfähigkeit zu bewahren ("dyscrecyon", V. 475), wird er das rechte Maß einhalten können und somit vor Torheit und Sünde geschützt sein. Das Sündigwerden des Menschen wird also, wenn es tatsächlich eintritt, auf eine Unfähigkeit sich zu mäßigen und zu beherrschen, auf einen Mangel an Urteils- und Erkenntnisfähigkeit zurückgeführt, das heißt, im Menschen selber, in seiner Weisheit oder Torheit, liegen die Ursachen seines Schicksals[72].

Mit der Grundlage dieser Erläuterungen zu _folly_ soll nun die zweite "Versuchung" analysiert werden, um festzustellen, ob der erkannte Bedeutungsinhalt identisch mit der Zeichnung der dramatischen Person Folly ist.

Manhood ist nach dem Abtritt von Conscience noch ganz erfüllt von dessen Lehren:

> Conscyence techynge I must begyn,
> And Conscyence seruaunt wyll I be,
> For Conscyence clere I clepe my kynge,
> The Worlde is full of boost,
> For Conscyence he dothe refuse. (V. 496 u. folgende)

Doch ganz abrupt macht sich ein Umschwung in seiner Denkweise bemerkbar; er entscheidet sich plötzlich doch wieder allein für die Welt. Dieser Wechsel wird vom Dichter in der Syntax eingefangen:

> But yet wyll I hym not forsake,
> For mankynde he doth mery make.
> Thoughe the Worlde and Conscyence be at debate,
> Yet the Worlde wyll I not despyse;   (V. 511ff.)

Diese Entscheidung drückt die fehlende Besonnenheit, die Torheit Manhoods aus. Als sichtbares Zeichen dieser augenblicklichen psychischen Konstitution Manhoods läßt der Dramatiker nun die Gestalt Folly auftreten.

---

[72] Die spätmittelalterliche deutsche Literatur spiegelt fast identische Begriffe der Didaktik (vgl. Könneker, 487, passim): Wahrung des Mittelmaßes; "maysterschafft", d. h. Herrschaft über sich selbst; abwägende Besonnenheit; Einsichts- und Urteilsfähigkeit.

Bei ihrem Erscheinen versuchen wir zunächst vergeblich, sie als die Personifikation jener von Conscience genannten sieben Sünden zu identifizieren. Zwar stellt sie sich mit "Folly" vor (V. 523), doch gleich durch die erste "Handlung" weist Folly sich als <u>Spaßmacher</u> aus. Er begrüßt Manhood mit einer tiefen Verbeugung, nur irrt er sich um 180° in der Richtung:

F. A, syr, God gyue you good eue!
M. Stonde vtter, felowe! Where doest thou thy curtesy preue?
F. What! I do but clawe myne ars, syr, be your leue.
(V. 526ff.)

Damit ist ein Gespräch eingeleitet, das Folly zum Teil wie einen aus den <u>Mummers' Plays</u> bekannten Narren erscheinen läßt. Bereits der Anfang enthält ein typisches Sprachmerkmal des Fool, die Nonsens-Rede und die impertinente Antwort[73]. Auf die Bitte Follys:

I praye you, syr, ryue me this cloute, (V. 529)

verlangt Manhood:

What, stonde out, thou sayned shrewe! (V. 530)

Darauf erwidert Folly:

By my faythe, syr, there the cocke crewe. (V. 531)

Auch auf die Frage, ob er ein Handwerker sei, antwortet Folly in typischer Verkehrung und Wortspielerei:

Ye, syr, I can bynde a syue and tynke a pan. (V. 539)

Wie das doppeldeutige "tynke" hier zu verstehen ist, erhellt aus seiner Parallelsetzung zu "bynde" 'verstopfen': Follys Handwerkskunst besteht darin, gerade das Gegenteil von dem zu tun, was im jeweiligen Fall das Sinnvolle wäre, nämlich, nicht das Sieb durchlässig, das heißt funktionsfähig zu machen, sondern es zu verstopfen; so auch nicht die Pfanne zu flicken, sondern irgendwie 'zurechtzupfuschen' ("tinker" bezeichnet auch einen 'Stümper' oder 'Pfuscher').

Nach weiteren Fragen und Nonsens-Antworten (V. 559f. und

---

[73] Zu den verschiedenen Redekonventionen des Narren siehe Weimann (363, 175ff., passim).

V. 565f.) will Manhood schließlich wissen wo Folly geboren sei.
Damit ist der Übergang zu der Enthüllung eines weiteren Aspektes der Identität Follys hergestellt. Folly erzählt nun von
seinem Wohnort ("London", V. 570) und seinen Arbeitsplätzen
("Holborne", V. 572; "Westmynster", V. 574), nennt "Couetous"
"myne owne felowe" (V. 577) und Lechery seinen 'Bruder' (V.
595). Dazu kommen Berichte von seinen Erlebnissen in "taverns"
und "stews". Diese Allusionen lassen eine zusätzliche Funktion
Follys erkennen: er ist Kritiker und Satiriker seiner Zeit[74].

Folly als personifizierter Ausdruck menschlicher Torheit, Folly
als Spaßmacher und Folly als Kritiker seiner Zeit - diese drei
Elemente seiner Identität stehen relativ beziehungslos zu einander und zum Dramenganzen. Verknüpft wird die Enthüllung der
verschiedenen Aspekte seiner Identität nur rein äußerlich:
durch eine unvermittelt gestellte, vom alten ablenkende und
auf das neue Element hinleitende Frage, die sich nicht aus dem
Vorhergehenden ergibt. Das ist auch die Technik bei dem nun
folgenden Übergang zu Folly als "Versucher": Nach dem Abschluß
der satirischen Reden fragt Manhood nach dem Namen seines Gegenüber, womit die Versuchungsszene eingeleitet wird:

    M. Now, herke, felowe! I praye the, tell me thy name.
    F. I-wys, I hyght bothe Folye and Shame.
    M. A ha! thou arte he that Conscyence dyd blame,
        Whan he me taught.
        I praye the, Folye, go hens and folowe not me. (V. 607ff.)

Hier erst befinden wir uns wieder in dem vom Moralitätenschema
vorgeschriebenen Geschehensablauf. Zwischen diesem Augenblick,
in dem Manhood sich an die Warnung der "guten" Figur erinnert,
und dem früheren Gespräch mit Conscience erschien der Narr und
Satiriker Folly. Ungleich den drei Narren in Mankind, deren
Auftritt sich als notwendiger, integrierter Bestandteil des
Gesamtdramas erwies, sind dagegen der komische und der satirische Folly Gestalten, die weder eine Funktion innerhalb der
dramatischen Technik besitzen, noch einen Bezugspunkt zu Folly

---

[74]Bevington (Politics, 171, 41): "Manhood, Youth, Freewill, and Imagination, display the evils of increasing social mobility and resultant disruption of moral values".

dem Versucher aufweisen. Wie desintegriert alle drei Elemente dieser einen dramatischen Person nebeneinander stehen, geht deutlich aus folgender Beobachtung hervor: Folly wird von Manhood nach seinem Namen gefragt, obwohl, erstens, dieser sich bereits damit vorstellte[75], obwohl, zweitens, Manhood im Gespräch mit Folly, dem Narren, bereits zweimal diese Anrede benutzte[76], obwohl, drittens, Manhood bei der Erzählung Follys, des Satirikers, diesen Namen bereits ein paarmal hörte[77]. Die Frage Manhoods, die den mit dem Abtritt Conscience' zerrissenen Handlungsfaden der Moralität wieder zusammenknüpfen soll, erweist sich also als ebenso unglaubwürdige wie ungeschickte Form der dramatischen Technik. Die nun folgende "Versuchung" verdient auch kaum ein besseres Urteil:

Vergleichen wir das Bemühen Follys, wie vordem Pride in Nature als Diener von Manhood eingestellt zu werden[78], dann fällt die ungleich geschicktere Gestaltung Medwalls sogleich ins Auge: Folly hat nicht die Absicht, Manhood irgendwie zu täuschen, denn sonst hätte er sich kaum mit seinem richtigen, die Lasterhaftigkeit indizierenden Namen vorgestellt; er versucht auch nicht, ihn zu umgarnen oder zu überreden. Weil Manhood seinen Namen nicht mag, streicht der "Versucher" sich lediglich den ersten Teil seines Doppelnamens "Folly and Shame", nennt sich nur noch "Propre Folye" (V. 643) und hat damit schon - völlig "unwahrscheinlich" - gewonnenes Spiel.

Auch die Formen der Rede in dieser Versuchungsszene zeigen keine Weiterentwicklung. Erwähnt werden sollte vielleicht, daß der Dramatiker auf den konventionellen Selbsterklärungsmonolog verzichtet; er läßt Folly stattdessen bereits vor dem Auftritt in bezug auf den allegorischen Aspekt seines Wesens durch Conscience "charakterisieren". Diese Form der "Personenexposition" ist neu.

---

[75] "My name is Folye!" (V. 523).

[76] Siehe V. 557 und 559.

[77] Siehe V. 602 und 606.

[78] "Let me your seruaunt be!" (V. 612); vgl. auch V. 638.

Es ist wohl ganz aufschlußreich, daß *Mundus* et *Infans* - etwa zur gleichen Zeit wie *Nature* entstanden, vielleicht sogar später - gerade an diesem Punkt der Untersuchung behandelt werden mußte, denn auf diese Weise vermag noch mehr geschätzt zu werden, wie fortschrittlich der Vorgänger Medwall in seinen Darstellungsformen bereits war und schließlich, welche ungleich dramatischeren Fähigkeiten der nun folgende Skelton in seiner Moralität *Magnificence* entwickelt.

6. "Magnificence"

Skeltons *Magnificence* (1515-1523)[79] gehört zu den wenigen Moralitäten, die einer gründlichen Einzeluntersuchung unterworfen wurden[80]. In diesen manigfaltigen und zum Teil sehr ausführlichen Interpretationen[81] fanden natürlich auch die zahlreichen dramatischen Personen des Spiels eingehende Betrachtung, so daß wir uns ein differenziertes und viel-perspektivisches Bild von der Identität dieser Gestalten zu machen vermögen. Es würde aber den Rahmen dieser Arbeit sprengen, gäben wir einen Forschungsbericht[82] über die Ergebnisse der jeweiligen Abhandlungen; daher soll hier fast ausschließlich auf das uns dramentechnisch neuartig Erscheinende der Versuchung eingegangen werden, um so ergänzend zu den früheren Darstellungen zu zeigen, daß *Magnificence* in dieser Phase des moralitätenhaften Geschehens zum Teil einem "realistischen" Gestaltungsprinzip folgt, hingegen das homiletisch-didaktische des illusionsfeindlichen Verdeutlichens so gut wie aufgegeben hat.

---

[79] Siehe Harbage. - Im allgemeinen wird heute das Jahr 1516 als wahrscheinliches Datum der Entstehung angenommen; vgl. Bevington (*Politics*, 171, 56): "*Magnificence* studies a political crisis in the years around 1516".

[80] Andere frühe Moralitäten sind *Wisdom*, *Mankind*, *Everyman*.

[81] Siehe hauptsächlich Ramsay (103), Heiserman (232), Harris (231), Kinsman (266), Bevington (*Politics*, 171, 56ff.).

[82] Schlauch bietet einen kurzen, kritischen Überblick (328, 128ff.).

Magnificence bedeutet Höhepunkt im Abbau dieser Technik und Wendepunkt zur neuen Richtung einer wirklichkeitsnaheren Form der Intrige.

Es ist eine reiche Anzahl von dramatischen Personen, die an der Intrige um den Helden teilnimmt : Fancy und Folly, Counterfet Countenaunce, Crafty Conueyaunce, Clokyd Colusyon und Courtly Abusyon[83]. Den eigentlichen Initiator der Versuchung jedoch finden wir in Fancy[84].

Wenn der Versucher auftritt, kennt weder der Zuschauer noch eine der beiden sich auf der Bühne befindenden Personen, Felycyte und die Titelfigur, Namen oder Identität, Absichten oder Pläne, also weder Wesen noch Funktion des Neuhinzugekommenen. Ebenso wie Skelton darauf verzichtet, in irgendeiner aus den früheren Dramen bekannten Form irgendjemand aufzuklären, so sieht er auch davon ab, den Versucher einen konventionellen Selbsterklärungsmonolog bei seinem jetzigen Auftritt sprechen zu lassen. Statt dessen stellt sich diese dramatische Person im Dialog mit den beiden Anwesenden als L a r g e s s e vor (V.270)[84a]. Wollten wir die Identität der Figur allein von diesem Namen her bestimmen, dann müßte diese Person als Vertreter des Guten, Tugendhaften, bezeichnet werden. Der Dialog hingegen enthüllt sie zunächst als Spaßmacher[85], und als solcher trat eine Tugend in der Moralität noch nicht auf. Ein Ausschnitt:

---

[83] Zur Identität dieser dramatischen Personen siehe Ramsay (103, xxxix, passim), Mackenzie (English Moralities, 96, 80f.), Whiting (135, 89), Heiserman (232, 87ff.), Kinsman (266, 109ff.), Farnham (213, 220), Mares (277, 26), Spivack (338, 112), Habicht (226, 48), Harris (231, 48) u. a.

[84] Kinsman (266) untersucht das Sprichwortmaterial in Magnificence und kann zeigen, daß Fancy, dem die meisten Verse und Sprichwörter zuerteilt wurden, "the most active and influential of the vices, the most significant although not, ultimately, the most ominous" darstellt (102). Ähnlich hatte schon Whiting (135) erklärt: wenn die Häufung der Sprichwörter auf eine Figur den Vice indizierte (das trifft in einer reichen Anzahl späterer Moralitäten zu), dann gebührte Fancy dieser Name. Vgl. auch Phillips (305).

[84a] Alle Belege zu Magnificence aus Ed. Ramsay (15).

[85] Zu Fancy als "natural fool" - im Gegensatz zu Folly als "artificial fool" - vgl. z. B. Ramsay (103, xl, passim) und Mares (277, 26).

MAG.	What! I haue aspyed ye are a carles page.
FAN.	By God, Syr, ye se but fewe wyse men of myne age. But Couetyse hath blowen you so full of wynde, That <u>colyca passyo</u> hath gropyd you by the guttys.
FEL.	In fayth, Broder Largesse, you haue a mery mynde.

(V. 288ff.)

Ein anderes Sprechmerkmal, das Fancy als Fool ausweist, ist ein - im doppelten Sinne des Wortes - impertinentes Antworten. Magnyfycence entrüstet sich so sehr darüber, daß er Largesse fortschicken will:

> Gete you hens, I say, by my counsell;
> I wyll not vse you to play with me checke mate.
> (V. 306f.)

In diesem Augenblick der Gefahr für das Gelingen der Versuchung "zaubert" Largesse einen Brief hervor, den er angeblich von S a d C y r c u m s p e c c y o n - dem Namen nach auch eine Tugendfigur[86] - erhalten haben und Magnyfycence überreichen soll. Noch einmal erscheint Largesse in tugendhaftem Licht, das jedoch im gleichen Augenblick schon wieder zum Zwielicht wird. Als nämlich Magnyfycence schweigend den Brief zu lesen beginnt, erscheint im Hintergrund eine unbekannte Gestalt, die "Fancy, Fancy" ruft (V. 325), worauf der Wortwechsel folgt:

MAG.	Who is that that thus dyd cry? Me thought he called Fansy.
LAR.	It was a Flemynge hyght Hansy.
MAG.	Me thought he called Fansy me behynde.
LAR.	Nay, Syr, it was nothynge but your mynde.

(V. 326ff.)

Diese Erklärung scheint Magnyfycence zu beruhigen. Er ändert seine Meinung und heißt Largesse aufgrund des Briefes willkommen, anstatt ihn fortzuschicken (V. 350).

Dann treten beide ab, doch Largesse wird beim Hinausgehen noch

---

[86] SOED unter <u>sad</u>, a. and <u>adv</u>..."†2. Settled, firmly established, in purpose or condition; steadfast, firm, constant -1667. †3. Orderly and regular in life; of trustworthy character and judgement; grave, serious -1665. b. Of thought, consideration: Mature, serious. - SOED unter <u>circumspect</u>, a. ME... 1. Marked by circumspection, well-considered, cautious. 2. Attentive to all circumstances that may affect action or decision, cautious 1430."

von jener soeben gesehenen Person aufgehalten. Er fährt sie
ärgerlich an:

> I hate this blunderyng that thou doste make. (V. 400)

Der Zuschauer wird sich hier mit Spannung erfüllt fragen:
Stecken die beiden unter einer Decke? Liegt ein geplanter Komplott vor? Was hat es mit dem Brief auf sich, und wie wird es
weitergehen?

Alle diese Fragen werden dem Zuschauer entweder andeutungsweise oder klar in dem nachfolgenden Monolog der zurückgebliebenen Figur beantwortet. Er beginnt mit den Worten:

> Fansy hath cachyd in a flye net[87]
> This noble man Magnyfycence,
> Of Largesse vnder the pretence. (V. 403ff.)

Damit hätte sich zunächst Largesse als Deckname enthüllt, und
die Gestalt ist als Vertreter des bösen Prinzips gekennzeichnet.
Außerdem wird hierdurch natürlich stark in Zweifel gestellt,
ob der Brief echt ist.

In den weiteren 91 Zeilen der Rede deckt Counterfet Countenaunce, der den "Patzer" machte, nun seine eigene Identität auf.
Dabei wird ein möglicher, aber nicht unbedingt notwendiger Zusammenhang mit dem Brief Fancys angedeutet, jedoch, wie gesagt,
nur ein möglicher, denn von den ungeheuer zahlreichen Fähigkeiten des Täuschens und Vortäuschens, die diese Gestalt beherrscht[88], bildet die Kunst der Brieffälschung (V. 439) nur
eine in einer einzigen Zeile erwähnte Fähigkeit unter vielen.

Die Analyse bis hierher zeigt schon, welchen eminenten Schritt
<u>Magnificence</u> im Vergleich zu früheren Moralitäten in Richtung

---

[87] "From here on, to risk a wretched pun, a net of insect images, formed on proverbial comparisons and actual proverbs, will be spread...", Kinsman (266, 110). Skelton scheint einer der ersten - wenn nicht der erste - Dramatiker zu sein, der sich die Bilder- und Metaphernsprache in dieser Weise dienlich macht.

[88] Der ganze, dreizehn Strophen umfassende Monolog (V. 410-493) ist eine einzige Aneinanderreihung derartiger "Täuschungskünste".

einer illusionistischeren Form der Intrigengestaltung getan
hat: Es wurde weder der Zuschauer noch der Held vor oder während der Versuchung in irgendeiner Weise, sei es über den Verführer, sei es über dessen Methoden, eindeutig aufgeklärt. Das
Spiel nimmt sich in dieser Phase echt dramatisch und spannend
aus. Es vollzieht sich nicht in statischen Reden und Beschreibungen oder homiletisch-didaktischen Hinwendungen und Verdeutlichungen zum Zuschauer, sondern die hier vorgenommene Täuschung ist in ihrer Form real nachvollziehbar. Ihr wichtigstes
Requisit stellt der Brief dar. Er ist das nicht-allegorische
Mittel, das den Ausschlag zum Erfolg der Intrige gibt. Weil
damit nun aber der Fortgang der Handlung von einem außerhalb
des allegorisch-moralitätenhaften Bereiches liegenden technischen Kunstgriff abhängt - der Brief ist der eigentliche Angelpunkt des "plot" - ist diese hier vorliegende Gestaltung
nicht länger allegorisch, sondern "realistisch". -

Die Aufklärung über den Decknamen Fancys im Monolog von Counterfet Countenaunce wird später vervollständigt, indem der Initiator der Versuchung im Dialog mit anderen "Lastern" seinen
Namenswechsel bestätigt (V. 520). Die in diesem Zusammenhang
gestellte Frage von Counterfet Countenaunce:

> But what became of the letter
> That I counterfeyted you vnderneth a shrowde, (V. 531f.)

enthüllt nun auch - indirekt, nicht in direkter Wendung - dem
Zuschauer den Brieftrick.

Der zweite entscheidende Wendepunkt der Verblendung des Helden,
die Entlassung Measures durch Magnyfycence und damit die Öffnung der Tore für ein ungehemmtes Walten von Lyberte, wird in
einem Botenbericht mitgeteilt, der innerhalb eines Dialogs erfolgt[89]: Fancy, der einen Vogel bei sich hat, kommt gerade von
Magnyfycence und trifft Courtly Abusyon. Es entspinnt sich zunächst ein Gespräch um das Tier, und dann fragt Courtly Abusyon wie beiläufig:

---

[89] Vgl. Fehsenfeld (215, 107f.), die von einem "Berichtdialog" spricht.

> What tydynges can you tell? (V. 929)

Diese ungezwungene, sich natürlich in die Unterhaltung einfügende Frage ist die Einleitung für einen ebenso gestalteten Botenbericht:

> FAN. Why, harde thou not of the fray
>   That fell amonge vs this same day?
> C.A. No, mary; not yet.
> FAN. What the deuyll! neuer a whyt?
> C.A. No, by the masse; what! sholde I swere?
> FAN. In faythe, Lyberte is nowe a lusty spere.
> C.A. Why, vnder whom was he abydynge?
> FAN. Mary, Mesure had hym a whyle in gydynge,
>   Tyll, as the deuyll wolde, they fell a chydynge
>   With Crafty Conuayaunce... (V. 933ff.)

Diese Form des Botenberichts, von einer am dramatischen Geschehen unmittelbar beteiligten Person gesprochen, steht bereits ganz im Bereich shakespearescher Technik. Auch hier also ist in der Form der Rede der allegorische Darstellungsstil durchbrochen.

Skeltons Gestaltung der Intrige, deren Charakteristikum es ist, den Helden gänzlich im unklaren zu lassen (womit der Dichter hier nahe an die Form der Tragödie herangerückt ist), macht es nun am Ende der Intrigenhandlung nötig, daß die Hauptgestalt zumindest jetzt - _nach_ den Verwicklungen - zur Erkenntnis der vorgefallenen Ereignisse gebracht wird, denn noch stellt _Magnificence_ eine Moralität dar, noch muß deswegen eine Umkehr und "Rettung" gezeigt werden.

Der Dramatiker läßt diesen Enthüllungsvorgang sich in drei Stufen vollziehen: Zunächst deckt der Initiator der Versuchung, Fancy, dem Helden gegenüber seine wahre Identität und die seiner Helfershelfer auf (V. 1851ff.); dann wendet sich Lyberte in einem Erklärungsmonolog an das Publikum, wird aber gleichzeitig von dem sich auf der Bühne befindenden Magnyfycence gehört, und dieser reagiert nun mit einer klagenden Erkenntnis:

> A, woo worthe the, Lyberte! nowe thou sayst full trewe;
> That I vsed the to moche sore may I rewe. (V. 2103f.)

Schließlich erscheint auch der angebliche Verfasser des Briefes, Sad Cyrcumspeccyon, und weist nochmals darauf hin, daß er den

Brief nicht geschrieben hat (V. 2435ff.). Magnyfycence sieht
so seine Sünden ein, und die Darstellung wird mit der konventionellen Umkehrszene der Moralitäten abgeschlossen.

Im Hinblick auf die Entwicklung zu größerer Illusionshaftigkeit
der Handlung verdient Magnificence in diesem Zusammenhang in
einer weiteren formalen Fortschrittlichkeit hervorgehoben zu
werden: Jene Doppelbödigkeit, die sich in Nature darin manifestierte, daß die an der Versuchung teilhabenden dramatischen
Personen sowie das Geschehen selbst teilweise als real möglich
erschien, läßt sich in Magnificence in verstärktem Maße erkennen, ja, erscheint hier schon fast als bewußtes, durchgängig
verwendetes Darstellungsprinzip. Hier haben wir nicht nur den
Eindruck, als sei versucht worden, wie in Nature den "plot"
als eine Art Diener-Herr-Relation erscheinen zu lassen, wobei
die früheren "lasterhaften" Gestalten sich nun als reale Leute, als Bedienstete, um eine Stellung bewerben und intrigieren.
Nein; Fancy und Folly - die wegen ihrer Funktion als Fool eine noch komplexere Identität aufweisen - sowie Counterfet
Countenance, Crafty Conueyaunce, Clokyd Colusyon und Courtly
Abusyon "sind personifizierte Laster des Helden und Typen der
korrupten höfischen Welt in einem"[90]. Die Hauptfigur, desgleichen, stellt sowohl einen Herrscher dar als auch einen Repräsentanten der Menschheit, der von ursprünglicher "Sündelosigkeit"
über ein Leben in Sünde schließlich wieder zu tugendhaftem Leben bekehrt wird[91]. Man könnte Magnyfycence gleichsam als
"bimembrale" Gestalt bezeichnen, die, ohne sich ihrer allegorischen Schale bereits vollständig entledigt zu haben, eine "realistische" Haut erkennen läßt.

---

[90] Siehe Habicht (226, 48). - Habichts Neuschöpfung für dergestalte Figuren - "emanzipierte Lasterpersonifikation" -
scheint nicht völlig geglückt zu sein, denn sobald eine dramatische Person eben nicht länger nur eine Personifikation (Sünde oder Laster), sondern auch einen Typ (Sünder) darstellt, ist
"Lasterpersonifikation", selbst unter Hinzufügung von "emanzipiert", als Bezeichnung für eine komplexere Identität unzureichend.

[91] Vgl. dazu Craik (198, 87), Heiserman (232, 87), Habicht
(226, 24, 90). - Magnyfycence ist also nicht ausschließlich
als König zu sehen, wie Mackenzie (English Moralities, 96, 75),
Spivack (338, 207) u. a. behaupten.

KAPITEL IV

DRAMATISCHE PERSONEN UND SITUATIONEN

1. "The Castle of Perseverance"

Im letzten Kapitel unserer Untersuchung sollen ebenfalls in chronologischer Reihenfolge andere, sich von dem Versucher und der Versuchung unterscheidende dramatische Personen und Situationen vorgestellt werden, die einen Abbau der allegorisch-moralitätenhaften Darstellungsweise erkennen lassen und bei denen sich ein Weiterverfolgen ihrer Entwicklung für die zukünftige Forschung lohnen würde.

Die Mittelpunktsfigur in The Castle of Perseverance, Humanum Genus, ist eine allegorische Mono-Personifikation; sie stellt den Menschen-an-sich dar, denn von ihr sind alle sie physisch und psychisch konstituierenden, individuierenden oder typisierenden Merkmale abstrahiert, um als "selbständige" Mono-Personifikationen zu erscheinen. Als reine Abstraktion ist Humanum Genus das Gegenteil eines Individuums, jener dramatischen Person, an der sich durch einen inneren oder äußeren Konflikt ein Wandel vollzieht. Er stellt einen echten allegorischen Helden dar, dessen Wesen und Konflikt durch andere allegorische Personifikationen aufgedeckt wird. Er "erschafft" durch seine "Handlung" diese anderen Figuren[1], macht uns mit seinen Begleitern bekannt, und indem wir deren Identität erfahren, enthüllt sich uns auch die Natur seines inneren Konflikts:

> To aungels bene asynyd to me:
> þe ton techyth me to goode;
> On my ryth syde ȝe may hym se;
> ...
> Anoþyr is ordeynyd her to be
> þat is my foo, be fen and flode;
> He is about in euery degre
> To drawe me to þo dewylys wode
> þat in helle ben thycke.
>
> (V.301ff.)

---

[1] Siehe Fletcher (457, 35f.).

Dieser vom Helden beschriebene Grundkonflikt wird dann in der nachfolgenden Debatte zwischen Bonus und Malus Angelus noch einmal schaubar und hörbar gemacht. Sie ist der dargestellte Gewissenskampf Humanum Genus'[2], die Opponenten sind die gute und böse Stimme[3].

Auch die Hauptlaster können, wie die Mittelpunktsfigur, als Mono-Personifikationen bezeichnet werden, weil auch die sie konstituierenden Kräfte getrennt als personifizierte Gestalten auftreten: Mundus erscheint mit Voluptas sowie Stulticia und Detraccio[4], Belyal mit Superbia, Ira und Invidia, schließlich Caro mit Gula, Luxuria und Accidia. Desgleichen stellen die sieben Tugenden, zusammen mit Confessio und Penitencia, sowie die "Four Daughters" je eine Mono-Personifikation dar.

Alle diese dramatischen Personen sind Werkzeuge der Allegorie, die in <u>The Castle of Perseverance</u> fast völlig durchgängig gestaltet ist. Ihre Identität wird entweder durch die <u>direkte</u> Selbsteinführungsrede enthüllt - hier spricht die Figur immer in der ersten Person - oder durch die <u>indirekte</u> Selbstvorstellungsrede, den Lehr- und Predigtmonolog, dessen Inhalt das Wesen des Sprechers kennzeichnet. Im Gegensatz zu <u>The Pride of Life</u> begegnen uns in dieser Moralität aber auch häufig beide Formen bei derselben Person. Von den unzähligen Beispielen sollen nur zwei dieses wichtige und in <u>The Castle of Perseverance</u> dominierende Prinzip der Gestalt der Rede verdeutlichen.

In Stulticias Monolog hören wir:

>   þorwe werldys wysdom of gret degre
>   Schal neuere man in werld moun wende
>   But he haue help of me
>   þat am <u>Foly</u> fer and hende.
>   He muste hangyn on <u>my</u> hoke.   (V. 508ff.)

---

[2] Vgl. Mehl (<u>ShJb</u>, 425, 148).

[3] Vgl. Habicht (226, 22).

[4] In der Personenliste erscheint Detraccio zwar nicht in derselben Spalte wie Mundus, doch läßt die Darstellung ihn eindeutig als Agenten dieses Hauptlasters erkennen. Siehe hierzu auch die Analyse, Kap. II, oben.

Bis hierher spricht die Personifikation <u>von</u> sich, erklärt wer
sie ist; sie steht direkt hinter ihrer Rede. Nun aber folgt eine verallgemeinernde, belehrende Feststellung <u>über</u> Folly; die
Personifikation spricht gleichsam in der dritten Person:

>   Werldly wyt was neuere nout
>   But wyth foly it were frawt.
>   þus þe wysman hath tawt
>   Abotyn in his boke.
>   Sapiencia penes Domini.   (V. 513ff.)

Wie bei den Lastern so wird auch bei den Vertretern des guten
Prinzips die Rede in dieser Weise gestaltet. Humanum Genus
erhält bei seinem Eintritt ins "Schloß" von einer Tugend folgende Anweisung:

>   In Abstinens lede þi lyf,
>   Take but skylful refeccyon;
>   For Gloton kyllyth wythoutyn knyf
>   And dystroyeth þi complexion...   (V. 1615ff.)

Obwohl diese Worte <u>über</u> die Enthaltsamkeit lehren, nicht <u>von</u>
einer in der ersten Person sprechenden Personifikation Abstinencia kommen, steht außer Zweifel, daß der Dramatiker hier,
sozusagen indirekt, die Identität dieser Gestalt als Abstinencia aufdecken wollte. Die eine Rede erfüllt also zwei Funktionen zugleich: sie läßt uns das Wesen der allegorischen Personifikation erkennen und verbindet damit gleichzeitig die Belehrung des Helden oder des mit diesem identischen Zuschauers.

Soll die Form der Rede und die Technik der Charakterisierung
von dramatischen Personen "realistischer" werden, dann gilt es –
wie bereits bei der Analyse der Versuchungsszenen festgestellt –,
dieses homiletisch-didaktische Element zu eliminieren.

An wenigen Stellen von <u>The Castle of Perseverance</u>, dort, wo der
Fortgang der Handlung gestaltet, ein Impuls gegeben oder eine
Wende herbeigeführt werden muß, ist die Rede zuweilen frei von
der statischen Belehrung und spiegelt dann die groben Umrisse
einer realen Person. Als Bonus Angelus die Versündigung Humanum
Genus' beklagt (V. 1286ff.), tritt eine Gestalt hinzu und fragt:

> Why syest þou and sobbyst sore?
> Sertys sore it schal me rewe
> If I se þe make mornynge more.
> May any bote þi bale brewe
> Or any þynge þi stat astore?
> For all felechepys olde and newe
> Why makyst þou grochynge vndyr gore
> Wyth pynynge poyntys pale?
> Why was al þis gretynge gunne
> Wyth sore syinge vndyr sunne?
> Tell me and I schal, if I cunne,
> Brewe þe bote of bale.   (V. 1299ff.)

Die Rede spiegelt Mitgefühl, den Wunsch zu helfen; sie ist ohne homiletisch-didaktische Amplifikation und beinhaltet nicht den Namen des Sprechers, obwohl sie die <u>ersten</u> Worte dieser Gestalt sind. Zwar steht die strenge Gebundenheit der Sprache der Illusion im Wege, hier "realistische" Rede zu hören, aber die gestellten Fragen - wie zahlreich sie auch sein mögen - brauchen nicht die einer allegorischen Personifikation zu sein, sondern können gleichermaßen auf eine reale dramatische Person hinweisen.

Von diesen und einigen anderen Ausnahmen abgesehen erscheint die Form der Rede, ebenso wie die Identität der dramatischen Personen, in <u>The Castle of Perseverance</u> fast durchgehend "unwahrscheinlich". Dieser Eindruck wird noch intensiviert, weil selbst die Laster und Sünden der homiletisch-didaktischen Intention der Moralität dienlich gemacht werden, indem sie ihr "böses" allegorisches Wesen verdammen müssen. Eine derartig ins Extrem getriebene Form der Darstellung wird keine spätere Moralität kennen und fand sich selbst in dem früheren Drama <u>The Pride of Life</u> nicht. Rex Vivus wurde nie zum Belehrer des Zuschauers, stellte sich nie als mahnendes Exemplum vor. Es konnte auch nur ein einziges Mal eine ans Publikum gerichtete "Predigt" entdeckt werden; doch selbst deren Funktion war dramaturgisch-technisch und ohne Konsequenz für das allegorisch-moralitätenhafte Geschehen.

2. "Wisdom"

Geschah in <u>The Castle of Perseverance</u> die Enthüllung der Identität einer dramatischen Person immer durch diese selbst, gleich ob durch eine direkte oder indirekte Einführungsrede, so läßt der Dramatiker <u>Wisdoms</u> teilweise die Gestalten sich gegenseitig über ihr "Wesen" aufklären. Anima verkündet wohl, daß sie die Seele des Menschen sei[5], aber noch im gleichen Augenblick fragt sie ihr Gegenüber Wisdom:

>Wat ys a sowll, wyll ȝe declare? (V. 102)

Und sie erhält die Antwort:

>Yt ys þe ymage of Gode þat all began; (V. 103)

fortschrittlich ist diese Form der Einführung von dramatischen Personen nur im Hinblick auf die Rede, denn sie versucht, diese Notwendigkeit der Figurenkennzeichnung zu <u>dialogisieren</u>. Doch aus der Perspektive einer wirklichkeitsnahen Darstellung gesehen erscheint sie noch "unwahrscheinlicher" als die in <u>The Castle of Perseverance</u>.

Aber in diesem "Dialog" zwischen Anima und Wisdom geht es dem Dramatiker nicht allein darum, die Personifikationen der allegorischen Handlung vorzustellen, sondern auch und ganz besonders darum, eine theologische Lehre in Form eines Gesprächs mitzuteilen. Es ist diese Absicht, die die Gestaltung der Eröffnungsszene <u>Wisdoms</u> primär bestimmt. Sie könnte kaum eindeutiger hervortreten, als wenn Anima die Bitte an Wisdom richtet:

><u>Teche</u> me þe scolys of yowr dyvynyte, (V. 86)

oder die Fragen:

>Wat reformythe þe sowll to hys fyrste lyght? (V. 120)
>In a sowle watt thyngys be
>By wyche he hathe hys very knowynge? (V. 133f.)[6]

---

[5] "I þat represent here þe sowll of man", V. 101.

[6] Vgl. auch V. 73f., 76f., 93f., 107f.

All diese Fragen bekunden, welche Intention hinter der Darstellung steht.

Die dramatischen Personen befinden sich dadurch aber nun in einem Dilemma: Auf der einen Seite nämlich sind sie gleichsam "neutrale" Verkünder von Lehren, auf der anderen Seite sollen wir sie als allegorische Personifikationen erkennen, doch ohne daß Allegorie und Didaktik synchronisiert wären. Anima und Wisdom sprechen nicht durchgängig als personifizierte Anima und Wisdom, lehren nicht in ihrer Eigenschaft als allegorische Gestalten, sondern ihr Gespräch mutet immer wieder wie ein "Dialog" eines Lehrers mit seinem Schüler an, so wie er in mittelalterlichen Lehrbüchern gefunden werden kann. Anima fragt nicht "Wat reformythe _me_", sondern "Wat reformythe the sowll" (V. 120); andererseits spricht sie aber auch nicht - wie vordem Abstinencia in The Castle of Perseverance - über ihr Wesen, lehrt nicht über die Seele. Stattdessen läßt sie sich wie ein Mensch _mit_ einer Seele über sich selber aufklären:

> WYSDOM: By knowynge of yowrsylff ȝe may haue felynge
> Wat Gode ys in yowr sowle sensyble.   (V. 95f.)

Analog gilt dieses Umspringen von allegorischer Personifikation zur "neutralen" Lehrfigur auch für Wisdom. Auch er spricht nicht ständig in der ersten Person, sondern ebenso häufig in der dritten:

> WYSDOM: Wysdam, þat was Gode and man ryght,
> Made a full sethe to þe Fadyr of hewyn... (V. 121f.)

Wenn schließlich die drei Seelenkräfte erscheinen, wird aus demselben Grunde die Bestimmung auch ihrer Identität nicht erleichtert. Zwar scheint zuerst eine "natürlichere" Form der Vorstellung erreicht, wenn Mind, Will und Understanding sich ihr "Wesen" nicht von einer anderen Gestalt erklären lassen, sondern dies nach Aufforderung Wisdoms selber tun, und die nachfolgenden Monologe beginnen dann wohl auch mit den konventionellen Selbsterklärungen[7], aber diese direkte Identität von Sprecher

---

[7] "I am Mynde, ...", (V. 183); "And I of þe soull am þe Wyll," (V. 213).

und Rede wird nur wenige Verse später doch wieder aufgehoben, wenn die Seelenkräfte wie Menschen reflektieren, die "mind", "will" und "understanding" <u>haben</u>; sie <u>sind</u> nicht die Personifikationen dieser Begriffe. Zum Beispiel hier:

> Wen in <u>my</u> <u>mynde</u> I brynge togedyr
> þe yerys and dayes of my synfullnes...   (V. 197f.)

Sicherlich unbeabsichtigt hat diese Sprechweise der Figuren aber nun die zeitweilige Folge, als hörte man realen Personen bei einer Unterhaltung zu; nur die allegorischen Namen stehen einer solchen Illusion noch im Wege[8]:

> To my mynde yt cummyth from farre
> That dowtles man xall dey.
> Ande thes weys we go, we erre.
> X, wat do ye sey?
>
> I sey, man, holde forthe þi wey!
> The lyff we lede ys sekyr ynowe.
> I wyll no wndyrstondynge xall lett my pley.
> Y, frende, how seyst thowe?
>
> I wyll not thynke þeron, to Gode avowe!
> We be yit but tender of age.
> Schulde we leve þis lyue? Ya, whowe?
> We may amende wen we be sage.   (V. 881ff.)

Wir haben den Eindruck eines echten Gesprächs: einer von diesen Leuten erinnert daran, daß alle Menschen einmal sterben müssen; der zweite aber will davon nichts wissen, und auch der dritte stimmt ihm bei, daß es immer noch früh genug sei, wenn man im Alter daran dächte[9]. Daß man sich gegenseitig mit "man" und "frende" anredet, kann diese Illusion nur noch verstärken. Es nimmt nicht wunder, daß kurz hierauf dieselbe hier mit "man" adressierte dramatische Person mit den Worten ermahnt wird:

> Alas, man, of þi Soule haue pyte!   (V. 912)

Damit wäre sogar expressis verbis vom Dramatiker eine Identität

---

[8] Mit Absicht wurden die allegorischen Bezeichnungen <u>vor</u> den Redeteilen fortgelassen und <u>im</u> Dialog durch Buchstaben (X und Y) ersetzt, um die Nähe zum realen Gespräch so noch augenfälliger zu machen.

[9] Bereits Mackenzie (96, 150 fn. 1) hatte auf die reiche Mischung von wörtlich zu nehmender und allegorischer Rede in <u>Wisdom</u> hingewiesen.

von der Personifikation Mind und "man" hergestellt, die auch
im späteren Verlauf der Darstellung wiederholt wird: Als Mind
die von Wisdom vorgeführte, von Sünden schrecklich entstellte
Seele erblickt[10], ruft er wie "man"-(kind) aus:

> A, lorde! now I brynge to mynde
> My horryble synnys and myn offens. (V. 925f.)

Wenn anschließend die so lang abwesende Anima wieder zu Worte
kommt, läßt der Dramatiker auch sie wie Mankind um Gnade bitten
(V. 950ff.), und wie Mankind wird auch ihr vergeben. Dann mündet die Darstellung nochmals in die Vermittlung christlicher
Lehren ein[11].

Weniger verwirrend als der Beginn und das Ende **Wisdoms** erscheint die Darstellung der Personen im mittleren Teil, in dem
also die moralitätenhafte Sequenz das Leben-in-Sünde vorschreibt.
Nach einem kurzen "fröhlichen" Intervall als lasterhafte Personifikationen (V. 551-620) werden die drei Seelenkräfte zu Satirikern, die zeitgenössische Übel attackieren[12]. Hier, wo Mind,
Will und Understanding nicht als Animas personifizierte Kräfte
der Verdeutlichung christlicher Lehren dienen, fehlt das Umspringen der dramatischen Person von einer Rolle in die andere.
Alle drei stellen durchgängig dieselben Personifikationen dar -
Maintenance[13], Perjury und Lechery. Allegorie und Didaktik
sind synchron.

---

[10] Dieser dramatische Moment wird in Form einer **dumb show**
verdeutlicht. Vgl. hierzu auch Mehl (281, 23f.).

[11] Weil die vorausgegangenen Beispiele in ausreichendem Maße,
wie mir scheint, die spezielle Problematik der dramatischen
Personen **Wisdoms** spiegeln, wird darauf verzichtet, zum letzten
Teil nochmals Beispiele anzuführen.

[12] Zur Thematik dieser Satire siehe Bevington (**Politics**,
171, 28ff.).

[13] "Maintenance... was the chief legal abuse of the age...
it was only by incessant action against maintenance that the
Tudor dynasty was ultimately successful in establishing
itself." (Bevington, **Politics**, 171, 30).

3. "Mankind"

Die Titelfigur dieser Moralität hat, im Vergleich zu Humanum Genus in The Castle of Perseverance, eine entscheidende Transformation erfahren, die sie als dramatische Person ungleich realer macht. Schon der Selbsterklärungsmonolog enthüllt dies:

> My name ys Mankynde. I haue my composycyon
> Of a body and of a soull, of condycyon contrarye.
> Betwyx þem tweyn ys a grett dyvisyon;
> He þat xulde be subjecte, now he hath þe victory.
> Thys ys to me a lamentable story
> To se my flesch of my soull to haue gouernance.
> Wher þe goodewyff ys master, þe goodeman may be sory.
> I may both syth and sobbe, þis ys a pytuose remembrance.
> O thou my soull, so sotyll in thy substance,
> Alasse, what was þi fortune and þi chaunce
> To be assocyat wyth my flesch, þat stynkyng dungehyll?
> (V. 194ff.)

Der innere Konflikt, noch in The Castle of Perseverance durch eine differenzierte Darstellung von Mono-Personifikationen schaubar demonstriert, ist in Mankind hineinverlagert[14]. Der Widerstreit zwischen Seele und Fleisch findet im Helden selber statt. Mankind stellt nicht länger eine Mono-Personifikation dar, die zusammen mit weiteren personifizierten Abstraktionen, den sie konstituierenden Kräften, auftritt, sondern alle diese Kräfte sind ihr gleichsam inhärent, machen ihr Wesen aus. Damit kann Mankind aber nun nicht länger als Mono-Personifikation bezeichnet werden; viel eher träfe der Ausdruck Poly-Personifikation zu, denn er impliziert, daß die dramatische Person nicht länger einen einzigen Begriff personifiziert, sondern mehrere Attribute in sich vereinigt, ohne daß wir allerdings gleich von einem Individuum sprechen könnten. Die Poly-Personifikation Mankind aber ähnelt in ihrer Konstitution aus Seele und Fleisch der Konstitution des Zuschauers und ist dadurch glaubhafter und um einen Grad realer als Humanum Genus in The Castle of Perseverance.

---

[14] Coogan (40, 113) stimmt zu: "The author can show Mankind's major struggle in its true light: as an interior conflict determining whether the lower nature will rule, or whether the higher nature, aided by grace, will dominate".

Der einzige Vertreter des guten Prinzips in Mankind ist
Mercy. Ist mit dem Namen die volle Identität dieser dramatischen Person bezeichnet[15]?

Der Begriff "mercy" scheint zu indizieren, daß wir eine allegorische Figur vor uns haben, deren Wesen mit dem Bedeutungsinhalt ihres Namens umrissen ist. Gleichzeitig glauben wir damit auch die Funktion dieser Gestalt entdeckt zu haben: sie wird vermutlich gegen Ende der Moralität veranschaulichen, daß der Mensch durch Gottes Gnade gerettet werden kann.

Misericordia in The Castle of Perseverance war eine solche Figur: sie hatte am Schluß des Geschehens vor dem Thron Gottes für die Errettung der Seele Humanum Genus' plädiert. Darin unterscheidet sie sich aber bereits von Mercy in Mankind: Misericordia wurde allein im Jenseits "tätig", nie im Diesseits mit Vertretern des bösen Prinzips konfrontiert, damit sie gegen diese um den Helden streite; dafür waren andere Gestalten eingesetzt, wie die sieben Tugenden und Bonus Angelus. Mankind hingegen kennt als "Handlungsort" nur das Diesseits, so daß Mercy nur zu Lebzeiten des Helden zu erscheinen und eine Aufgabe zu erfüllen haben wird. Außerdem ist Mercy einziger Repräsentant des Guten, so daß von ihm, neben seiner Funktion als Personifikation der Idee 'Gnade' - Misericordias Funktion -, auch all jene Aufgaben wahrgenommen werden müßten, die im früheren Drama den zahlreichen verschiedenen Tugendfiguren zuerteilt worden waren.

Agiert Mercy als Kämpfer gegen die "thre aduersaryis ..., the Dewell, þe World, þe Flesch and þe Fell" (V. 884f.)?

Den Auftritt des "Teufels", Titivillus, haben wir bereits

---

[15] Oben (Kap. III, 3) wurde bereits eine Teilanalyse der Rolle Mercys innerhalb der Konzeption Mankinds als Fastnachtsspiel versucht. Diese Ergebnisse sind zu den nun folgenden zu ergänzen, um die volle Identität dieser dramatischen Person zu erkennen.

analysiert; der Versucher wurde nie mit Mercy konfrontiert[16].
Er konnte ungehindert seine Rache ausführen. - Den Vertretern
der "Welt" wurde Mercy wohl gegenübergestellt, doch - so sahen
wir ebenfalls bereits - hier kämpften nicht die moralitätenhaften Gegenpole um die Seele Mankinds, sondern hier standen die
Narren des Fastnachtsspiels dem Repräsentanten des Vernunftsprinzips gegenüber; Weltverneinung war mit Weltbejahung konfrontiert. Nicht Mankind ist Gegenstand ihrer Auseinandersetzung; sein Schicksal bleibt von ihr unbeeinflußt[17]. - Als dritter Antagonist wurde "flesch" genannt. Es wäre nun aber eine
Inkonsequenz des Dramatikers, würde er eine Personifikation
'Fleisch' auftreten lassen, denn infolge der Transformation
Mankinds wurde ja "flesch" zum inhärenten Widersacher:

The Flesch, þat ys þe vnclene concupissens of ȝour body[18].
(V. 887)

Das nun bedeutet für die dramatische Person Mercy: Wenn sie neben ihrer Funktion als Personifikation des von ihr bezeichneten
Begriffes auch als Streiter gegen die Erzfeinde, hier also noch
gegen 'Fleisch', auftritt, dann müßte das bei einer Konfrontation mit Mankind zum Ausdruck kommen; es müßte erkennbar sein,
daß, einerseits, Mankinds innerer Gegner "flesch" ist und daß,
andererseits, Mercy hierauf Bezug nimmt. Ist das der Fall?

Mercys Ermahnungen Mankinds betreffen von Anfang an die besondere Konstitution des Helden:

---

[16] Daß die beiden Hauptopponenten sich nie gegenüberstehen,
mag seine Ursache in der Technik des doubling haben, die möglicherweise bereits vom Dramatiker dieser Moralität praktiziert
wurde; siehe Bevington (Mankind, 169, 17): "Mercy and Tityvillus
are so employed that they never meet. Presumably the leading
player would have doubled in these two roles, thereby playing
his own opposite in the struggle for Mankind's soul."

[17] Siehe oben, Kap. III, 3.

[18] Bevington (169, 137) sieht offenbar diesen Wandel in der
Menschheitsfigur nicht, denn sonst könnte er dem Dramatiker
nicht vorwerfen: "The author has failed to provide any
allegorical characters who represent the sins of the flesh",
und die Erklärung Mercys als Versuch bezeichnen, "to gloss
over this omission as best he may".

>   To eschew vyce I wyll yow avyse.   (V. 220)
>   ...
>   The temptacyon of þe flesch ȝe must resyst...   (V. 226)

Im Hinblick auf die Identität Mercys ist diese Belehrung genauso bedeutsam: Gehen wir vom Inhalt dieses Gebotes aus, so können wir unmöglich den Sprecher als eine Personifikation des Begriffs 'Gnade' identifizieren. Hier spricht weder die allegorische Figur Gnade <u>von</u> sich noch <u>über</u> die Idee Gnade. Vielmehr vermutet man, weil vor der Versuchung des Fleisches gewarnt wird, eine dramatische Person, die sich gegen das Fleisch und seine Sünden richtet. Erinnern wir uns an Caro (flesh) in <u>The Castle of Perseverance</u>, dann wurden seine Agenten, die Sünden Gula, Luxuria und Accidia, von Abstinencia, Castitas und Solicitudo bekämpft. Das Gebot Mercys "the temptacyon of þe flesch ȝe must resyst" spiegelt aber bereits <u>Castitas</u>' Lehre aus <u>The Castle of Perseverance</u> wider, als sie sich an Humanum Genus wendet:

>   Fleschly foly loke þou fle.   (V. 1630)

Wenn Mercy dann weiter rät: führe kein müßiges Leben,

>   Spende yt well; serue Gode wyth hertys affyance,   (V. 235)

dann richtet sich hier <u>Solicitudo</u> gegen Accidia. Und schließlich enthüllt der Hinweis:

>   Dystempure not yowr brayn wyth goode ale nor wyth wyn
>   (V. 236)

die Identität einer <u>Abstinencia</u>, die der Sünde Gula entgegensteht. Kurz: alle Gebote beziehen sich auf die besondere Konstitution Mankinds, der durch das Fleisch einer ständigen Versuchung ausgesetzt ist; alle Gebote weisen Mercy als mehr denn eine Personifikation der Idee Gnade aus.

Im Folgenden entpuppt sich der einzige Repräsentant des Guten als noch differenziertere Gestalt. Seine Warnung:

>   Be stedefast in condycyon; se ȝe be not varyant,   (V. 281)

ist <u>Perseverance</u>' Stimme, die später auch in <u>Mundus et Infans</u>, <u>Hickscorner</u> und <u>Magnificence</u> zu hören sein wird. Und <u>Patiencia</u> steht hinter diesen Worten:

> ȝe may not haue yowr intent at yowr fyrst dysyere.
> Se þe grett pacyence of Job in tribulacyon. (V. 285f.)

Gegen Schluß der Moralität, da der fast verzweifelnde Mankind dem lasterhaften Leben abgewonnen werden soll, spricht auch Humilitas aus dem Munde des Ermahners:

> ȝelde me nethyr golde nor tresure, but yowr humbyll obeysyance,
> The voluntary subjeccyon of yowr hert, and I am content.
> (V. 817f.)

In Verbindung hiermit sehen wir dann auch schließlich die Personifikation Gnade ihre vom allegorisch-moralitätenhaften Schema vorgeschriebene und durch ihren Namen angedeutete Aufgabe wahrnehmen: Sie fordert Mankind auf, um Vergebung zu bitten (V. 816)[19].

Bei diesem letzten Dialog des Helden mit Mercy kann noch eine weitere bedeutsame Beobachtung gemacht werden. Das Gespräch vermittelt teilweise den Eindruck, als sei es eine auf die Erde transponierte Argumentation jener Debatte, wie sie die "Four Daughters of God" vor Gottes Thron hielten[20] und wie sie uns in The Castle of Perseverance und The Pride of Life - wenn wir dem Prolog glauben dürfen - vorgeführt wurde. Auf die Forderung Mercys, Mankind möge um Gnade bitten, meint der Held wie Justitia:

> What, aske mercy ȝet onys agayn? Alas, yt were a wyle petycyun.
> Ewyr to offend and euer to aske mercy, yt ys a puerilite.
> (V. 819f.)
> The egall justyse of God wyll not permytte sych a synfull wrech
> To be rewyvyd and restoryd ageyn; yt were impossibyll.
> (V. 831f.)

Doch Mercy versichert, daß Gott ihrem Wunsche gemäß entscheiden wird (V. 833f.). Mankind hingegen zeigt sich noch immer nicht überzeugt und zitiert Truth:

---

[19] Siehe auch V. 827, 830 u. a.

[20] Auch Thompson (126, 358) und Spivack (338, 70) weisen darauf hin.

> The prowerbe seyth 'þe trewth tryith þe sylfe'. Alas,
> I hawe mech care. (V. 838)

Auch dagegen aber weiß Mercy die Stellung zu behaupten:

> Trowthe may not so cruelly procede in hys streyt argument
> But þat Mercy schall rewle þe mater wythowte contrauersye.
> (V. 841f.)

Und sie rät Mankind nochmals:

> Go and syn no more. Be ware of weyn confidens of mercy.
> (V. 853)

Jetzt endlich folgt der Held dem Gebot. Der Ausgang der Debatte ist somit identisch mit dem vor Gottes Thron, denn Gnade "siegt". Darin aber liegt nun der Fortschritt gegenüber The Castle of Perseverance: hier erfolgt ein denouement im Diesseits[21], womit sich die Darstellung realer repräsentiert und Ähnlichkeit zum nicht-moralitätenhaften Drama gewonnen hat. Zudem kämpft Mankind selber mit sich und muß Entscheidungen treffen; er ist nicht länger der passive Beobachter der um seine Seele streitenden Gestalten.

Die Analyse der dramatischen Personen in Mankind hat somit ergeben, daß keine Gestalt schon durch ihre Namensbezeichnung in ihrer Identität ausreichend, wenn überhaupt, bestimmt und erfaßt ist. Ohne die Kenntnis des Namens "Mercy" zum Beispiel hätte die Untersuchung der hiermit benannten Figur keineswegs die bloße Personifikation der Idee 'Gnade' aufgedeckt, sondern vielmehr die Identität einer Poly-Personifikation enthüllt. Mit diesem Begriff "Poly-Personifikation" sollte ausgedrückt werden, daß wir in der dramatischen Person, auf die er zutrifft, nicht länger eine Abstraktion einer einzigen Idee vor uns haben, aber auch, daß diese Figur - trotz ihrer Komplexität - noch kein Charakter, kein typisierter oder individuierter

---

[21] Vgl. Farnham (213, 196). - Die Gestaltung einer Umkehr im Diesseits ist deswegen zu betonen, weil nur auf diesem Wege die Idee des Tragischen in der Moralität Einlaß finden kann. Sobald nämlich der Dramatiker bereits im Diesseits das Walten eines Gerechtigkeitsprinzips zeigt, ist theoretisch die Möglichkeit eines tragischen oder glücklichen Endes der Konfliktsituation gegeben, bzw. eine Komödie oder Tragödie zu gestalten.

Mensch ist. Trotz aller Predigt und Ermahnung, trotz seines latinisierten Wortschatzes und seiner Bibelzitate bleibt Mercy typische Funktionsfigur der Moralität, ist noch nicht der typische Priester[22], welchen dann Shakespeare mit Pandulph im King John zeichnen wird[23]; zu ihm muß Mercy sich erst entwickeln.

Schließlich sei eine letzte Beobachtung im Hinblick auf die Homilien in Mankind hinzugefügt: Die direkt an den Zuschauer gerichtete Predigt - noch in The Castle of Perseverance in allen Szenen praktiziert - konzentriert sich in dieser Moralität fast ausschließlich auf den Prolog und Epilog der Gesamtdarstellung. Damit wird das eigentlich "dramatische" Geschehen ohne ständige Unterbrechung durch Belehrung abrollen. Indem das homiletisch-didaktische Element derart auf die "Rand"-Gebiete des Dramas verwiesen wird, öffnet sich der Weg für ein "illusionsfreundlicheres" Spiel im Kern der Darstellung. Die dramatischen Personen können an Wirklichkeitsnähe gewinnen, da sie nicht fortwährend aus ihrer Rolle als dynamische, handlungsfördernde Gestalten heraustreten müssen, um als statische Figuren in Wendung zum Publikum zu belehren und zu ermahnen.

4. "Nature I"

Beim Durchsehen der Personenliste von Medwalls Nature springt sofort eine erstaunliche Übereinstimmung mit The Castle of Perseverance ins Auge. Einige Namen vermissen wir, doch gerade ihr Fehlen deutet gleich auf den Fortschritt dieser späteren Moralität. Wir setzen die Listen gegenüber:

---

[22] Wie ihn z. B. Coogan (40, 3) und Bevington (Mankind, 169, 76) sehen.

[23] Vgl. Finkenstaedt (401, 137ff.).

CASTLE		NATURE	
		Nature	
Humanum	Genus	Man	
	Bonus Angelus	Reason	Innocency
	Malus Angelus	Sensuality	
Mundus		World	
	Voluptas		
	Stulticia	Worldly Affection	
	Detraccio		
Belyal			
	Superbia	Pride	
	Ira	Wrath	
	Invidia	Envy	
Caro			
	Gula	Gluttony	
	Luxuria	Bodily Lust	
	Accidia	Sloth	
Humilitas, Paciencia,		Humility, Pacience,	
Caritas, Abstinencia,		Charity, Abstinence,	
Castitas, Solicitudo,		Chastity, Good Occupation,	
Largitas		Liberality	
Confessio, Penitencia		Shamefacedness	
Misericordia, Veritas,			
Justicia, Pax			
Mors, Anima, Pater			
Auaricia		(Covetise, der nur erwähnt wird)	

In <u>Nature</u> fehlen also Gott und seine "Four Daughters", Tod und Teufel, sowie die Personifikationen der Seele und des Fleisches; mit anderen Worten, die Gestalten des Jenseits, die durch ihr Erscheinen jede dramatische Darbietung von vornherein "unwahrscheinlich" machen, und die den Menschen konstituierenden Merkmale, deren Auftritt dem Helden sogleich die Möglichkeit nimmt, als "reale" Person zu erscheinen oder sich dazu zu entfalten. Weil aber alle diese Elemente fehlen, kann man in <u>Nature</u> eine wirklichkeitsnähere Gestaltung vermuten.

Wir vermissen auch Detraccio sowie Stulticia und Voluptas. Ihre Aufgabe, die in <u>The Castle of Perseverance</u> darin bestand, des Helden lasterhafte Liebe zum Weltlichen als Personifikationen seiner inneren Konstitution schaubar zu machen und ihn zur Sünde zu führen, wird in <u>Nature</u> von Worldly Affection wahrgenommen[24]. Er wird von World der Hauptgestalt zur Seite gestellt (V. 596ff.); er rät Man, nur Sensuality zu folgen, und mit dessen Einverständnis hat er die Tür zur Sünde geöffnet; die erste, Pride, tritt heraus[25].

Weiterhin erscheinen auf der Personenliste auch Bonus und Malus Angelus nicht. An jener Stelle, die sie im früheren Drama einnehmen, wurden hier Reason und Sensuality aufgeführt. Beide Figurenpaare zeigen aber in Wesen und Funktion mehr Ungleiches als Gleiches. Eine Übereinstimmung erkennen wir zu Beginn des Dramas in der Technik: Hier wie dort wird der innere Konflikt des Helden durch eine Debatte der Opponenten schaubar und hörbar gemacht. Sensuality, wie vordem Malus Angelus, "gewinnt" den Streit. Aber die Identität beider darf nicht gleichgesetzt werden: Während Malus Angelus von Anfang an als Agent des bösen Prinzips erscheint, wird Sensuality nicht sogleich als ein solcher Vertreter hingestellt[26]. Vielmehr erkennt man, daß der Mensch von Natur aus nicht nur Geist und Seele, sondern auch Leib ist, und nur wenn das Sinnlich-Körperliche über Verstand und Vernunft zu herrschen beginnt, wird es zum Laster[27].

Wesentliche Fortschritte im Hinblick auf die Darstellung in Nature sind in einigen typischen Moralitätensituationen zu erkennen. Als erste wäre die Gestaltung der unmittelbar auf die Verführung folgenden Szene zu nennen, die in früheren Dramen gewöhnlich die "Sündenadoption" demonstrierte.

---

[24] Worldly Affection ist nicht, wie Ramsay irrtümlich annimmt (103, clxxix), der Deckname von Covetise. 'Habgier' nennt sich Worldly Policy (vgl. V. 1217), tritt nie in persona in Erscheinung und hat auch sonst nichts mit Worldly Affection gemein.

[25] Medwall unterscheidet somit ebenfalls wie sein Vorgänger zwischen den Lastern, die den Helden zur Sünde hinziehen, und den Sünden selber, die darauf folgen. - Eine gründliche Analyse von Worldly Affection würde sicherlich im Vergleich zu Backbiter eine weitere Stufe im Abbau der allegorischen Darstellungsweise aufdecken.

[26] Wie Brandl dagegen ausführt (31, XXXVIII).

[27] Siehe V. 162ff. - Vgl. hierzu auch Iwasaki (251, 6f.).

Pride, so erinnern wir uns, hat sich in Mans Dienste eingeschmeichelt[28]. Nun wäre die Zeit gekommen, da - wie in <u>The Castle of Perseverance</u> - alle auf Pride folgenden Sünden anmarschierten, um vom Helden angenommen zu werden, mit anderen Worten, um ihre homiletisch-didaktischen Reden zu halten. Worldly Affection soll auch gerade damit beauftragt werden, sie zu holen, als Sensuality erscheint und berichtet, daß man sich darum nicht mehr zu sorgen brauche, "that mater ys sped well and fyne" (V. 1107). Dann gibt er in Form eines <u>Botenberichts</u> eine Darstellung davon, wie Man dem sündigen Leben verfiel und was er nun treibt. Diese dialogisierte Beschreibung, voller Komik, ersetzt also den Auftritt der sechs Sündenpersonifikationen und deren statische Monologe; an die Stelle der allegorischen Demonstration tritt der "realistische" Botenbericht. Ein Ausschnitt daraus:

    S. By my fayth we sat together
         at the tauern next herby
         And anon who shuld come together
         but fleyng kat and margery
         She that bygyled you parde so prately
         and bare away your shyrt the last mornyng
         Stede of her smok whyle ye lay slepyng

    P. I wote whom ye meane well I now
         but that ys nothyng to thys purpose
         Tell on thy tale for god auow

    S. I shall anon had I wypt my nose
         Syr whan I spyde theym anon I rose
         and called theym vnto me by name
         And wythout more taryeng anon they came
         And sat down with vs / and made nothyng straung
         as they be full curteys / ye know yt well
         And anon our maysters colour bygan to chaunge
         wherof yt cam / I can not tell
         Hys chere was appalled / euery dell
         and scant that he coulde speke to me one word
         But stert hym euen vp and rose fro the bord
         He sayd he wold go / ly down on a bed
         and prayd me for the maners sake
         That margery myght com hold hys hede
         Whyche as he told me / bygan to ake
         And so she hath hym vndertake
         To make hym hole / in an houre or twayne
         whan soeuer he hath any suche soden payn

---

[28] Siehe oben, Kap. III, 4.

> What yt meaneth I wote neuer
> But he lyketh her physyk so well
> That I trow the deuyll of hell
> Can not theym two dysseuer... (V. 1113ff.)[29]

Nach diesem völlig nicht-allegorischen Bericht erleidet die Darstellungsform jedoch einen Rückfall ins Allegorische: Die Essenz der "realistischen" Erzählung, Mans Verhältnis mit Margery, beschreibt Sensuality mit den Worten:

> He ys now famylyer
> wyth bodely lust as euer ye were. (V. 1185ff.)

Und anschließend werden wir auch davon unterrichtet, daß "Enuy wreth glotony and couetyse/ Slouth and lechery become to hys [Man's] seruce" (V. 1197f.). Ihren Erfolg verdanken sie den zugelegten Decknamen.

Unter diesen Pseudonymen erscheint der Wechsel von Lechery zu Lust auf den ersten Blick unverständlich, traten doch in The Castle of Perseverance sowohl die eine, Luxuria, als auch die andere, Lust-Liking oder Voluptas, als lasterhafte beziehungsweise als sündhafte Personifikationen auf und haben doch beide für uns eine negative Konnotation. Offenbar hatte aber zu Medwalls Zeiten lust (Verb: to lust) nur die positive Bedeutung von (etwa) "ein starkes Verlangen haben nach etwas". Dieser Sinn erhellt aus Reasons Gebrauch des Verbs, als er über Man klagt:

> ... he lusteth not to folow myne aduyse
> but foloweth thappetytes of hys sensuall affeccyon.
> (V. 1304f.)

Die Gegenüberstellung "to lust" und "to follow the appetite of one's sensual affection" ordnet den Bedeutungsinhalt des ersten Wortes klar einer nicht-negativen Sphäre zu; Lust indiziert also tatsächlich einen positiven Wechsel von Lechery[30].

---

[29]Dies ist ein Beispiel von jenen vielen, die der Darstellungsform von Nature das Urteil eintrug: "There are few racier or more realistic bits of description in our earlier literature...", Gayley (56, lx).

[30]Siehe auch V. 1415f.: "God ys mercyable yf ye lust to craue/ Call for grace and...".

Dasselbe Prinzip, welches die Darstellung des "Lebens-in-Sünde" formte, liegt auch der dramatischen Gestaltung der <u>Umkehrphase</u> zugrunde. Wiederum nämlich wird hier ein illusionsfeindlicher, typisch allegorisch-moralitätenhafter Lehr- und Predigtteil aufgegeben, wiederum fehlt also eine Konfrontation des Sünders mit sämtlichen Tugenden und damit auch das langatmige Ermahnen zur Umkehr.
Wie gestaltet der Dichter die Wende des Helden?

Die Laster wähnen Man noch ganz auf ihrer Seite, zumal er nach Worship (Pride) fragt. Worldly Affection versichert Man, daß Worship sich gerade um die "rechte" Kleidung bemühe. Da meint Man plötzlich:

>   Ye but what wyll Reason say
>   Whan he seeth me in that aray   (V. 1336f.)
>   ...
>   Man wythout reson ys but blynde
>   And yf I shuld speke after my mynde
>   I can well a dyfference fynde
>   Bytwyxt man and a beste...   (V. 1344ff.)

Worldly Affection begreift nicht, was auf einmal in Man vorgeht:

>   Why haue ye suche a spyced conscyence
>   Now wythin your brest
>   that chaungeth your mynde so sodenly... (V. 1350ff.)

Er spielt den Gekränkten und will so die Katastrophe noch abwenden, doch Man fährt ihn an:

>   Thou ledest me all wrong
>   and therfore wyll I no more folow the. (V. 1355f.)

Ohne Ermahnungen anderer also, gleichsam aus eigenem Anstoß, ist Man zur rechten Einsicht gelangt. Als er dann kurze Zeit später Reason gegenübersteht, erklärt er noch einmal stolz, wie sich seine Umkehr ereignete:

>   ... I refused vtterly
>   All suche maner of cumpany
>   and thys haue I done veryly
>   Of myne own mocyon.   (V. 1402ff.)

In dieser Kleinigkeit, die die Hauptgestalt selber "aktiv" zeigt und die auf den konventionellen Auftritt der Tugenden

verzichtet, spiegelt sich ein riesiger Schritt im Abbau der
allegorischen Darstellungsweise.

Der Umkehrszene folgten in früheren Dramen lange Reden der Repräsentanten des Guten, in denen das ganze Ausmaß der Sünde nochmals expliziert wurde. Auch diese didaktischen, undramatischen Elemente spart sich Medwall. Reason sagt es selber ("very reasonable"), daß er die Vergehen Mans nicht erneut aufrollen will:

>   And of your offencys wyll I make no rehersall
>   But what soeuer ye haue done hyderto
>   To me ward let yt passe and go
>   Agaynst god your offence ys great
>   Of the whych mater I wyll not longe treat
>   But thys confort of me ye shall haue
>   yf ye be contryte as ye pretend
>   God ys mercyable yf ye lust to craue
>   Call for grace and sone he wyll yt send
>   And be not in purpose hereafter to offend
>   accustom your selfe in the wayes of vertue
>   And be not in doubt grace wyll ensue.   (V. 1408ff.)

Nach dieser relativ kurzen Versicherung - Mercy in Mankind benötigte dafür noch 83 Verse - verspricht Man, "neuer more to assent/ To suche foly agayn" (V. 1422f.). Die konventionelle abschließende Hinwendung zum Zuschauer, die die Allgemeingültigkeit des Gesehenen hervorhebt und nochmals die Moral verdeutlicht, vermissen wir ebenfalls dankbar. Reason weiß genau um deren Langweiligkeit und vermeidet sie deswegen bewußt:

>   And for thys seson
>   Here we make an end
>   Lest we shuld offend
>   Thys audyence / as god defend
>   It were not tobe don.   (V. 1428ff.)

5. "Nature II"

Der zweite Teil der Moralität folgt im Wesentlichen den aus Teil I bekannten Darstellungsprinzipien, enthält aber noch weitere neue Formen der Gestaltung einiger Situationen und Personen.

Wiederum nimmt sich das "Leben-in-Sünde" in unterschiedlicher Szenierung aus. Zwar erleben wir auch hier keine direkte Darstellung, aber im Gegensatz zu <u>Nature I</u>, wo diese Phase des Helden in einem "realistischen" Botenbericht beschrieben wurde, können wir Man nun bei seinen persönlichen Entscheidungen zur Sünde beobachten, wodurch er sich selber charakterisiert.

Wir erinnern uns, daß Man von Sensuality erfolgreich zurückgewonnen werden konnte. Man ruft nach Bodily Lust, der auch prompt erscheint und von einer "neuen" Bekanntschaft erzählt. Auf seine Frage, ob Man nicht einmal von ihr anstelle von Margery empfangen werden möchte, erklärt sich Man sogleich einverstanden, und Bodily Lust entfernt sich, um alles zu arrangieren. Da meldet Worldly Affection Bedenken an:

>   Now wyll margery make great mone
>   bycause ye com not.   (V. 221 f.)

Doch Man erwidert:

>   Ye let her alone
>   I am not her bond man parde
>   She hath dysappoynted me or now.   (V. 222 ff.)

Worldly Affection möchte ihr dann aber wenigstens Nachricht schicken, daß Man heute leider verhindert sei zu kommen (V. 225ff.). Der aber will erst einmal abwarten, was Bodily Lust erreicht hat, bevor er Margery absagt:

>   Thys answere wyll I deffar and spare
>   tyll I be certayn
>   what answere bodyly lust shall bryng
>   Of thys other praty new thyng.   (V. 234ff.)

Daraufhin macht der Gesprächspartner das Angebot, daß er doch anstelle von ihm zu Margery gehen könnte:

>   I wyll make her euen suche chere
>   As I wold myne own wyfe yf she were here.   (V. 248f.)

Damit hingegen ist Man nun auch nicht einverstanden. Inzwischen kehrt Bodily Lust mit der Nachricht zurück, daß die Bekannte leider schon schlafe, das habe sie ihm selber gesagt, und nichts könne sie davon abbringen, den anderen fortzuschicken[31]. Man

---

[31] Dieser Dialog umfaßt 46 Verse und ist einer der komikreichsten im ganzen Drama.

aber nimmt die Absage nicht tragisch. Er macht Worldly Affection darauf aufmerksam, wie dumm sein Rat war, denn wäre er ihm gefolgt, stünde er nun ganz ohne da, nun aber kann er sich noch mit Margery trösten:

> therefore, now let vs go
> And resorte agayn to our old hostes.   (V. 301f.)

Stünden Personennamen anstelle der allegorischen Bezeichnungen, dann könnte dieser Dialog nicht als ein Element einer homiletisch-didaktischen, allegorischen Szene identifiziert werden; er ist völlig "realistisch". Auch die Form der "Charakter"-Darstellung zeigt sich echt dramatisch: Man charakterisiert sich selber. In seinen selbständigen Überlegungen und Entscheidungen spiegelt sich, daß er ein dem Laster verfallener, sündiger Mensch ist. Die Voraussetzungen, die erfüllt sein müssen, um eine Darstellung in Form und Inhalt als "realistisch" bezeichnen zu können, sind hier gegeben. <u>Nature II</u> geht damit in der Gestaltung dieser Phase des Helden noch einen Schritt weiter als <u>Nature I</u>: aus dem Botenbericht Sensualitys über die Ereignisse in der Taverne, aus der <u>Beschreibung</u> des vergangenen Geschehens, wird hier im zweiten Teil die <u>Selbstdarstellung</u> des "Charakters" durch sein Handeln, die echte dramatische Gestaltung.

Eine solche Form der Darstellung kann aber nun nicht länger als "schwankhafte Ausbuchtung"[32] bezeichnet werden: Hier wird darauf verzichtet, mit Hilfe einer allegorischen Aussageform eine fundamentale Phase des Moralitätenschemas zu homiletisch-didaktischen Zwecken zu benutzen und statt dessen ein empirisch nachvollziehbares, reales Geschehen in "realistischer" Form geboten.

Einen wesentlichen Bestandteil des dramatischen Geschehens in <u>The Castle of Perseverance</u> bildete der Kampf der Sünden und Tugenden um Humanum Genus vor dem "Schloß". Die Konfrontation einer jeden Sünde mit der entsprechenden, das Gegenteil beinhaltenden Tugend bot reiche Gelegenheit, die mittelalterliche

---

[32] Habicht (226, 57).

christliche Lehre darzulegen. Jede Figur, gleich ob Abstraktion des guten oder bösen Prinzips, mußte die Rolle eines **Leh**rers spielen, mußte "mitkämpfen", um Humanum Genus vom Schloß herunterzuholen, beziehungsweise ihn dort zu behalten. Hier trat klar hervor, was es bedeutet, eine allegorische Gestalt zu sein: eine solche Personifikation eines abstrakten Begriffes besitzt kein individuelles Wesen, das ihre Handlungsweise motivierte; sie ist nur Funktionsfigur einer allegorischen Moralität, und als solche wird sie nur insoweit "charakterisiert", als es für die Erstellung des zugrundeliegenden Schemas und das Erreichen der mit ihm beabsichtigten Lehre notwendig ist. Dieses Darstellungsprinzip, das die dramatischen Personen nur beschäftigt, um den vorgeschriebenen, schematischen Handlungsverlauf zu erfüllen, von jeder Typisierung oder Individualisierung absieht, wird in Nature II bei der Gestaltung des konventionellen Kampfes der Sünden und Tugenden ins direkte Gegenteil gekehrt.
Was macht Medwall aus dieser charakteristischen Szene einer Moralität?

Von Beginn an wird das Schema mißachtet: War in <u>The Castle of Perseverance</u> Humanum Genus im Schutze der Tugenden, so daß diese sich gegen den Angriff der Sünden und Laster zu verteidigen hatten, so befindet sich Man in <u>Nature II</u> in den Händen der Sünde, und sie müssen sich nun gegen den anmarschierenden Reason und dessen Helfern ihrer Haut wehren. Initiierten im früheren Drama Mundus, Caro und Belyal den Kampf, so daß Humanum Genus fast nur als passiver Beobachter teilnahm, so spielt jetzt Man die Rolle des Anführers, wird damit zum "eigenen Meister" seines Schicksals. Schon die Ausgangsposition vor der "Schlacht" ist also unterschiedlich.

Dann will Man seine Gefolgsmänner zusammentrommeln lassen, und er beauftragt Ease damit, der in Wirklichkeit Sloth ist. Diese Darstellung, noch durch die Bitte um Eile gewürzt, bietet Komik und Ironie: Der Held nämlich glaubt sich im Besitze "guter" Kumpane, während der Zuschauer über die wahre Identität von Ease im Bilde ist.

Ease entfernt sich scheinbar dienstbeflissen, tatsächlich aber heilfroh, daß er sich auf diese Weise geschickt aus dem Staube machen konnte, denn er taucht nie wieder auf, läßt statt dessen durch einen Kameraden Nachricht schicken, daß er das Bett hüten müsse, da ihn die Furcht vor dem Kampf ganz krank gemacht habe.

Auch dieser Kollege scheint nicht viel vom Kämpfen zu halten. Das läßt er im Gespräch durchblicken:

```
A.   What tydyngys wyth the
B.   I shall tell you anone*
     Mary syr I am com here
     For to attende vppon you
     we shall a warfare yt ys told me
A.   ye where ys thy harnes
B.   Mary here may ye se
     Here ys Harnes I now
C.   Why hast thou none other harnes but thys
B.   What the deuyll harnes shuld I mys
     wythout yt be a botell
     A nother botell I wyll go puruey
     Lest that drynk be scarce in the way
     Or happely none to sell
C.   Thou must haue other harnes than thys man
B.   Other harnes nay I shrew me than
     I can no skyll theron
     why trowest thou that I wyll fyght
D.   ye so I trow
B.   Nay by god almyght
     Therof wyll I none
     I was neuer wont to that gere
     But I may serue to be a vyteler
     And therof shall ye haue store
     So that I may stand out of daunger
     Of gon shot/ but I wyll com no nere
     I warn you that byfore.          (V. 770ff.)[33]
```

Hier hat sich der Vorfahre Falstaffs charakterisiert: Trinken und Essen sind seine größten Sorgen; Bequemlichkeit und Furcht vor Gefahr seine weiteren typischen Züge; im Krieg will er wohl für den Proviant sorgen, aber sonst außer Schußweite

---

[33] Dem mit einem Asterisk versehenen Vers geht eine weitere Zeile voraus, die aber, wie Brandl sagt, im MS unlesbar ist. - Die allegorischen Namen vor den Redeteilen wurden durch Buchstaben ersetzt, um so das Wesen des mit B bezeichneten "Charakters" unbeeinflußt identifizieren zu können.

stehen³⁴. Obwohl sein Name die Bezeichnung eines abstrakten Begriffes ist - Gluttony -, kann hier von einer allegorischen Personifikation nicht die Rede sein.

Daß dieser Darstellung der dramatischen Personen ein Prinzip zugrunde liegt, das jener Methode, die die Figuren des Spiels nur als ausführende Organe der allegorischen Moralität einsetzt, genau entgegengerichtet ist, wird aus einem vergleichenden Rückblick auf <u>The Castle Of Perseverance</u> noch offensichtlicher: In dieser Moralität erscheint Gula (Gluttony) nicht als fauler und feiger Vielfraß, im Gegenteil: gut ausgerüstet für den Kampf brennt er buchstäblich vor Begierde loszuziehen:

> Lo, Syr, Flesch, whov I fare to þe felde,
> Wyth a faget on myn hond for to settyn on a fyre.
> Wyth a wrethe of þe wode wel I can me welde;
> Wyth a longe launce þo loselys I schal lere.
> Go we wyth oure gere.
> þo bycchys schul bleykyn and blodyr;
> I schal makyn swyche a powdyr,
> Boþe wyth smoke and wyth smodyr,
> þei schul schytyn for fere.   (V. 1960ff.)

Ein solches "Handeln" Gulas hat sein Motiv im Moralitätenschema. Dies schreibt eine Konfrontation der Gegenpole vor, und folglich muß Gula im "Kampf" eingesetzt werden. Gulas Wortstreit mit Abstinencia dient allein dem Zweck, der Tugend Anlaß für eine lange homiletisch-didaktische Rede zu geben, in der er, die personifizierte Sünde des Fleisches, verworfen wird.

<u>Natures</u> Gluttony hingegen darf sich weigern mitzukämpfen; er darf sich seinem Wesen gemäß - seiner nicht-allegorischen Natur nach - verhalten, ungeachtet dessen, was das Moralitätenschema vorschreibt. Doch Gluttony stellt keine Ausnahme dar. Auch Sloth, wie bereits erwähnt, "ys afrayd/ And lyeth syk in hys bed" (V. 807), und Bodily Lust "wyll not com where strokys be" (V. 672), er flüchtet.

---

³⁴Diese Merkmale, die die Person typisieren und hier in nur 23 Versen bereits hervortreten, arbeitet der Dramatiker in dem insgesamt 100 Zeilen umfassenden Redeanteil dieser Figur in den Dialogen mit anderen Gestalten noch klarer heraus.

Den Helden, Man, scheint der Mut ein wenig verlassen zu haben, denn er äußert die Hoffnung, daß mit etwas Glück die Schlacht gar nicht zustandekommen wird (V. 818f.). Dann bittet er Wrath und Gluttony, ihn bei einem Spaziergang zu begleiten. Das gibt nun Envy, der allein zurückbleibt, die Gelegenheit, sein eigenes typisches Wesen zu demonstrieren, was er durch eine Intrige gegen Pride tut[35]. Schließlich erscheint Sensuality und teilt Envy mit, daß es keinen Kampf geben wird, Reason und Man seien übereingekommen, "good cumpany they kepe" (V. 943), und schuld daran sei Age.

Medwall also läßt die Gegner sich gar nicht konfrontieren; die Umkehr Mans kommt nicht infolge eines Sieges der Tugenden zustande, sondern weil das Alter Man erreicht hat.

Der Bericht Sensualitys enthüllt aber noch mehr: War es in The Castle of Perseverance die Habgier (Auaricia), welche Humanum Genus in seinen alten Tagen noch einmal ins lasterhafte Leben herabziehen konnte, so schickt in Nature der alte Man heimlich nach Covetise, damit er ihm noch ein paar Jahre diene, "but Reason may not therof know" (V. 992). Statt einer Verführung des Helden durch die Sünde - wie bei Humanum Genus - ist es also Man selber, der - in weiterer Verkehrung der Darstellung - Reason, den Repräsentanten des Guten, mit Covetise betrügt!

Warum, so fragen wir, dieses burleske Ende der insgesamt 542 Verse umfassenden Handlung um die typenhaften Gestalten? Warum läßt Medwall den Kampf nicht stattfinden? Die naheliegende Antwort wäre, daß der Dramatiker nicht länger beabsichtigt, auch diese Phase des Moralitätenschemas als Medium didaktischer Aussagen zu verwenden, und er verzichtet deswegen auf die günstige Gelegenheit des Belehrens durch die unmittelbare Konfrontation der Vertreter des guten und bösen Prinzips. Die Antwort erweist sich aber als falsch, wenn wir die auf diese Szene folgende Darstellung in Nature II, den Dramenschluß, betrachten. Hier wird offensichtlich, wie sehr Medwall noch

---

[35] Siehe meine Darstellung Kap. II, 2, oben.

homiletisch-didaktisch ausgerichtet ist, denn nun erscheinen
alle sieben bisher vermißten Tugenden, um in langen an Man gerichteten Reden zu ermahnen und zu belehren[36]; eine Szene, die
sich in Inhalt und Form ganz im Bereich des Allegorischen bewegt.

Jetzt aber zeigt sich das spezielle Problem von <u>Nature II</u>: Medwall verwendet zwei einander entgegengesetzte Darstellungsprinzipien, das "realistische" und das allegorische, das spiegeln
die unterschiedlichen Identitäten der beiden Personengruppen.
Hier stehen echte Typen - dort Personifikationen abstrakter
Ideen; hier wird nach wirklichkeitsnaher Gestaltung gestrebt -
dort werden homiletisch-didaktische Ziele in Form der Allegorie
verfolgt. Die Darstellung einer Konfrontation dieser gegensätzlichen dramatischen Personen, die "Inszenierung" des konventionellen Kampfes der antagonistischen moralitätenhaften Gegenpole, hätte unweigerlich einen formalen Bruch in ein und derselben Szene zur Folge. Medwall vermeidet nun das unmittelbare
Aufeinanderprallen der beiden Darstellungsprinzipien, indem
er sie nacheinander in zwei Szenen, statt gleichzeitig in einer Szene benutzt.

Damit wäre das Fehlen der Schlacht beantwortet, der Verzicht
auf die homiletisch-didaktische Ausformung in der "Typen"-
Handlung erklärt. Wie steht es aber mit der Funktion des burlesken Abschlusses der Szene? Man könnte sagen, daß seine Form
einen "offenen Schluß" zeigt: Zwar berichtet Sensuality von
Mans "Versöhnung" mit Reason, durch Age hergestellt, aber diese Umkehr ist ja nur eine scheinbare; Covetise dient Man noch
immer, wenn auch heimlich. Da nun erkennen wir die geschickte
Technik Medwalls: Indem er Mans Wende zum tugendhaften Leben
noch unvollkommen läßt, hat er nun ein ausreichendes Motiv,
seine Tugendpersonifikation auftreten zu lassen; sie müssen
noch erscheinen, um die Bekehrung des Helden vollkommen zu

---

[36]Versanzahl und Personifikation: 49 Meekness, 40 Charity,
21 Patience, 23 Good Occupation, 51 Liberality, 20 Abstinence,
21 Chastity. Die ganze Szene umfaßt 408 Verse, also nur 20%
weniger als die Handlung um die Typen.

machen, und das erfüllen sie in Form von homiletisch-didaktischen Reden. Das burleske Ende der "ausgefallenen Schlacht" erweist sich also als verknüpfendes Glied der beiden durch verschiedene Darstellungsprinzipien geformten Szenen in Nature II. Durch den offenen Schluß wird die scheinbar nur zusätzlich aufgepfropfte allegorische Tugendszene zu einem integrierten Bestandteil der Moralität.

Die konventionelle Bußszene, die in früheren Moralitäten auf der Bühne gestaltet wird, stellt Nature II nicht dar. Man verläßt Reason für einen Augenblick, um dann bei seiner Rückkehr - nach einem "Überbrückungsmonolog" Reasons - in einem kurzen Bericht seine vollkommene Wandlung zu erklären. Dann wird das Spiel mit einem Gebet beendet.

6. "Mundus et Infans"

The World and the Child hält an zahlreichen Dramenkonventionen fest, die schon die frühesten Moralitäten kennzeichneten. So wird das Spiel mit einer Selbsterklärungsrede von Mundus eröffnet, die, im Hinblick auf die Notwendigkeit, dem Zuschauer die allegorische Figur vorzustellen, wohl unabdingbar sein mag[37], nur hätte diese "Expositionspflicht" auch in fortschrittlicherer Form erfüllt werden können als in einer derart engen Imitation der Herodes- und Pilatusfiguren in den Mysterienspielen[38].

---

[37] Bevington kann nicht zugestimmt werden, wenn er im Zusammenhang mit diesem Monolog feststellt: "Such soliloquies at the openings of plays are common, serving as prologue. They often are detachable from the play itself, like the "banns"... from which they are descended" (Mankind, 169, 121). Diese Form der Eröffnung ist keineswegs identisch mit den "Banns" und stammt auch nicht von ihnen ab. Während die "Banns" als selbständige Teile in der Tat abtrennbar waren, sind solche prologartigen Anfänge ganz im Gegenteil essentielle Bestandteile des dramatischen Spiels. - Vgl. auch Habicht (226, 27f.).

[38] Vgl. Courthope (506, 420f.). - Zum Einfluß der Mysterienspiele auf die Moralitäten siehe auch Margeson (278, 27).

Nachdem Manhood von Mundus zum Ritter geschlagen ist, spricht auch er einen ähnlichen Monolog. Seine Rede zeigt aber - vor allem nach seinem Gelöbnis "I shall truely Pryde present" (V. 192) - noch stärkere Anlehnung an Rex Vivus, der Personifikation von Pride, in der ersten uns überlieferten Moralität, und damit gleichzeitig natürlich auch an Luzifer der Cycle Plays[39].

Formal gesehen weicht diese "Charakterisierung" Manhoods von der allegorischen Technik der Identitätsenthüllung Rex Vivus' dann aber ab, denn wurde beim King of Life das "Wesen" auch mit Hilfe von Mono-Personifikationen seiner inneren Konstitution veranschaulicht - Sanitas und Fortitudo zum Beispiel -, so versucht hier der Dramatiker durch den Selbsterklärungsmonolog allein - wenn auch in kaum origineller Weise - Manhoods (Prides) Identität erkennbar zu machen.

Erstaunliche Übereinstimmung entdecken wir auch bei einem Vergleich der Bekehrungsversuche von Regina und Episcopus jenes Dramas und von Conscience dieser Moralität, die zudem ganz ähnliche Reaktionen in den Helden beider Moralitäten hervorrufen. Conscience, die innere Stimme Manhoods, warnt:

> ... beware of Pryde, and you do well, -
> For pryde Lucyfer fell in-to hell;
> Tyll domysday ther shall he dwell,
> Withouten ony out-comynge:
> For pride, syr, is but a vayne glorye.   (V. 341ff.)

Darauf ruft Manhood wütend aus:

> Peas, thou brothell, and lette those wordes be!
> ... go forthe thy waye,   (V. 346)
> For I loue Pryde and wyll go gaye;
> All thy techynge is not worthe a straye,   (V. 353ff.)

ein wenig später:

> Fye on the fals, flatterynge frere!

---

[39]Siehe z. B. die beinahe wörtlichen Anklänge von Manhood V. 237, 238, 240, 250, 254, 262, 271, nacheinander mit V. 113, 116, 23, 179, 124, 123, 47, in The Pride of Life; V. 267-270, 284-286 mit Luzifer (York Cycle) V. 49ff., 67ff., 89ff.

```
              Thou shalt rewe the tyme that thou came here;
              The deuyll mote set the on a fyre,
              ...
              The deuyll breke thy necke!
              ... - euyll mote thou thye! -           (V. 401ff.)
```

Rex Vivus hatte ganz ähnlich gewütet:

```
(zu R.)   Hore, þe deuil gird of þe hede
          Bot þat worde schal þe rewe!               (V. 197f.)
(zu E.)   Go hom þi wey, I red.                      (V. 409f.)
          Euil mot þou t(h)riwe                      (V. 422)
          I wool let car away,
          And go on mi pleying.
          To hontyng and to o[þ]ir play
          For al þi long prechyng.                   (V. 427ff.)
```

Solche Parallelitäten zeigen an, wie wenig originell in <u>Mundus et Infans</u> die dramatischen Personen in Form und Inhalt ihrer Rede gezeichnet sind; hier ist kein Schritt in Richtung einer wirklichkeitsnäheren Gestaltung zu erkennen[40].

Die Bekehrungsszene von <u>Mundus et Infans</u> sollte aber Erwähnung finden: Standen in früheren Moralitäten meist mehrere Strophen umfassende, lange Redeblöcke der ermahnenden Tugendpersonifikationen neben ebensolangen Antworten des noch reuelosen Sünders, so wird jetzt der Versuch gemacht, die Bekehrung in Form eines Dialogs darzustellen. Der Dialog selber wirkt noch "unfrei", da die Reden vom Stoff her diktiert sind[41], und darüber hinaus erscheint auch die Verbindung der Gesprächsteile stereotyp, weil Manhood des öfteren seine Fragen mit demselben "Say, Conscience" einleitet und die Antwort von Conscience ebenso oft mit "Nay, Manhood" beginnt. Doch es ist hier ein Ansatz zu einer echten dramatischen Dialogführung erkennbar, denn die einzelnen Redeteile nehmen aufeinander Bezug; man spricht miteinander und nicht aneinander vorbei.

Ähnlich wie Man in <u>Nature II</u> wird Manhood durch sein Alter zur Vernunft gebracht. Allerdings erscheint hier in <u>Mundus et</u>

---

[40] Wo findet C. F. T. Brooke (32, 78f.) "The teeming life of the city where before we met abstractions of virtue and vice"?

[41] Vgl. Fehsenfeld (215, 42ff.).

Infans keine zusätzliche Personifikation von Age, sondern der
Held selber ist der Repräsentant dieses Lebensabschnittes, er
tritt als Age auf. Wenn Manhood hier als Greis agiert, sieht
es zunächst so aus, als verfolge der Dramatiker die Absicht,
seine Hauptgestalt realer darzustellen. Die eigentliche Ursache dieser Technik ist aber wohl auf das doubling zurückzuführen, das in dieser Moralität ganz bewußt praktiziert wurde
oder sogar werden mußte, wenn dem Dramatiker tatsächlich nur
zwei Schauspieler zur Verfügung standen[42].

Aus demselben Grunde fehlt es nun auch an trostspendenden Gestalten, die dem Helden zur Seite stehen, als er seine Schuld
einsieht. Es naht die Verzweiflung, und sie spiegelt sich in
seiner sehr echt klingenden Erkenntnisrede, die "sich ins Tragödienhafte [steigert], weil sie mit wiederholten 'taediumvitae'-Formeln durchsetzt ist"[43]. Ein Ausschnitt daraus.

  Alas, alas, that me is wo!
  My lyfe, my lykynge I haue forlorne;
  My rentes, my rychesse, it is all ygo;
  Alas the daye that I was borne! (V. 770ff.)

  Alas! Dethe, why lettest thou me lyue so longe?
  I wander as a wyght in wo
  And care.
  For I haue done yll,
  Now wende I wyll
  My-selfe to spyll,
  I care not whyder nor where! (V. 804ff.)[44]

Den Schluß der Moralität widmet der Dramatiker ausführlich der
kirchlichen Lehre. Nachdem Age von Perseverance zu Repentance
umbenannt worden ist, predigt die Tugendpersonifikation von
den "Five Wits", den zwölf Glaubensartikeln und den zehn Geboten. Bis zum Ende folgt Mundus et Infans den homiletischdidaktischen Darstellungsprinzipien, denn hier wendet sich der
Held nochmals in konventioneller Weise direkt dem Publikum zu,
um es aufzufordern, ihn und seinen Lebenslauf als Exemplum für
das Schicksal von "all mankynde" zu betrachten und daraus zu
lernen.

---

[42] Vgl. Bevington (Mankind, 169, 116ff.).

[43] Habicht (226, 74).

[44] Siehe auch V. 850ff. - Vgl. auch Everyman.

7. "Hickscorner"

Über die Identität der Titelfigur gibt es die gegenteiligsten Meinungen. Farnham legt sich nicht fest: "Hickscorner, who by being non-descript as an aspect of Man's corrupted soul, almost becomes a human individual free from the burden of abstract meaning"[45]. J. B. Moore bezeichnet ihn als "concrete type", "the hail-fellow-well-met sailor"[46]. Ramsay vergleicht die Gestalten von <u>Hickscorner</u> mit denen von <u>Wisdom</u> und kommt zu dem Schluß: "Hickscorner, scornful of God and good things, is the rebellious Mind, a more general form of Pride than Maintenance"[47]. Mackenzie zieht es ebenfalls vor, eine Abstraktion in ihm zu sehen: "Hickscorner is stupid scoffing rather than the stupid scoffer"[48], also eher Personifikation denn typisierte Person.

Was beinhaltet der Name? H i c k : "(A by-form of <u>Richard</u>.) An ignorant countryman"[49]. S c o r n e r : "one who scorns; esp. one who scoffs at religion"[50]. Diesen Namen, der keine Personifikation bezeichnet, ändert Mackenzie also ab und macht aus ihm einen abstrakten Begriff – <u>scoffing</u> –, denn nur so paßt er in die Konstruktion seiner Allegorie. Hier stellt er den Begriff <u>stupid scoffing</u>, wie <u>free will</u> und <u>imagination</u>, als eine pervertierte <u>qualitas</u> des Herzens (der Seele?) vor. Während aber nun die Personifikationen der beiden letzten Begriffe eine Transformation zum Positiven erfahren, wird, wenn wir richtig lesen, <u>stupid scoffing</u> davon ausgenommen. Konsequent wäre es jedoch, auch diese allegorische Figur zu bekehren, denn sonst ist sowohl die Allegorie als auch die Moralität unvollkommen und ohne Abschluß.

---

[45] Farnham (213, 215); vgl. auch Wynne (148, 67).

[46] J. B. Moore (286, 54).

[47] Ramsay (103, clxxxiv).

[48] Mackenzie (<u>English Moralities</u>, 96, 42).

[49] SOED unter <u>Hick</u>, sb^1.

[50] SOED unter <u>Scorn</u> v.

Hickscorner unterliegt aber keinem Wandel; nach seinem ersten und letzten Auftritt erscheint er nie wieder. Dies deutet darauf hin, daß der Dramatiker ihm gar keinen Platz in der Allegorie zuwies – wenn wir Mackenzies allegorischem plot überhaupt zustimmen –, Hickscorner von uns also nicht ohne weiteres zu einer Abstraktion umgewandelt werden darf.

Welche Funktion hat Hickscorner? Auf den ersten Blick erscheint es unverständlich, warum der Dramatiker nicht so wie Mackenzie verfuhr, nämlich eine Gestalt namens "Scorning" schuf, ihr die Identität einer Personifikation gab, sie der Allegorie integrierte, um sie aber dann mit den anderen Figuren gegen Schluß der Moralität zu "bekehren", ähnlich den drei Gestalten Mind, Will und Understanding in Wisdom.

Hickscorner hingegen erscheint nicht zur Konversionsszene; wenn wir nun außerdem feststellen, daß auch Pity hier fernbleibt[51] – wofür eigentlich kein innerdramatischer Grund vorliegt –, dann sind wir mit Bevington geneigt, diese Gestaltung auf einen außerdramatischen Grund zurückzuführen: die Limitation der Schauspielgruppe. Da nur vier Spieler zur Verfügung standen[52], konnte weder die Abschlußszene noch irgendeine vorherige mehr als vier Gestalten auf die Bühne bringen. Contemplation und Perseverance, sowie Free Will und Imagination läßt der Dramatiker am Ende noch einmal auftreten, während Hickscorner und Pity fortbleiben. Jedoch hält er sie nicht ohne Motiv vom Geschehen fern. Er versucht – bei der einen Person geschickter als bei der anderen – einen Grund für ihr Ausbleiben zu geben. Pitys Entschuldigung beim letzten Auftritt klingt recht plump:

> Well, than wyll I hye me as fast as I maye
> And travayle throughe every countre;   (V. 636f.)

[51] Nach Mackenzie soll "pity" "in the wider significance of mercy or goodness" (English Moralities, 96, 43) gebraucht sein. Auch das scheint zweifelhaft, denn im Beisein von Contemplation und Perseverance erhalten Free Will und Imagination "mercy", so daß man sich fragen müßte, warum ausgerechnet Pity (mercy nach Mackenzie) und nicht eine der beiden anderen Gestalten dieser Szene fernbleibt.

[52] Vgl. Bevington (Mankind, 169, 138f.).

dort will er die Gauner suchen, die ihn in Fesseln schlugen. Hickscorners Motiv ist eleganter: es liegt in seinem Namen; dieser dispensiert ihn von der Bekehrungsszene. Ein <u>scorner</u> nämlich wird nicht nur daran erkannt - wie das SOED mitteilt -, daß er die Religion verachtet - auch jeder Sünder könnte so charakterisiert werden -, sondern vor allem daran, daß er nie bereut und umkehrt. So jedenfalls läßt es sich aus zeitgenössichen Predigten ablesen; hier werden die Menschen in drei Kategorien eingeteilt:

... <u>ungodly</u> men, <u>sinners</u>, and <u>scorners</u>; ... <u>scorners</u>, that is, a sort of men whose hearts are so stuffed with malice, that they are not contented to dwell in sin, and to lead their lives in all kind of wickedness; but also they do contemn and scorn in other all godliness, true religion, all honesty and virtue... never any yet converted unto God by repentance. but continued still in their abominable wickedness, heaping up to themselves damnation, against the day of God's inevitable judgment. [53]

Wäre die Identität Hickscorners vom Namen ablesbar, so könnte also Farnham zugestimmt werden: die Titelfigur ist eine reale Person, ein Individuum, zumal diese Charakterisierung gewissermaßen indirekt ihre Bestätigung in der letzten Szene der Moralität erhält, in der Hickscorner nicht mehr erscheint. Aber wie sieht die Darstellung in den Auftritten aus?

Seine Vorstellung wird mit einem noch hinter der Szene ertönenden Ausruf eingeleitet:

    A-le the helme! a-le! vere! shot of! vere sayle! vera!
                                             (V. 302)

Free Will hört ihn und kommentiert:

    Cockes body! herke, he is in a shyppe on the see!
                                             (V. 303)

Wir erwarten also einen Seemann und werden zunächst auch nicht enttäuscht, denn Hickscorner erzählt nach seinem Erscheinen

---

[53] Aus: "An Information for Them Which Take Offence at Certain Places of the Holy Scripture", einer Predigt in <u>Certain Sermons, or Homilies, Appointed to Be Read in Churches, in the Time of the Late Queen Elizabeth of Famous Memory</u>, zitiert in H. H. Adams (19, 9f.).

von seinen Reisen in viele Länder. Sein Bericht ist zu Beginn
völlig konkret; die erwähnten Orte und Plätze existieren wirklich. Dann aber taucht das Land Rumbelowe auf, "thre myle out
of hell" (V. 318f.), sowie das "Londe of Women, that fewe men
dothe fynde" (V. 324). Diese utopischen Länder sind konventionelle Teile der närrischen Nonsens-Reden in den Volksdramen.
Auch die Verkehrung in Vers 322 - in Northumberlonde "men sethe
russhes in gruell" - erinnert an das <u>topsy-turvydom</u> der <u>Mummers'
Plays</u>[54]. Durch diese "närrischen" Elemente erleidet die anfänglich "realistische" Form des Reiseberichts Einbuße. Sie
wird auch im zweiten Teil der Erzählungen nicht wieder zurückgewonnen, denn nun wandelt sich der Sprecher zu einem scharfen Kritiker seiner Zeit[55]. Hickscorner beschreibt die Passagiere, die sich auf den ihm begegneten Schiffen befanden:

> There was Trouthe and his kynnesmen,
> With Pacyence, Mekenes, and Humylyte,
> And all true maydens wyth theyr vyrgynyte,
> Ryall prechers, Sadnes, and Charyte...   (V. 341ff.)

All diese "Leute" reisten nach Irland (V. 328f.), nach England
kam stattdessen das Schiff mit Hickscorner und

> There was Falshode, Favell, and Sotylte,
> Ye, theves and hores, with other good company,
> Lyers, bacbyters, and flaterers the whyle,
> ...
> And Haterede, that is so myghty and stronge,
> Hath made a-vowe for-ever to dwell in Englonde. (V. 369ff.)

Diese Narrenschiff-Tiraden, die Nonsens-Elemente der Rede und
der relativ "realistische" Teil des Reiseberichts geben in keiner Weise Auskunft über die - oben beschriebene - vermutete
"Individualität" Hickscorners als Religionsverächter und reueloser Sünder. Sie dienen dem Zweck, von Hickscorner den Eindruck zu erwecken, als sei er Seemann und auch ein Fool - was
er aber nicht ist, wie Moore behauptet -, um seine in die
Schiffsmetapher eingekleideten Satiren der Gesamtkonzeption
des Dramas als zeitgenössische Satire einzupassen. <u>Hickscorner</u>
nämlich stellt ein frühes Beispiel für die Methode dar, das

---

[54] Vgl. Weimann (363, 189f.).

[55] Zur "närrischen Welt-Satire" vgl. Habicht (226, 97f.).

Moralitätenschema als Gefäß einer Satire zu verwenden[56]. Die Titelfigur stellt lediglich ein Mittel dar, das die nicht-allegorische Intention des Dramatikers verwirklichen hilft; sie dient nur der Satire. Hickscorner spielt auch nicht die Rolle der Menschheitsfigur in der Moralitätenstruktur. Diese Aufgabe erfüllen Free Will und Imagination.

Der Weg dieser zwei Gestalten umfaßt nicht - wie in den meisten Moralitäten - die ganze Lebensbahn von relativer Unschuld über die Versuchungs- und Sündenphase bis zur Bekehrung, sondern der Dramatiker spart sich den ersten Teil und läßt beide - ähnlich Rex Vivus in The Pride of Life - gleich als Sünder auftreten. Dies erkennen wir jedoch erst, nachdem sich die zwei vorgestellt haben. Vom Namen her kann ihr Wesen und ihre Funktion nicht a priori abgelesen werden.

Mit F r e e W i l l wird kein negatives Attribut der menschlichen Seele bezeichnet. Auch der konventionelle Beginn der ersten Rede dieser Person:

>   ... I tell you, my name is Frewyll;
>   I may chose wheder I do good or yll,
>   But, for all that, I wyll do as me lyst...   (V. 159ff.)

enthält noch keinen sicheren Hinweis auf den guten oder bösen "Charakter" des Sprechers. Erst die sich dann anschließenden Erlebnisschilderungen entlarven ihn als lasterhafte Figur.

Solche Berichte können, wenn sie als Mittel der Personencharakterisierung gedacht sind, als Novität bezeichnet werden. Ob dies aber ihre primäre Funktion sein soll, wird dann in Frage gestellt, wenn wir beobachten, daß der Dramatiker sehr wohl imstande ist, lebhaftesten, "realistischen" Dialog zu bieten, der gegenüber einer Erzählung als noch fortschrittlichere Form der "Charakterisierung" dienen könnte[57], und wenn wir darüber hinaus feststellen, daß diese Berichte auch zur Allegorie oder zur Erfüllung des Moralitätenschemas nichts

---

[56] Habicht (226, 106ff.); auch Heiserman (232, 100).
[57] Siehe z. B. V. 234ff., 420ff., 471ff. u. a.

beitragen. Eher scheint es, daß sie eine der Handlungsentwicklung und Personenzeichnung übergeordnete Funktion haben und zwar dieselbe wie Hickscorners Reiseerzählungen: sie sind Medium der Zeitsatire.

Was in den "Mehrgesprächen" der drei Tugenden zu Anfang des Spiels abstrakt formuliert wurde[58], schildert Free Will unmittelbar darauf als sein konkretes Erlebnis. Pity hatte zum Beispiel geklagt:

> ... al the whyle that clerkes do use so grete synne,
> Amonge the lay people loke never for no mendynge. (V. 137f)

In Free Wills Mund wird dieser Tadel zu ungeschminkter Satire:

> ... My felowe Imagynacyon.
> He and I had good communycacyon
> Of syr Johan and Sybbell,
> How they were spyed in bedde togyder,
> And he prayed her ofte to come thyder,
> For to synge lo-le. lo-lowe!
> They twayne togyder had good sporte;... (V. 177ff.)

Am Schluß des Dramas wird deutlich, daß Free Will auch als allegorische Gestalt konzipiert ist. Er stellt die sichtbare Personifikation des pervertierten menschlichen Seelenteils dar, des freien Willens, der sich zum Guten oder Bösen entscheiden kann, doch diese Freiheit bisher nur zur Ausübung des Lasterhaften benutzt hat. Nun ermahnt ihn Contemplation nach seiner Umkehr:

> ... Frewyll, ever to Vertue applye;
> Also to Sadnes gyve ye attendaunce,
> Let hym never out of remembraunce. (V. 878ff.)
>
> But loke that thou be stedfaste,
> And let thy mynde with good wyll laste. (V. 887f.)

I m a g i n a t i o n   ist in seiner Funktion gleichsam als

---

[58] Diese Form der Rede bei Tugendfiguren war bisher ebenfalls unbekannt. Die Vertreter des guten Prinzips - wenn sie überhaupt zu mehreren auftraten - fanden sich nie zu einem Dialog zusammen. Auch hier kann von einem echten Dialog noch nicht die Rede sein, wie Fehsenfeld schon feststellte (215, 142f.): es wird lediglich das "Dreigespräch aufgelöst in eine Reihe von Zweigesprächen; die Reden von Contemplacyon und Perseveraunce könnte man zu einer Rolle zusammenstellen".

Duplikat Free Wills zu bezeichnen. Allerdings erscheint seine Rolle als Satiriker und allegorische Figur besser synchronisiert. In einem "realistischen" Erlebnisbericht zum Beispiel erzählt Imagination, wie ihn eine Kurtisane um sein Geld brachte. Nun braucht er neues und malt sich aus, auf welche Weise er dazu gelangen könnte:

>And yet I can imagen thynges sotyll,
>For to get monaye plenty.
>In Westminster Hall every terme I am;
>To me is kynne many a grete gentyll-man;
>I am knowen in every countre.
>
>And I were deed, the lawyers thryfte were lost,
>For this wyll I do yf men wolde do cost:
>Prove ryght wronge, and all by reason,
>And make men lese bothe hous and londe;
>For all that they can do in a lytell season.
>
>Peche men of treason prevyly I can,
>And, whan me lyst, to hange a trewe man.
>If they wyll me monaye tell,
>Theves I can helpe out of pryson;
>And into lordes favours I can get me soone,
>And be of theyr prevy counseyll.   (V. 215ff.)

Einerseits enthüllt die Rede Imagination als Personifikation des Namensinhaltes; andererseits wird durch den spezifischen Inhalt der Pläne und Vorstellungen, der sich auf die Korruption des zeitgenössischen Gerichtswesens und die Methode von Rechtsanwälten etc. bezieht, gleichzeitig eine scharfe Attakke gegen diese Institutionen gelandet. Personencharakterisierung und Satire sind also synchronisiert.

Ebenso wie diese Erzählung erfüllt auch der anschließende Dialog zwischen Free Will und Imagination zwei Funktionen: zum einen wird Imaginations Lasterhaftigkeit unterstrichen, zum anderen sollen nun außerdem noch <u>komische</u> - keine satirischen - Effekte erzielt werden. Besonders der in den Dialog eingefügte Bericht von der Überlistung eines "bayly" gibt davon Zeugnis:

Imagination schildert, wie er ein Pferd gestohlen hatte; er wurde aber überrascht, entschuldigte sich und gab das Pferd zurück:

> And whan he was gone, than was I fayne
> For, and I had not scused me the better,
> I knowe well I sholde have daunsed in a fetter. (V.285ff.)

Damit hat die Erzählung ihren Abschluß gefunden. Nun aber fragt Free Will noch:

> And sayd he no more to the but so? (V. 288)

Worauf Imagination hinzufügt:

> Yes, he pretended me moche harme to do;
> But I tolde hym that mornynge was a grete myste,
> That what horse hyt was I ne wyste;
> Also I sayd that in my heed I had the megryne
> That made me dasell so in myne eyen
> That I myght not well se:
> And thus he departed shortely frome me. (V.289ff.)

Wäre es dem Dramatiker nur um die Darstellung der Lasterhaftigkeit Imaginations zu tun, dann hätte der erste Teil des Berichts genügt. Jedoch geht seine Zeichnung über die vom Moralitätenschema gesetzte Notwendigkeit hinaus, da sie Imagination auch noch als Komiker darstellt. Er erweitert die Erzählung, damit die Gestalt ihren Witz und ihre "Geistesgegenwärtigkeit" zur Schau tragen kann.

Wie "free will" hat auch der Begriff "imagination" nicht a priori eine negative Konnotation. Er kann zunächst einmal bedeuten: "The action of imagining, or forming a mental concept of what is not actually present to the senses"[59]. Dann aber beinhaltete er früher auch sowiel wie 'Ränkeschmieden': "scheming or devising; advice, scheme, plot."[60] Auch diese Bedeutung scheint der Dramatiker in "imagination" zu implizieren; das läßt zumindest jene Episode vermuten, als Pity von den drei Kumpanen in Fesseln gebunden wird. Der Kopf des Unternehmens ist dabei Imagination, der - in einem Aside - den Gaunerkollegen seinen methodischen Vorschlag macht:

> I wyll go to hym, pyke a quarell,
> And make hym a thefe and saye he dyde stele
> Of myne forty pounde in a bagge. (V.475ff.)

Auch der Schluß der Moralität deutet darauf hin, daß "imagina-

---

[59] SOED unter imagination.   [60] Ebd.

tion" diese negative Konnotation haben soll, denn die gleichnamige Gestalt erhält nach der Bekehrung - durch Free Will! - einen neuen Namen, der das Gegenteil des alten ausdrücken soll: "Good Remembraunce" (V. 1005).

Was in The Castle of Perseverance erst ganz sporadisch zu entdecken war, sich in Wisdom noch allein im mittleren Teil, aber in weitaus nachhaltigerer Weise, darbot, die Satire der zeitgenössischen Wirklichkeit, wird hier in Hickscorner zum obersten formgebenden Prinzip der gesamten Darstellung. Damit hat sich aber nur die Thematik der Didaktik gewandelt; die dramatischen Personen bleiben im Wesentlichen Funktionsfiguren, wenn auch weniger der allgemeinen christlichen Lehre, als vielmehr der Kritik an zeitgenössischen Sitten.

8. "Magnificence"

Eine erneute Analyse der dramatischen Personen in Skeltons Moralität scheint kaum frische Erkenntnisse bringen zu können, da sie wie keine andere dieser Zeit gründlich untersucht worden ist[61]. Mit Magnificence stehen wir am Anfang einer neuen Epoche des englischen Dramas, in der heimische Tradition und antikes Bildungsgut dem Schauspiel Form und Gehalt geben. Von jetzt an bestimmt "die fortwährende Berührung von höfisch-humanistischen und volkstümlichen Theaterimpulsen die eigentliche Entwicklung des vorshakespeareschen Theaters"[62].

---

[61] Hier die umfangreicheren Darstellungen in chronologischer Reihenfolge (die Seitenzahlen beziehen sich hauptsächlich auf die Meinungen zur Identität der Hauptgestalt): Hooper (73, 427), Ramsay (103, cxviff.), Gordon (59, 136ff.), Ribner (314, 24), Margeson (278, 46), Heiserman (232, 112, 125), Harris (230, 9, 73), Habicht (226, 24, 111), Bevington (Politics, 171, 55ff.), Schlauch (328, 128).

[62] Weimann (363, 167).

ZUSAMMENFASSUNG - AUFGABEN DER FORSCHUNG

Die Analyse und Interpretation von The Pride of Life ergab, daß alle auftretenden dramatischen Personen Funktionsfiguren sind, deren Sprechen und Handeln sich an ihrer jeweils zu erfüllenden Aufgabe bemißt; nicht die Eigengesetzlichkeit des "Charakters" motiviert das Handeln der Gestalt und gibt den Impuls für das dramatische Geschehen, sondern das zugrunde liegende allegorisch-moralitätenhafte Schema. Die Namensbezeichnungen erfaßten entweder gar nicht oder nur zum Teil die verschiedenen Funktionen der einzelnen Figuren. Aus diesem Darstellungsprinzip folgerte ich: Erstens, keine in einer Moralität erscheinende dramatische Person darf a priori auf die Identität festgelegt werden, die der Name ausdrückt. Zweitens, die dramatische Person wird dann einen Schritt zur Erlangung einer realeren Identität getan haben, wenn ihr Handeln nicht länger vom übergeordneten Schema, sondern vom eigenen Wesen her motiviert ist. Das methodische Prinzip mußte demnach lauten: Die Bestimmung der Identität einer jeden moralitätenhaften dramatischen Person muß eine Analyse aller in Reden und Handlungen sich darstellenden direkten und indirekten Charakterisierungen zugrunde legen.

Soll versucht werden, den dramatischen Personen der Moralität gerecht zu werden und sie nicht länger generell als "walking abstractions"[1] abzutun, und soll versucht werden zu erkennen, daß dieses Element der Moralität in der Form seiner Darstellung einem Wandel unterworfen ist, der es in die Nähe elisabethanischer Dramatik bringt, dann - so hat sich gezeigt - erweist sich die Beachtung dieser Methode als fruchtbar. Weil wir so vorgingen, konnten die Stellen aufgedeckt werden, an denen die Funktionsfiguren des allegorisch-moralitätenhaften Spiels einen Schritt in Richtung eines echten Charakters getan hatten, mit anderen Worten, wo eine mit einem allegorischen oder nicht-alle-

---

[1] Kinghorn (265, 117f.).

gorischen Namen bezeichnete Person Ansätze zu realen Wesenszügen zeigte und sich aus ihrer bloßen Gebundenheit am Schema der Moralität zu lösen vermochte, indem sie aus eigenen Motiven, ihrem nicht-allegorischen Wesen gemäß agierte und Handlung verursachte. Wer aber von jeder dramatischen Person der untersuchten Moralitäten aufgrund ihrer Namensbezeichnung die Identität bereits zu kennen meinte, dem freilich mußten die Keime des Wandels und ihr Wuchs verborgen bleiben.

Der Nuncius in The Pride of Life stellt das erste Musterbeispiel für die Notwendigkeit dar, nach der hier benannten Methode vorzugehen: Als dramatische Person spielt er nicht nur die Rolle einer allegorischen Personifikation des Begriffs "mirth" und übt nicht allein eine technische Funktion zur Erstellung des Schemas aus, sondern erfüllt auch eine davon unabhängige, dramaturgische Aufgabe und läßt darüber hinaus auch nicht-allegorische Wesenszüge, nämlich die eines Parasiten, erkennen.

Der Bote erweist sich somit als eine ausgezeichnete Erfindung zur Lösung der mannigfaltigsten Darstellungsprobleme und - letztlich - zur Erfüllung jenes Auftrags, der einem jeden dramatischen Schauspiel zugrunde liegt: zu lehren und zu erfreuen[2]. In The Pride of Life müssen Handlungsphasen verknüpft werden; das besorgt der Bote. Es muß zwischen den Spielern vermittelt werden, die auf erhöhten Plätzen im Theaterrund sitzen; dazu dient der Bote. Es soll die Lehre der Moralität "nahegebracht" werden; das erledigt - auch - der Bote, indem er in publikumsnaher Position die Zuschauer direkt anspricht und ins Spiel hineinzieht. Es muß die im Prolog versprochene Freude vermittelt werden; und das vermag der Gesang des Boten. Es braucht deswegen nicht der Einfluß des lateinischen Dramas zu sein, wenn noch 250 Jahre später Shakespeare nicht auf den Boten verzichtet, "as the medium through which characters and events are brought dramatically into conjunction"[3]. Shakespeare zeichnet diese

---

[2] "To teach and delight" (Sidney, 562, 8) war für den mittelalterlichen Dichter ebenfalls das Ziel seiner Kunst; die Moralitäten spiegeln diese Absicht schon in der Eröffnungsrede. Vgl. bereits V. 13f. in The Pride of Life.

[3] Scrimgeour (440, 48).

Figuren zwar oft nur als neutrale, nicht-typisierte oder individuierte dramatische Personen, die lediglich die Aufgabe des Berichterstattens wahrnehmen müssen[4], und er meistert jene Probleme, die der Nuncius von The Pride of Life ebenfalls zu lösen hat, in unterschiedlicher Form. Gelegentlich hingegen, wenn ihm das Erscheinen eines Messenger in eine bestimmte Situation nicht hineinpaßt, erteilt er einer am dramatischen Geschehen unmittelbar beteiligten Person die zusätzliche Funktion eines Boten. Denken wir an Gertrude in Hamlet, die bei ihrem Bericht über den Tod Ophelias (IV, vii) neutral zu nennen ist, da in keiner Weise ihr eigener Charakter gespiegelt wird[5]. Daß wir bei Königin Gertrude differenzieren müssen, geben wir zu, denn sie ist beides: ein individueller Charakter und ein neutraler Bote. Ganz ähnlich muß aber ebenfalls bereits beim Nuncius in The Pride of Life darauf hingewiesen werden, daß er neben seiner Funktion als allegorische Personifikation "mirth" auch die technische Aufgabe eines Boten wahrnimmt und zudem parasitische Wesenszüge erkennen läßt. Ob also die Königin in Hamlet oder Regina in The Pride of Life, ein shakespearescher Messenger oder ein mittelalterlicher Nuncius in der vollen Identität erfaßt werden soll, erst die genaue Analyse aller direkten und indirekten Hinweise auf die dramatische Person - hier wie dort - enthüllt das wirkliche Bild.

An Hand dieser Methode wurde dann (Kap. II) jene Gestalt untersucht, die in The Castle of Perseverance die vom Nuncius vorgezeichnete Rolle übernimmt. Dabei konnte in erhöhtem Maße die

---

[4] Hiermit ist nicht behauptet, daß der Botenbericht, der in den mannigfaltigsten Formen und von den verschiedensten Personen gegeben werden kann (vgl. Clemen, 388), neutral ist; unsere obige Feststellung bezieht sich ausschließlich auf die mit "messenger" bezeichnete Rolle.

[5] Bethell prägt für diese Technik den Ausdruck depersonalisation (379, 91), die seiner Meinung nach "purely a matter of convenience and economy" sei. Als ein Kritiker, der "Shakespeare and the popular dramatic tradition" untersucht, sollte Bethell vielleicht auch darauf hinweisen, daß diese so praktische Technik aus den Moralitäten stammt.

Gültigkeit des methodischen Prinzips gezeigt werden. Detraccio stellt nicht nur die Personifikation der wörtlich zu nehmenden Bedeutung seines in der Personenliste auftauchenden lateinischen Namens dar, sondern seine im Monolog vorgenommene Selbstvorstellung mit dem nicht-allegorischen Namen "Backbiter" wird in Form und Inhalt der Darstellung realisiert: Indem er sich in seinem dritten Auftritt in dynamischen Reden - Botenberichten - als verleumderischer Intrigant - Sykophant - charakterisiert, der eine vom Moralitätenschema unabhängige komische Episode verursacht, hat er einen wesentlichen Schritt in Richtung eines echten dramatischen Charakters getan. Darüber hinaus beschäftigt der Dramatiker Detraccio-Backbiter in allen drei Auftritten als rein technische Figur: Beim ersten Erscheinen wird er zur Überbrückung eines Spielintervalls eingesetzt; die zweite "Handlung" Detraccios verknüpft zwei vorgeschriebene Teile des Schemas - die lasterhafte und die nachfolgende Sündenphase der Hauptgestalt; der letzte Auftritt verbindet durch die Botenberichte die doppelte, The Castle of Perseverance kennzeichnende, allegorisch-moralitätenhafte Sequenz.

Der zweite Teil dieses Kapitels sah den episodischen Intriganten Backbiter als ein Glied jener Reihe von dramatischen Personen, die zu Shakespeares Iago führt. Um diese Kette zu vervollständigen, wurde die Gestalt Envy aus Henry Medwalls Nature II hinzugefügt. Gleichzeitig wurde damit ein Repräsentant der mittleren Stufe auf der Leiter zum "realistischen" Charakter vorgestellt, denn Envy ist nicht mehr Backbiter, aber noch nicht Iago. Er hat sich wohl - ungleich seinem Vorgänger - vollständig aus seiner Gebundenheit am Moralitätenschema gelöst, aber - im Gegensatz zu seinem Nachfolger - nimmt sein Handeln, das der Eigengesetzlichkeit seines Wesens entspringt, noch keinen Einfluß auf das dramatische Geschehen.

Bei der Analyse der Reden Detraccio-Backbiters erkannten wir ein weiteres bedeutsames Gestaltungsprinzip, das in der ersten Moralität The Pride of Life so gut wie nie die Form der Darstellung beherrschte: Backbiter (und jede andere dramatische Person in The Castle of Perseverance) wendet sich immer wieder in direkter Anrede dem Publikum zu, nicht nur um sich vorzustellen, sondern auch, um die Handlung zu erklären oder durch eine Erzählung vorwegzunehmen und dem homiletisch-didaktischen Auftrag in dieser Weise Folge zu leisten oder um Pläne und Methoden zur Versuchung der Hauptgestalt darzulegen. Ein Abbau dieser Form der Reden, so wurde gefolgert, müßte einen wesentlichen Beitrag zu einer Entwicklung in Richtung einer "realistischeren" Darstellungsform - für Sprecher und Rede - leisten. Den Beweis für diese Behauptung erbrachte Kapitel III, indem am Beispiel der Versuchung und des Versuchers der Wandel des Darstellungsprinzips verfolgt wurde.

Der Verzicht auf direkte Erklärungs- und Verdeutlichungsreden und der Abbau der allegorischen Gestaltungsweise vollzog sich in diesen Stufen: In The Castle of Perseverance wandten sich noch Tugenden, Laster und die Versucherfigur vor, während und nach der Versuchung an den Helden und den Zuschauer. Wisdom läßt nur das Laster sich vor und nach seiner "Handlung" direkt ans Publikum wenden, und die Repräsentanten der Menschheitsfigur erhalten allein von der Tugend vor dem Ereignis eine Warnung. Mankind verzichtet auf eine Aufklärung vor und nach der Versuchung und hält den Zuschauer während des Vorgangs auf dem laufenden. Nature I zeigt wohl einen vom Versucher an das Publikum gerichteten Monolog; als interpolierte Satire ohne essentielle Funktion im Moralitätenschema entfällt er jedoch für unsere Betrachtung. In der für den Geschehensablauf notwendigen Szene erfolgt dann nicht länger eine direkte Hinwendung zum Zuschauer, und der Held bleibt ebenfalls ohne Vorwarnung. Ähnlich gestaltet auch Mundus et Infans, allerdings wird die Menschheitsfigur von der Tugend vorher auf die Gefahren hingewiesen. Magnificence schließlich verzichtet vollständig auf eine direkte Information des Zuschauers und der Hauptgestalt vor der Intrige; erst nach den Verwicklungen wird - wie im shakespeareschen Drama - das Vorangegangene genauestens erklärt.

In den Formen der Rede und der dramatischen Technik spiegelt sich gleichfalls die Bewegung zu einer wirklichkeitsnäheren Gestaltung: Schon die zwei Versuchungsszenen in The Castle of

Perseverance zeigen sich hierin unterschiedlich. Während
beim ersten Mal der Held noch als passiver Beobachter der um
ihn streitenden Personifikationen dargestellt wird, konfrontiert die zweite Versuchung ihn direkt mit seinem Versucher,
so daß er selber eine Entscheidung treffen muß und damit aktiv
sein eigenes Schicksal mitgestalten kann. Diese Szene wird im
Dialog dargeboten, wobei das ausschlaggebende Argument zur
Wende des Helden nicht länger theologisch ist, sondern dem
alltäglichen Erfahrungsbereich des Zuschauers entstammt. Auch
Wisdom dialogisiert die Verführung ohne Unterbrechung durch
homiletisch-didaktische Anreden des Zuschauers. Eine bedeutsame Veränderung liegt darin, daß das Motiv der Versuchung
im Wesen des Versuchers als Neider zu finden ist; das vorgeschriebene Schema der Moralität bestimmt nicht länger allein
den Handlungsverlauf. Aus dem Informationsmonolog Luzifers vor
seiner Versuchung wird in _Mankind_, eine Stufe weiter, die Erklärung mit Hilfe von _Asides_, die allerdings nie ins Homiletische verfallen. Fortschrittlich ist auch das nicht-moralitätenhafte Rachemotiv, das den Impuls zur Versuchung gibt. Sehen wir
dann in _Nature I_ von dem interpolierten, satirischen Monolog
Prides ab, dann bietet sich die "Aufklärung" des Zuschauers über
die Pläne des Versuchers nur indirekt, in echt dramatischer Form,
in einem Dialog, der, aus der Perspektive des Helden gesehen,
ein beiseitegesprochener Dialog ist, denn Man befindet sich zu
diesem Augenblick auf der Bühne. Erwähnt werden sollte hierbei
auch, daß über die Methoden des Versuchens nur noch vage Andeutungen gemacht werden. Wie der Intrigant vorgeht, zeigt dann die
Szene selber, die einer Bewerbung für eine Dienststellung gleichkommt. Bedeutsam ist dabei, daß Medwall bereits versucht, mit
sprachlichen Mitteln das Wesen des Intriganten zu zeichnen. Als
Kontrast zu diesen mannigfaltigen Forschritten folgt die Gestaltung in _Mundus et Infans_, die wohl eine dialogisierte Versuchung
anstrebt, doch in ihrer technisch stereotypen und "unwahrscheinlichen" Form in kaum einem Vergleich zu _Nature_ und noch weniger
zu _Magnificence_ steht. Skelton bedient sich in seinem Drama
eines nicht-allegorischen Mittels, des Briefes, um die Intrige
in Gang zu setzen. Damit stehen wir im Bereich "realistischer"
Technik, die durch den echten Dialog der entscheidenden Szene

unterstrichen wird. Die weitere Forschung könnte sich nun zur Aufgabe stellen, mit der hier gewonnenen und an Beispielen demonstrierten Methode andere Moralitäten zu untersuchen. Das mag in Form von gründlichen Einzeluntersuchungen bestimmter Dramen geschehen, wie in Kapitel I vorgeführt; es kann auch eine Schlüsselfigur, wie in Kapitel II, gewählt und ihre Darstellung in einer Reihe von Moralitäten verfolgt werden. Kapitel IV dieser Arbeit sollte dafür Anregung bieten, indem es verschiedene Probleme dieser Art anschnitt. So wurde unter anderem auf den Wandel hingewiesen, den die Mittelpunktsfigur von <u>The Castle of Perseverance</u> über <u>Mankind</u> bis zu <u>Nature</u> in ihrer zunehmend realeren Identität spiegelte. Dieser Linie wäre weiter nachzugehen, um schließlich den tragischen oder komischen Helden zu finden. In engstem Zusammenhang mit der Entwicklung der Menschheitsfigur steht die der dramatischen Personen des guten Prinzips. Es wurden in Kapitel IV bereits die Unterschiede aufgezeigt, die zwischen der Mono-Personifikation Misericordia in <u>The Castle of Perseverance</u> und der Poly-Personifikation Mercy in <u>Mankind</u> bestehen. Es wäre fruchtbar darzustellen, wie aus solchen echt moralitätenhaften Ermahnungs- und Bekehrungsfiguren dramatische Personen werden, die sich von ihrer konventionellen Funktion, Gnade walten zu lassen, distanzieren, um in Anpassung an die Wirklichkeit das Böse zu bestrafen und vielleicht das Gute zu belohnen, mit anderen Worten, ein Gerechtigkeitsprinzip in die Moralität hineinzutragen.

Eine weitere Möglichkeit, der Lösung des Problems "Realismus der Moralitäten" näherzukommen, läge in der Analyse der Darstellungsform anderer Schlüsselsituationen, als die der in Kapitel III exemplarisch vorgeführten Versuchungsszene. Auch da deutet Kapitel IV einen Weg an, indem es zum Beispiel darstellte, wie in <u>Nature I</u> die aus früheren Dramen bekannte allegorische Gestaltung der Sündenphase durch einen realistischen Botenbericht ersetzt und in der Umkehrphase auf den moralitätenhaften Lehr- und Predigtteil verzichtet wird, um die Wende des Helden als einen Vorgang ohne Intervention der guten Figuren, aus eigenem Entschluß, zu gestalten. <u>Nature II</u> geht in der Darstellung des verblendeten Helden sogar noch einen Schritt weiter, indem hier in echt dramatischer Form durch das Handeln der Charakter enthüllt wird. Endlich zeigte sich der Durchbruch des "Realistischen" auch in Medwalls Verzicht auf eine Inszenierung des konventionellen, allegorischen Kampfes der antagonistischen, moralitätenhaften Gegenpole. Statt dessen kehrt der Dramatiker jenes Darstellungsprinzip, das die Figuren nur als Funktionen des Moralitätenschemas in Erscheinung treten läßt, ins Gegenteil und zeichnet echte dramatische Typen, die gemäß der Eigengesetzlichkeit ihres realen Wesens handeln und sich aus der Gebundenheit an die allegorisch-moralitätenhafte Sequenz gelöst haben.

LITERATURVERZEICHNIS

Die jüngsten umfassenderen bibliographischen Hinweise zum frühen englischen Drama scheinen die G. K. Hunters zu sein, Herausgeber von F. P. Wilsons The English Drama, 1485-1585 (OHEL, IV, 1, Oxford, 1969). Hier finden sich auch Spezialbibliographien; die einzige dieser Art für das mittelalterliche Schauspiel ist C. J. Stratmans A Bibliography of Medieval Drama (New York, 1954), die meine eigene Untersuchung vornehmlich heranzog.

Mein Literaturverzeichnis ergänzt einige Darstellungen zu Stratman und fügt dann eine Bibliographie von 1954 an hinzu, wobei das Hauptgewicht auf den Moralitäten, besonders des von mir behandelten Zeitraums, liegt. Das Literaturverzeichnis stellt deswegen keinen Anspruch auf Vollständigkeit, kann aber dem am Thema Interessierten die bibliographische Arbeit erleichtern, zumal eine Aufteilung der Literatur nach den zwei Zeiträumen vorgenommen wurde und auch die weiteren mir behilflichen Darstellungen getrennt davon, in groben Zügen gegliedert, aufgeführt sind.

Nigel Alexander (University of Glasgow) danke ich für den wertvollen Hinweis auf Research Opportunities in Renaissance Drama (ed. S. Schoenbaum, Evanston, Illinois, jährlich), die ein "Medieval Supplement" enthält und über "Current Projects" informiert.

Eine sehr nützliche, ebenfalls bei Hunter unerwähnte Bibliographie bietet auch Robert Weimann, Shakespeare und die Tradition des Volkstheaters (Berlin, 1967).

Gliederung

I.	Texte	1 - 18
II.	Literatur (bis 1953) zu den Moralitäten und sonstigen Schauspielen	19 - 150
III.	Literatur (ab 1954) zu den Moralitäten und sonstigen Schauspielen	151 - 372
IV.	Shakespeare, elisabethanisches Drama	373 - 450
V.	Allegorie	451 - 475
VI.	Historischer, kultur- und geistesgeschichtlicher Hintergrund	476 - 503
VII.	Theorie des Dramas, Theatergeschichte	504 - 527
VIII.	Dichtungslehre, Literaturtheorie und -kritik	528 - 567
IX.	Verschiedenes	568 - 634

I. Texte

1. Adams, J. Q. (ed.) Chief Pre-Shakespearean Dramas. A Selection of Plays illustrating the history of the English Drama from its origin down to Shakespeare. Cambr., Mass., 1924.

2. Block, K. S. (ed.) Ludus Coventriae or The Plaie called Corpus Christi. EETS, ES, 120. London, repr. 1960.

3. Brandl, A. (ed.) Quellen des Weltlichen Dramas in England vor Shakespeare. Ein Ergänzungsband zu Dodley's Old English Plays. Straßburg, 1898.

4. Cawley, A. C. (ed.) Everyman and Mediaval Miracle Plays. (Everyman) London, repr. 1967.

5. Davis, N. (ed.) Non-Cycle Plays And Fragments. EETS, Suppl. No. 1. London, 1970.

6. Eccles, M. (ed.) The Macro Plays. The Castle of Perseverance, Wisdom, Mankind. EETS, 262. London, 1969.

7. Farmer, J. S. (ed.) Early English Dramatists. 12 Bde. EETS, London, repr. 1966.

8. Furnivall, F.J. u. Pollard, A.W. (ed). The Macro Plays. EETS, ES, 91. London, 1904.

9. Greg, W. W. (ed.) Respublica, an interlude for Christmas 1553 by Nicholas Udall. EETS, 226. London, 1952.

10. Holthausen, F. (ed.) "The Pride of Life". Archiv, NS 8 (1902), 32-59.

11. Magnus, L. A. (ed.) Respublica. EETS, ES, 94. London, 1905.

12. Manly, J. M. (ed.) <u>Specimens of The Pre-Shaksperean Drama.</u> Bd. 1-2. New York, republ. 1967.

13. Pollard, A. W. (ed.) <u>The Towneley Plays.</u> EETS, ES, 71. London, 1897.

14. Purvis, J. S. (ed.) <u>The York Cycle of Mystery Plays.</u> A Complete Version. London, repr. 1962.

15. Ramsay, R. L. (ed.) <u>Magnyfycence.</u> EETS, ES, 98. London, repr. 1958.

16. Rose, M. (ed.) <u>The Wakefield Mystery Plays.</u> London, 1961.

17. Smith, L. T. (ed.) <u>York Plays.</u> Oxford, 1885.

18. Waterhouse, O. (ed.) <u>The Non-Cycle Mystery Plays together with the Croxton Play of The Sacrament and The Pride of Life.</u> EETS, ES, 104. London, 1909.

II. Literatur (bis 1953) zu den Moralitäten und sonstigen Schauspielen

19. Adams, H. H. <u>English Domestic or, Homiletic Tragedy, 1575 to 1642.</u> (CUSECL 159). New York, 1943.

20. Allen, Ph. S. "The Mediaeval Mimus. I". <u>MP,</u> 7 (1910), 329-344.

21. -------------. "The Mediaeval Mimus. II". <u>MP,</u> 8 (1910-11), 1-44.

22. Allison, T. E. "The Paternoster Play and the Origin of the Vices". <u>PMLA,</u> 39 (1924), 789-804.

23. Archer, W. <u>The Old Drama and the New, an Essay in Revaluation.</u> London, 1923.

24. Armstrong, W. A. "The Background and Sources of Preston's Cambises". <u>ES,</u> 31 (1950), 129-139.

25. Baesecke, A. <u>Das Schauspiel der englischen Komödianten in Deutschland.</u> Halle, 1935.

26. Baskervill, Ch. R. English Elements in Jonson's Early Comedy. (BUT 178). Austin, Texas, 1911.

27. Barnicle, M. E. "The Exemplum of the Penitent Usurer". PMLA, 33 (1918), 409-428.

28. Berdan, J. M. Studies in Tudor Literature. Early Tudor Poetry 1485-1547. New York, 1920.

29. Borcherdt, H. H. Das europäische Theater im Mittelalter und in der Renaissance. Leipzig, 1933.

30. Bradner, L. "Stages and Stage Scenery in Court Drama before 1558". RES, 1 (1925), 447-448.

31. Brandl, A. "Einleitung" zu Quellen des Weltlichen Dramas in England vor Shakespeare. Straßburg, 1898.

32. Brooke, Ch. F. T. Tudor Drama. A History of English National Drama to the Retirement of Shakespeare. Boston, 1911.

33. Brown, A. "Two Notes on John Redford". MLR, 43 (1948), 508-510.

34. Brown, C. "The Pride of Life and the Twelve Abuses". Archiv, 128 (1912), 72-78.

35. Campbell, L. B. Scenes and Machines on the English Stage During the Renaissance. A Classical Revival. Cambridge, 1923.

36. Chambers, E. K. The English Folk-Play. Oxford, 1933.

37. Child, H. "Revivals of English Dramatic Works, 1901-1918, 1926". RES, 3 (1927), 169-185.

38. Coit, D. "The Poetic Element in the Medieval Drama". AM, 56 (1885), 407-415.

39. Collins, F. "The Relation of Tudor Halls to Elizabethan Public Theatres". PQ, 10 (1931), 313-316.

40. Coogan, Sister M. Ph. An Interpretation of the Moral Play, "Mankind". Washington, D.C., 1947.

41. Collier, J. P.   The History of English Dramatic Poetry to the Time of Shakespeare: and Annals of the Stage to the Restoration. 3 Bde. London, 1879.

42. Cotgrave, J.   The English Treasure of Wit and Language: Collected out of the most and best of our English Dramatick Poems. London, 1655.

43. Craig, H.   "Morality Plays and Elizabethan Drama". SQ, 1 (1950), 64-72.

44. Craik, T. W.   "The political interpretation of two Tudor interludes: Temperance and Humility and Wealth and Health." RES, 4 (1953), 98-108.

45. Creizenach, W.   The Early Religious Drama. Miracle-Plays and Moralities. (CHEL, V.) Cambridge, 1910.

46. Cushman, L. W.   The Devil and the Vice in the English Dramatic Literature before Shakespeare. Halle, 1900.

47. Detlefsen, H.   Die Namengebung in den Dramen der Vorgänger Shakespeares. Kiel, Phil. Diss., 1914.

48. Eckhardt, E.   Die lustige Person im älteren englischen Drama (bis 1642). (Palaestra 8). Berlin, 1902.

49. -----------.   "Die metrische Unterscheidung von Ernst und Komik in den englischen Moralitäten". ESn, 62 (1927/28), 152-169.

50. Eichhorn, T.   "Prosa und Vers im vorshakespeareschen Drama". ShJb, 84/86 (1950), 140-198.

51. Eliason, N. E.   "I take my cap in my lappe...". PQ, 14 (1935), 271-274.

52. Feuillerat, A.   "An Unknown Protestant Morality Play". MLR, 9 (1914), 94-96.

53. Flood, W. H.   "Early Tudor Drama". <u>RES,</u> 3 (1927), 445-446.

54. Gardiner, H. C.   <u>Mysteries' End. An Investigation of the Last Days of the Medieval Religious Stage.</u> New Haven, 1946.

55. Gayley, Ch. M.   <u>Plays of Our Forefathers and Some of the Traditions upon which They Were Founded.</u> Bd. 1. New York, 1903.

56. -------------. (ed.)   <u>Representative English Comedies with introductory Essays and Notes an historical view of our earlier comedy and other monographs by various writers.</u> From the Beginnings to Shakespeare. Bd. 1. New York, 1903.

57. -------------.   <u>Representative English Comedies with introductory Essays and Notes and A Comparative View of the Fellows and Followers of Shakespeare.</u> The Later Contemporaries of Shakespeare, Ben Jonson and Others. Bd. 2. New York, 1913.

58. Gilford, Ch, B.   "A Critical Survey of the Morality Play". <u>SM,</u> 20 (1953), 177-178.

59. Gordon, I. A.   <u>John Skelton. Poet Laureate.</u> London, 1943.

60. Graf, H.   <u>Der Miles Gloriosus im englischen Drama bis zur Zeit des Bürgerkrieges.</u> Rostock, Phil. Diss., 1892.

61. Grages, R.   "An Incomplete Complete Skelton". <u>Adelphi,</u> 3 (1931), 146-158.

62. Griffin, W. J.   "Notes on Early Tudor Control of the Stage". <u>MLN,</u> 58 (1943), 50-54.

63. Grosch, W.   <u>Bote und Botenbericht im englischen Drama bis Shakespeare.</u> Gießen, Phil. Diss., 1910, gedr. Mainz, 1911.

64. Gwynn, A.   "End of Medieval Drama in England"
                     Studies (Dublin), 36 (1947), 283-295.

65. Haller, J.   Die Technik des Dialogs im mittelalterli-
                     chen Drama Englands. Gießen, Phil. Diss.,
                     1916, gedr. Worms, 1916.

66. Hammerle, K.   "The Castle of Perseverance and Pearl".
                     Anglia, 60, NF 48 (1936), 401-402.

67. Hawkins, Th.   The Origin of the English Drama. Oxford,
                     1773.

68. Hazlitt, W. C.   The English Drama and Stage under the
                     Tudor and Stuart Princes, 1543-1664.
                     London, 1869.

69. Hewitt, D.   "The very Pompes of the Divell: Popular
                     and Folk Elements in Elizabethan and Jaco-
                     bean Drama". RES, 25 (1949), 10-23.

70. Hirte, H.   Die Entwicklung des Prologs und Epilogs
                     im früh-neuenglischen Drama. Gießen, Phil.
                     Diss., 1928.

71. Holthausen, F.   "Der König des Lebens. Metrische Über-
                     setzung." Probleme, Heidelberg, 1925.

72. --------------. (ed.) Vices and Virtues, being A Soul's Con-
                     fession of its Sins, with Reason's De-
                     scription of the Virtues . A Middle-Eng-
                     lish Dialogue of about 1200 A. D. EETS,
                     89. London, 1888.

73. Hooper, E. S.   "Skelton's 'Magnyfycence' And Cardinal
                     Wolsey". MLN, 16 (1901), 426-429.

74. Hubbard, F. G.   "Repetition and Parallelism in The Earlier
                     Elizabethan Drama". PMLA, 20 (1905),
                     360-379.

75. Joseph, B. L.   Elizabethan Acting. London, 1951.

76. Keiller, M. M.   "Influence of 'Piers Plowman' on the
                     Macro Play of 'Mankind'". PMLA, 24 (1911),
                     339-355.

77. Kreider, P. V.   *Elizabethan Comic Character Conventions As Revealed in The Comedies of George Chapman.* Univ. of Michigan Press, 1935.

78. Lauf, E.   *Die Bühnenanweisungen in den englischen Moralitäten und Interludien bis 1570.* Münster, Phil. Diss., 1932.

79. Leach, A. F.   "Some English Plays and Players. 1220-1548". *An English Miscellany Presented to Dr. Furnivall.* Oxford, 1901.

80. Lott, B.   *Der Monolog im englischen Drama vor Shakespeare.* Greifswald, Phil. Diss., 1909.

81. Marshall, M. H.   "The Dramatic Tradition Established by the Liturgical Plays". *PMLA,* 56 (1941), 962-991.

82. Matthews, B.   "Medieval Drama". *MP,* 1 (1903), 71-94.

83. Mills, L. J.   *One Soul in Bodies Twain; Friendship in Tudor Literature and Stuart Drama.* Bloomington, Indiana, 1937.

84. Molloy, J. J.   *A Theological Interpretation of the Moral Play, Wisdom, Who Is Christ.* Washington, D. C., 1952.

85. Monaghan, J.   "Falstaff and His Forebears". *SP,* 18 (1921), 353-361.

86. Moore, E. H.   *English Miracle Plays and Moralities.* London, 1907.

87. Moore, J. R.   "Ancestors of Autolycus in the English Moralities and Interludes". *WUS,* 9 (1922), 157-164.

88. Moorman, F. W.   "The Pre-Shakespearean Ghost". *MLR,* 1 (1906), 85-95.

89. Murray, J. T.   *English Dramatic Companies, 1558-1642.* 2 Bde. London, 1910.

90. MacCracken, H. N. "A Source of Mundus et Infans". PMLA, 23 (1908), 486-496.

91. MacCusker, H. C. John Bale, Dramatist and antiquary. Bryn Mawr, Pennsylvania, 1942.

92. Macdonald, J. F. "The Use of Prose in English Drama before Shakespeare". UTQ, 2 (1933), 465-481.

93. Mackenzie, W. R. "The Debate over the Soul in 'The Pride of Life'". WUS, 9 (1922), 263-274.

94. Mackenzie, W. R. "New Source for Mankind". PMLA, 27 (1912), 98-105.

95. ----------------. "Source for Medwall's Nature". PMLA, 24 (1914), 189-199.

96. ----------------. The English Moralities from the Point of View of Allegory. (HSE, II.). London 1914.

97. ----------------. "The Origin of the English Morality". WUS, 4 (1915), 141-164.

98. Nelson, W. John Skelton. Laureate. New York, 1939.

99. Nicoll, A. British Drama. London, 1925.

100. ----------. Masks, Mimes, and Miracles. Studies in the Popular Theatre. London, 1931.

101. Oelrich, W. Die Personennamen im mittelalterlichen Drama Englands. Kiel, Phil. Diss., 1911.

102. Ott, H. Personengestaltung im geistlichen Drama des Mittelalters. Bonn, Phil. Diss.,1939.

103. Ramsay, R. L. "Introduction" zu Magnyfycence, A Moral Play by John Skelton. EETS, ES, 98. London, repr. 1958.

104. Reed, A. W. Beginnings of English Secular and Romantic Drama. New York, 1922.

105. ----------. Early Tudor Drama. London, 1926.

106. Reed, E. B. (ed.) Songs from the British Drama. Yale, 1925.

107. Ristine, F. H. — English Tragi-Comedy: Its Origin and History. New York, 1910.

108. Roberts, M. — "A Note on the Sources of the English Morality Play". SMDEUW, 18 (1923), 100-117.

109. Russell, H. K. — "Tudor and Stuart Dramatizations of the Doctrines of Natural and Moral Philosophy". SP, 31 (1934), 1-27.

110. Salinger, L. G. — "The Revenger's Tragedy and the Morality Tradition". Scrutiny, 6 (1937-38), 402-424.

111. Schelling, F. E. — Elizabethan Playwrights: A Short History of the English Drama from Medieval Times to the Closing of the Theatres in 1642. New York, 1925.

112. ---------------. English Literature during the Lifetime of Shakespeare. London, 1910.

113. ---------------. English Drama. London, 1914.

114. ---------------. The English Chronicle Play; A Study in the Popular Historical Literature Environing Shakespeare. New York, 1902.

115. Smart, W. K. — "Mankind and the Mumming Plays". MLN, 32 (1917), 21-25.

116. -----------. "Some Notes on 'Mankind'". MP, 14 (1916), 45-58.

117. Smith, G. G. — The Transition Period. Edinburgh, 1900.

118. Spaar, O. — Prolog und Epilog im mittelalterlichen englischen Drama. Gießen, Phil. Diss., 1913.

119. Spencer, Th. — Death and Elizabethan Tragedy. A Study of Convention and Opinion in The Elizabethan Drama. Harvard, 1936.

120. Sultan, St. "The Audience-Participation Episode in Johan Johan". JEGP, 52 (1953), 491-497.

121. Swallow, A. "John Skelton: The Structure of the Poem". PQ, 32, (1953), 29-42.

122. Davies, H. S. Realism in the Drama. New York, 1933.

123. Symonds, J. A. Shakspere's Predecessors in the English Drama. London, 1884.

124. Taylor, J. R. Story of the Drama: Beginnings to the Commonwealth. Boston, 1930.

125. Tergau, D. Die sozialen Typen im Drama des englischen Mittelalters. Göttingen, Phil. Diss., 1932.

126. Thompson, E. N. S. "The English Moral Plays". Transactions, 14 (1910), 293-403.

127. Tiddy, R. J. E. The Mummers' Play. Oxford, 1923.

128. Tomlinson, W. E. Der Herodescharakter im englischen Drama. (Palaestra 195). Leipzig, 1934.

129. Towne, R. "Roister Doister's Assault on the Castle of Perseverance". RSSCW, 18 (1951), 175-180.

130. Vandiver, F. P. "The Elizabethan Dramatic Parasite". SP, 32 (1935), 411-419.

131. Verney, Lady F. P. "Miracle Plays, Mysteries, and Moralities". CR, 25 (1875), 595-609.

132. Vriend, J. The Blessed Virgin Mary in the Medieval Drama of England. Purmerend, 1928.

133. Waith, E. M. "Controversia in the English Drama: Medwall and Massinger". PMLA, 68 (1953), 286-303.

134. Waterhouse, O. "Introduction" zu The Non-Cycle Mystery Plays together with the Croxton Play of The Sacrament and The Pride of Life. EETS, ES, 104. London, 1909.

135. Whiting, B. J.   Proverbs in the Earlier English Drama.
                      With Illustrations From Contemporary
                      French Plays.(HSCL 14). Cambridge, Mass.,
                      1938.

136. Wieland, G.   Lustspielelemente im me. Drama (bis 1500).
                      Ein beitrag zur kenntnis des me. dramas.
                      Kiel, Phil. Diss., 1913.

137. Winslow, O. E.   Low Comedy as a Structural Element in
                      English Drama. From the Beginnings to
                      1643. Chicago, 1926.

138. Withington, R.   "The Ancestry of the 'Vice'". Speculum,
                      7 (1932), 525-529.

139. --------------. "Braggart, Devil, and 'Vice'. A Note on
                      the Development of Comic Figures in the
                      Early English Drama". Speculum, 11 (1936),
                      124-129.

140. --------------. "The Castle of Perseverance, line 695".
                      PQ, 14 (1935), 270.

141. --------------. Excursions in English Drama. New York,
                      1937.

142. --------------. "'Vice' and 'Parasite'. A Note on the
                      Evolution of the Elizabethan Villain".
                      PMLA, 49 (1934), 743-751.

143. Wood, F. T.   "Comic Elements in English Mystery Plays."
                      Neo, 25 (1940), 39-48, 194-206.

144. Wright, L. B.   "Animal Actors on the English Stage before
                      1642". PMLA, 52 (1927), 656-669.

145. --------------. "Juggling Tricks and Conjury on the Eng-
                      lish Stage before 1642". MP, 24 (1926/27),
                      269-284.

146. --------------. "Social Aspects of Some Belated Moralities".
                      Anglia, 54, NF 42 (1930), 107-148.

147. Wright, L. B.   "Variety-Show Clownery on the Pre-Restoration Stage". Anglia, 52, NF 40 (1928), 51-68.

148. Wynne, A.   The Growth of English Drama. Oxford, 1914.

149. Zandvoort, R. W. "The Messenger in the Early English Drama". ES, 3 (1921), 100-107.

150. Zühlsdorff, H.   Die Technik des komischen Zwischenspiels der frühen Tudorzeit. Berlin, Phil. Diss., 1935.

III. Literatur (ab 1954) zu den Moralitäten und sonstigen Schauspielen

151. Adams, B. B.   "Doubling in Bale's King Johan". SP, 52 (1965), 111-120.

152. -----------.   "John Bale's King Johan, Edited with an Introduction and Notes". DA, 25 (1965), 4696.

153. Adolf, H.   "From Everyman and Elckerlijc to Hofmannsthal and Kafka". CL, 9 (1957), 204-214.

154. Aggeler, G. D.   "The Ethical Problems of Revenge in English Renaissance Tragedy". DA, 27 (1967), 3830.

155. Allen, J. S.   "Changes in the Structure and Characterization of the English Moral Play after 1516". DA, 14 (1954), 1404.

156. Altieri, J. S.   "The Ironic Structure of the Towneley Flagellacio". Dram S, 7 (1969), 104-112.

157. Anderson, M. D. Drama and Imagery in English Medieval Churches. Cambridge, 1963.

158. Anglo, S.   "An Early Tudor Programme for Plays and other Demonstrations Against the Pope". JWCI, 20 (1957), 176-179.

159. Armstrong, W. A. "The Authorship and Political Meaning of Cambises". ES, 36 (1955), 289-299.

160. ----------------. "The Sources of 'Damon and Pithias'". N&Q, NS, 3 (1956), 146-147.

161. ----------------. "Damon and Pithias and Renaissance Theories of Tragedy". ES, 39 (1958), 200-207.

162. Arnott, P. D. "The Origins of Medieval Theatre in the Round". TN, 15 (1961), 84-87.

163. Baker, D. C. "The Date of Mankind". PQ, 42 (1963), 90-91.

164. Baugh, A. C. "A Fifteenth Century Dramatic Performance at the Inns of Court". TSL, 11 (1966), 71-74.

165. Bennett, J. "The 'Castle of Perseverance': Redactions, Place, and Date". MedS, 24 (1962), 141-152.

166. Bergeron, D. M. "Allegory in English Pageantry 1558-1625". DA, 25 (1964), 2485-86.

167. ----------------. "Symbolic Landscape in English Civic Pageantry". RenQ, 22 (1969), 32-37.

168. Bernard, J. E. The Prosody of the Tudor Interlude. (YSE 90). New Haven, 1939.

169. Bevington, D. M. From Mankind to Marlowe. Growth of Structure in the Popular Drama of Tudor England. Cambridge, Mass., 1962.

170. ----------------. "Political Satire in the Morality Wisdom Who Is Christ". RenP,(1963), 41-51.

171. ----------------. Tudor Drama and Politics: A Critical Approach to Topical Meaning. Cambridge, Mass., 1968.

172. Blackburn, R. H. "Tudor Biblical Drama". DA, 17 (1957), 1746-47.

173. Blatt, T. B.   The Plays of John Bale. Kopenhagen, 1968.

174. Borchardt, D. A.   "The Dramatic Nature of the English Morality Play". DA, 21 (1961), 3553.

175. Boughner, D. C.   The Braggart in Renaissance Comedy. A Study in Comparative Drama from Aristophanes to Shakespeare. Minneapolis, 1954.

176. ---------------.   "Vice, Braggart, and Falstaff". Anglia, 72 (1954), 35-61.

177. ---------------.   "Italian and English Comedy". RenD, 7 (1964), Suppl. 6-8.

178. Bradbrook, M. C.   The Growth and Structure of Elizabethan Comedy. London, 1955.

179. ---------------.   English Dramatic Form. A History of Its Development. London, 1965.

180. Bradner, L.   "The Rise of Secular Drama in the Renaissance". SRen, 3 (1956), 7-22.

181. Braun, M.   "Das Drama vor Shakespeare und seine Beziehungen zum Publikum." ShJb, 1958, 191-199.

182. ---------.   Symbolismus und Illusionismus im englischen Drama vor 1620. Eine Untersuchung illusionsfördernder und illusionszerstörender Tendenzen, vor allem in den frühen Historien, unter besonderer Berücksichtigung des Monologs und des Aside. München, Phil. Diss., 1962.

183. Brie, F.   "Skelton-Studien". ESn, 37 (1907), 1-86.

184. Brownstein, O. L.   "Revision in the 'Deluge' of the Chester Cycle". SM, 36 (1969), 55-65.

185. Buntrock, D.   Die Entwicklung des englischen Lustspieldialogs vor 1640. Hamburg, Phil. Diss., 1962.

186. Cameron, K. M.   "The Lincoln Plays at Grantham". RORD, 10 (1967), 141-151.

187. Campbell, L. B. *Divine Poetry and Drama in Sixteenth Century England.* Berkeley, 1959.

188. Chambers, E. K. *The Mediaeval Stage.* 2 Bde. London, repr. 1967.

189. ---------------. *English Literature At The Close of The Middle Ages.* Oxford, ^{2}1954.

190. Chew, S. C. *The Pilgrimage of Life.* New Haven, 1962.

191. Chickera, E. B. "Horestes' Revenge - Another Interpretation". *N&Q,* NS, 6 (1959), 190.

192. Conley, J. "The Doctrine of Friendship in *Everyman*". *Speculum,* 44 (1969), 374-382.

193. Cope, J. I. "The Rediscovery of Anti-Form in Renaissance Drama". *CD,* 1 (1967), 155-157.

194. Cormican, L. A. "Morality Tradition and the Interludes". Siehe Ford, Boris (219).

195. Craig, H. *English Religious Drama of the Middle Ages.* Oxford, 1955.

196. --------. "The Origin of the History Play". *ArlQ,* 1 (1968), 5-11.

197. Craik, T. W. "Some Notes on Thomas Lupton's *All For Money*". *N&Q,* NS, 1 (1954), 233-235.

198. -------------. *The Tudor Interlude.* Stage, Costume, and Acting. Leicester, 1958.

199. Culp, J. W. "The Judgment Denouement of English Renaissance Comedy from 1553 to 1625". *DA,* 17 (1957), 621.

200. Curry, J. V. *Deception in Elizabethan Comedy.* Chicago, 1955.

201. Davidson, C. "An Interpretation of the Wakefield *Judicium*". *AnM,* 10 (1969), 104-119.

202. Davis, N. "Introduction" zu *Non-Cycle Plays And Fragment.* EETS, Suppl. No 1, London, 1970.

203. Dessen, A. C.   "The 'Estates' Morality Play". SP, 62 (1965), 121-136.

204. Dickens, L. G.   "The Story of Appius and Virginia in English Literature". DA, 24 (1963), 2011-12.

205. Diller, H.-J.   "The Craftsmanship of the 'Wakefield Master'". Anglia, 83 (1965), 271-288.

206. Doran, M.   Endeavors of Art: a Study of Form in the Elizabethan Drama. Madison, Wisconsin, 1954.

207. Duncan, R. L.   "Protestant Themes and Theses in the Drama of John Bale". DA, 25 (1964), 2957.

208. Dunn, E. C.   "The Literary Style of the Towneley Plays". ABR, 20 (1969), 481-504.

209. Eccles, M.   "Introduction" zu The Macro Plays. EETS, 262. London, 1969.

210. Edgerton, W. L. "Nicholas Udall in the Indexes of Prohibited Books". JEGP, 55 (1956), 247-252.

211. Ekeblad, I.-St. "Storm Imagery in 'Appius and Virginia'". N&Q, NS, 3 (1956), 5-7.

212. Elliot, J. R.   "The Sacrifice of Isaac as Comedy and Tragedy". SP, 66 (1969), 36-59.

213. Farnham, W.   The Medieval Heritage of Elizabethan Tragedy. Oxford, repr. with corr. 1956.

214. Fehse, K. D.   Der Reim und seine Funktion im englischen Drama vor 1600. Ein Beitrag zur Geschichte des elisabethanischen Dramenverses. Saarbrücken, Phil. Diss., 1968, gedr. 1970.

215. Fehsenfeld, E.   Der Dialog in den englischen Moralitäten bis zur Mitte des 16. Jahrhunderts. Göttingen, Phil. Diss., 1956.

216. Feldman, S. D.   "The Morality-Patterned Comedy of the Renaissance". DA, 26 (1966), 3950-51.

217. Findlay, R. R.　"Confrontation in Waiting: Godot and the Wakefield Play". Renascence, 21 (1969), 195-202.

218. Finn, Sister D. M.　"Love and Marriage in Renaissance Literature". DA, 15 (1955), 2188-89.

219. Ford, B. (ed.)　The Age of Chaucer. A Guide to English Literature. Bd. 1. London, rev. 1961.

220. Fraser, R.　"Elizabethan Drama and the Art of Abstraction". CD, 2 (1968), 73-82.

221. Gay, A. C.　"The 'Stage' and the Staging of the N-Town Plays". RORD, 10 (1967), 135-140.

222. Goldsmith, R. H.　"The Wild Man on the English Stage". MLR, 53 (1958), 481-491.

223. Gousseff, J. W.　"The Staging of Prologues in Tudor and Stuart Plays". DA, 23 (1963), 3548.

224. Gruner, H.　Studien zum Dialog im vorshakespearischen [sic] Drama. München, Phil. Diss., 1955.

225. Habicht, W.　"The Wit-Interludes and the Form of Pre-Shakesperean 'Romantic Comedy'". RenD, 8 (1965), 73-88.

226. ----------.　Studien zur Dramenform vor Shakespeare: Moralität, Interlude, romaneskes Drama. Heidelberg, 1968.

227. Hanning, R. W.　"Uses of Names in Medieval Literature". Names, 16 (1968), 325-338.

228. Happé, P.　"Tragic Themes in Three Tudor Moralities". SEL, 5 (1965), 207-227.

229. --------.　"The Vice and the Folk-Drama". Folklore, 75 (1964), 161-193.

230. Harris, W. O.　"The Thematic Importance of Skelton's Allusion to Horace in Magnyfycence". SEL, 3 (1963), 9-18.

231. Harris, W. O.   Skelton's 'Magnyfycence' and the Cardinal
                        Virtue Tradition. Chapel Hill, 1965.
232. Heiserman, A. R.   Skelton and Satire. Chicago, 1961.
233. Henderson, A.   "Family of Mercutio". DA, 14 (1954),
                        1395-96.
234. Hengstebeck, I.   "The Pride of Life, Vers 444". NeuM, 72
                        (1971), 739-741.
235. ---------------.   "Wer träumt in The Pride of Life"?
                        Archiv, 208 (1971), 120-122.
236. Henn, T. R.   The Harvest of Tragedy. London, ²1966.
237. Henry, A. K.   "The Castle of Perseverance: The Stage
                        Direction at Line 1767". N&Q, NS, 12
                        (1965), 448.
238. Herrick, M. Th.   Tragicomedy. Its Origin and Development
                        in Italy, France, and England. (ISLL 39).
                        Urbana, Illinois, 1955.
239. Hieatt, A. K.   "Medieval Symbolism and the Dramatic
                        Imagery of the English Renaissance". DA,
                        15 (1955), 817.
240. Hoffmann, G.   Das Gebet im ernsten englischen Drama von
                        der älteren Moralität bis William Shake-
                        speare. Göttingen, Phil. Diss., 1957.
241. -----------.   "Wandlungen des Gebets im elisabethanischen
                        Drama". ShJb, 1966, 173-210.
242. Holzknecht, K. J. Outlines of Tudor and Stuart Plays.
                        1497-1642. London, 1963.
243. Hone, W.   Ancient Mysteries. London, 1970.
244. Hoskins, F. B.   "Misalliance: A Significant Theme in
                        Tudor and Renaissance Drama". RenP,
                        (1955), 72-81.
245. Hosley, R.   "The Origins of the So-Called Elizabethan
                        Multiple Stage". TDR, 12 (1968), 28-50.

246. Howard, D. R.   The Three Temptations: Medieval Man in Search of the World. Princeton, N.J., 1966.

247. Howard, I.   "The Folk Origins of The Land of Cokaygne". HAB, 18 (1967), 72-79.

248. Hurrell, J. D.   "The Figural Approach to Medieval Drama". CE, 26 (1965), 598-604.

249. Hussey, S. S.   "How many Herods in the Middle English Drama"? Neo, 48 (1964), 252-259.

250. Huston, J. D.   "Some Stains of Soldier: Six Braggart Warriors and their Functions". DA, 27 (1967), 2498-99.

251. Iwasaki, S.   "The Changing Ideas of Time and the Timeless in English Morality Plays". SELit, 46 (1969), 1-17.

252. Johnson, R. C.   "Antedatings from 'Cambises'". N&Q, NS, 15 (1968), 246.

253. ---------------.   "Press Variants in 'Cambises'". N&Q, NS, 15 (1968), 246f.

254. ---------------.   "The Third Quarto of 'Cambises'". N&Q, NS, 15 (1968), 247.

255. ---------------.   "Thomas Preston's Cambises: A Critical Edition". DA, 25 (1965), 4688.

256. Johnson, W. H.   "The Double Desertion of Everyman". N&Q, 6 (1968), 85-87.

257. Joseph, B. L.   "Character and Plot: Towards Standards of Criticism for Elizabethan Drama, II". DramS, 3 (1964), 541-544. (Part I in DramS, 1).

258. Janicka, I.   The Comic Element in the English Mystery Plays Against the Cultural Background (particularly Art). Poznau, 1962.

259. Kahrl, St. J.   "Medieval Drama in Louth". RORD, 10 (1967), 129-133.

260. Kaplan, J. H. u. Shand, G.   "The Poculi Ludique Societas: Medieval Drama at the University of Toronto". RORD, 11 (1968), 141-160.

261. Keller, J. R.   "The Topoi of Virtue and Vice: A Study of Some Features of Social Complaint in the Middle Ages". DA, 19 (1958), 319-320.

262. Ker, W. P.   Medieval English Literature. London, 1969.

263. Kernodle, G. R.   "Seven Medieval Theatres in One Social Structure". TR, 2 (1960), 26-36.

264. Kesler, Ch. R.   "The Importance of the Comic Tradition of English Drama in the Interpretation of Marlowe's Doctor Faustus". DA, 15 (1955), 1387-88.

265. Kinghorn, A. M.   Mediaeval Drama. London, 1968.

266. Kinsman, R. S.   "Skelton's Magnyfycence: The Strategy of the 'Olde Sayde Sawe'". SP, 63 (1966), 99-125.

267. Kleinstück, J.   "Die mittelalterliche Tragödie in England". Euphorion, 50 (1956), 177-195.

268. Kolve, V. A.   The Play Called Corpus Christi. London, 1966.

269. Kossman, H.   "Felawship His Fer: A Note on Everyman's False Friend". ES, 45 (1964), Suppl. 157-160.

270. Kramer, J. E.   "Damon and Pithias: An Apology for Art". ELH, 35 (1968), 475-490.

271. Leiter, L. H.   "Typology, Paradigm, Metaphor, and Image in the York Creation of Adam and Eve". DramS, 7 (1969), 113-132.

272. Lewis, L. E.   "The Play of Mary Magdalene". DA, 23 (1963), 4685-86.

273. Littlefield, R. L. "Knowledge, Opinion, and Tragedy: A Survey from Mythic Origins to Elizabethan Tragedy". DA, 26 (1966), 5414.

274. Lynch, W. F. "Theology and the Imagination: the Problem of Comedy". Thought, 30 (1955), 18-36.

275. Malin, St. D. "Character Origins in the English Folk Play". DA, 30 (1969), 637-638.

276. Marcus, F. "Comedy or Farce"? LM, 6 (1967), 73-77.

277. Mares, F. H. "The Origin of the Figure Called 'the Vice' in Tudor Drama". HLQ, 22 (1958), 11-29.

278. Margeson, J. M. R. The Origins of English Tragedy. London, 1967.

279. Martin, J. A. "The Secularization of the English Morality Play". DA, 24 (1964), 3326.

280. Mauch, Th. K. "The Role of the Proverb in Early Tudor Literature". DA, 24 (1963), 1162-63.

281. Mehl, D. Die Pantomime im Drama der Shakespearezeit. Ein Beitrag zur Geschichte der Dumb Show. Heidelberg, 1964.

282. Meredith, P. "'Nolo Mortem' and the Ludus Coventriae Play of the Woman Taken in Adultery". MAe, 38 (1969), 38-54.

283. Meyers, W. E. "A Study of the Middle English Wakefield Cycle Plays". DA, 29 (1968), 234.

284. Mill, A. J. "The Original Version of Lindsay's Satyre of the Thrie Estaitis". SSL, 6 (1969), 67-75.

285. Moeslein, M. E. "A Critical Edition of the Plays of Henry Medwall". DA, 29 (1969), 2270.

286. Moore, J. B. The Comic and the Realistic in English Drama. New York, reiss. 1965.

287. Munson, W. F. "Typology and the Towneley Isaac". RORD, 11 (1968), 129-139.

288. MacAlindon, T. "Comedy and Terror in Middle English Literature: The Diabolical Game". MLR, 60 (1965), 323-332.

289. ---------------. "The Emergence of a Comic Type in Middle-English Narrative: The Devil and Giant as Buffon". Anglia, 81 (1963), 365-371.

290. MacClure, H. D. "Eschatological Themes in English Medieval Drama". ESRS, 14 (1965), 14-28, 38-39.

291. MacCollom, W. G. "From Dissonance to Harmony: The Evolution of Early English Comedy". TA, 21 (1964), 69-96.

292. MacCutchan, J. W. "Justice and Equity in the English Morality Play". JHI, 19 (1958), 405-410.

293. MacDermott, J. J. "Mary Magdalene in English Literature from 1500-1650". DA, 25 (1965), 6260-61.

294. MacHugh, K. "The New Heroes of Renaissance Historical Drama on Religious Themes". DA, 27 (1966), 750.

295. MacLaine, A. H. "Christis Kirk on the Grene and Sir David Lindsay's Satyre of the Thrie Estaits". JEGP, 56 (1957), 596-601.

296. MacQueen, J. "Ane Satyre of the thrie Estaitis". SSL, 3 (1966), 129-143.

297. Nathanson, L. "Variants in Robert Wilson's The Three Lords". Library, 13 (1958), 57-59.

298. Nelson, A. H. "Early Pictorial Analogues of Medieval Theatre-in-the-Round". RORD, 12 (1969), 93-106.

299. Ness, V. M. "Some Aspects of Renaissance English Tragedy". DA, 29 (1968), 235.

300. Nicoll, A.   English Drama: A Modern Viewpoint. London, 1968.

301. Owst, G. R.   Literature and Pulpit in Medieval England. Oxford, ²1961.

302. Pafford, J. H.   "Two Notes on Bale's 'King John'". MLR, 56 (1961), 553-555.

303. Pauley, H. W.   "A Study of the Early Tudor Comedies". DA, 26 (1966), 5441-42.

304. Phillips, J. E.   "A Revaluation of Horestes (1567)". HLQ, 18 (1955), 227-244.

305. Phillips, N.   John Skelton and the Tradition of English Realism. Unveröffentl. Phil. Diss. Yale, 1957.

306. ------------.   "Observations on the Derivative Method of Skelton's Realism". JEGP, 65 (1966), 19-35.

307. Pineas, R.   "The English Morality Play as a Weapon of Religious Controversy". SEL, 2 (1962), 157-180.

308. Prater, N. B.   "The Origins of English Tragicomedy and Its Development before Shakespeare". DA, 28 (1968), 414.

309. Prosser, E.   Drama and Religion in the English Mystery Plays. Stanford, 1961.

310. Rabkin, N.   "The Double Plot: Notes on the History of a Convention". RenD, 7 (1964), 55-69.

311. Reed, R. R.   The Occult on the Tudor and Stuart Stage. Boston, 1965.

312. Reichert, G.   Die Entwicklung und die Funktion der Nebenhandlung in der Tragödie vor Shakespeare. Mainz, Phil. Diss., 1965.

313. Ribner, I.   The English History Play in the Age of Shakespeare. London, rev. 1965.

314. Ribner, I.   "Morality Roots of the Tudor History Play". TSE, 4 (1954), 21-44.

315. ----------.   "The Tudor History Play: an Essay in Definition". PMLA, 69 (1954), 591-609.

316. ----------. (ed.) Tudor and Stuart Drama. New York, 1966.

317. Robinson, J. W.   "The Art of the York Realist". MP, 60 (1963), 241-251.

318. Ross, L. J.   "Art and the Study of Early English Drama". RenD, 6 (1963), 35-46.

319. Rossiter, A. P.   English Drama From Early Times To The Elizabethans. Its Background, Origins and Developments. London, ⁴1966.

320. Roston, M.   Biblical Drama in England: From the Middle Ages to the Present Day. London, 1968.

321. Rowland, B.   "'Bone-Ache' in Skelton's Magnyfycence". N&Q, NS, 11 (1964), 211.

322. Ryan, L. V.   "Doctrine and Dramatic Structure in Everyman". Speculum, 32 (1957), 722-735.

323. Sabol, A. J.   "A Three-Man Song in Fulwell's Like Will To Like at the Folger". RN, 10 (1957), 139-142.

324. Salter, F. M.   Mediaeval Drama in Chester. Toronto, 1955.

325. Schell, E. T.   "Youth and Hyckescorner: which Came First?" PQ, 45 (1966), 468-474.

326. -------------.   "The Pilgrimage of Life: The Imitation of an Action in Renaissance Drama". DA, 27 (1966), 1039-40.

327. -------------.   "On The Imitation of Life's Pilgrimage in The Castle of Perseverance". JEGP, 67 (1968), 235-248.

328. Schlauch, N. "John Skelton, Satirist and Court Poet (As Seen in the Light of Recent Studies)". KN, 16 (1969), 125-135.

329. Schmidt, A. J. "Thomas Wilson, Tudor Scholar-Statesman". HLQ, 20 (1957), 205-218.

330. Schmitt, N. C. "Was There a Medieval Theatre in the Round? A Re-examination of the Evidence (Part I)". TN, 23 (1969), 130-142.

331. Schoeck, R. J. "Heywood's Case of Love: A Legal Reading of John Heywood's The Play Of Love". SN, 39 (1967), 284-301.

332. Scrimgeour, J. "The 'Ougly Shape': Despair in Early English Drama". MSE, 1 (1968), 75-87.

333. Sehrt, E. Th. Der dramatische Auftakt in der elisabethanischen Tragödie. Interpretationen zum englischen Drama der Shakespearezeit. Göttingen, 1960.

334. Shutcher, J. D. "Man Redeemable, the Mankind Character in the English Morality Plays: A Study in Theatre and Theology". DA, 29 (1969), 3156.

335. Sibly, J. "The Duty of Revenge in Tudor and Stuart Drama". REL, 8 (1967), 46-54.

336. Southern, R. The Medieval Theatre in the Round. London, 1957.

337. ------------. "The Contribution of the Interludes To Elizabethan Staging". Essays on Shakespeare and Elizabethan Drama, ed. R. Hosley. Columbia, 1962. 3-14.

338. Spivack, B. Shakespeare and the Allegory of Evil. The History of a metaphor in Relation to his major villains. New York, 1958.

339. Spivack, Ch. K.   "The Comedy of Evil". Cresset, 27 (1963), 8-15.

340. Staniforth, G. E.   "The Description of Character in English Drama, 1475-1575". DA, 27 (1966), 3851-52.

341. Starr, G. A.   "Notes on Respublica". N&Q, NS, 8 (1961), 290-292.

342. Stemmler, Th.   "Entstehung und Wesen der englischen Fronleichnamszyklen". Chaucer und seine Zeit: Symposion für Walter F. Schirmer, ed. A. Esch. Tübingen, 1968. 393-405.

343. Stevens, J.   "Music in Mediaeval Drama". PRMA, 84 (1958), 81-95.

344. Stevens, M.   "The Staging of the Wakefield Plays". RORD, 11 (1968), 115-128.

345. Swart, J.   "John Skelton's 'Philip Sparrow'". ES, 45 (1964), Suppl. 161-164.

346. Taylor, W. E.   "The Villainess in Elizabethan Drama". DA, 17 (1957), 1756-57.

347. Thomas, H.   "Jacob and Esau - 'rigidly Calvinistic'?". SEL, 9 (1969), 199-213.

348. ----------.   "The Meaning of the Character Knowledge in Everyman". MissQ, 14 (1961), 3-13.

349. ----------.   "Some Analogues of Everyman". MissQ, 16 (1963), 97-103.

350. Tobin, T.   "The Beginnings of Drama in Scotland". TS, 8 (1967), 1-16.

351. Tompkins, K. D.   "The Wit-Plays: Variations on a Tudor Dramatic Theme". DA, 28 (1968), 365.

352. Van Laan, Th. F.   "Everyman: A Structural Analysis". PMLA, 78 (1963), 465-475.

353. Varma, R. S.   "Philosophical and Moral Ideas in *The Marriage of Wit and Science*". PQ, 44 (1965), 120-122.

354. Velz, J. W.   "Sovereignty in the Digby *Mary Magdalene*". CD, 2 (1968), 32-43.

355. ----------.   "Tradition and Originality in *Wyt and Science*". SP, 65 (1968), 631-646.

356. Waith, E. M.   "The Comic Mirror and the World of Glass". RORD, 9 (1966), 16-23.

357. Walsh, Sister M. M.   "The Judgment Plays of the English Cycles". ABR, 20 (1969), 378-394.

358. Watson, Th. L.   "The Detractor-Backbiter: Iago and the Tradition". TSLL, 5 (1963), 546-554.

359. Weimann, R.   "Shakespeare und das Volkstheater seiner Zeit". ShJb (Ost), 100/101 (1964-65), 72-134.

360. ----------.   "*Platea* und *locus* im Misterienspiel: Zu einem Grundprinzip vorshakespearescher Dramaturgie". Anglia, 84 (1966), 330-352.

361. ----------.   "Die furchtbare Komik des Herodes. Dramaturgie und Figurenaufbau des vorshakespeareschen Schurken". Archiv, NS, 73 (1967), 113-123.

362. ----------.   "Rede-Konventionen des Vice von *Mankind* bis *Hamlet*. Zu Herkunft, Dramaturgie und Struktur von 'madness' und 'impertinency'". ZAA, 15 (1967), 117-151.

363. ----------.   *Shakespeare und die Tradition des Volkstheaters.* Soziologie, Dramaturgie, Gestaltung. Berlin, 1967.

364. Wickham, G.   *Early English Stages 1300 to 1660.* Bd. 1-2. London, 1959, 1963.

365. Williams, A.   *The Drama of Medieval England.* Michigan State Univ. Press, 1961.

366. Williams, A. "The English Moral Play Before 1500". AnM, 4 (1963), 5-22.

367. Williams, M. E. "The Tudor Interlude 1495-1601: A Literary Historical Survey". DA, 28 (1968), 4652.

368. Williamson, W. "Notes on the Decline of Provincial Drama in England, 1530-1642". ETJ, 13 (1961), 280-288.

369. Willis, J. "Stage Directions in 'The Castell of Perseverance'". MLR, 51 (1956), 404-405.

370. Wilson, F. P. The English Drama, 1485-1585, ed. G. K. Hunter (OHEL, IV, 1). Oxford, 1969.

371. Wolff, E. "Proculas Traum: Der Yorker Misterienzyklus und die epische Tradition". Chaucer und seine Zeit: Symposion für Walter F. Schirmer, ed. A. Esch. Tübingen, 1968. 419-450.

372. ————————. "Die Terminologie des mittelalterlichen Dramas in bedeutungsgeschichtlicher Sicht". Anglia, 78 (1960), 1-27.

IV. Shakespeare, elisabethanisches Drama

373. Armstrong, W. A. "Shakespeare and the Medieval Stage". English, 15 (1964), 46-49.

374. Auden, W. H. "Shakespeares Welttheater". Merkur, 18 (1964), 301-310.

375. Baldwin, T. W. Shakspere's Five-Act Structure. Shakspere's Early Plays on the Background of Renaissance Theories of Five-Act Structure from 1470. Urbana, Illinois, 1947.

376. Barish, J. "The New Theater and the Old: Reversions and Rejuvenations". Reinterpretations of Elizabethan Drama. With Foreword, ed. N. Rabkin. New York, 1969. 1-31.

377. Bennett, H. S. "Shakespeare's Stage and Audience". Neo, 33 (1949), 40-51.

378. Berger, H. "Theater, Drama, and the Second World: A Prologue to Shakespeare". CD, 2 (1968), 3-20.

379. Bethell, S. L. Shakespeare and the popular dramatic tradition. London, 1944.

380. Boas, F. S. An Introduction to Tudor Drama. Oxford, 1933.

381. ----------. Shakespeare and His Predecessors. London, 1896.

382. Bradbrook, M. C. Themes and Conventions of Elizabethan Tragedy. Cambridge, 1935.

383. ----------------. The Rise of the Common Player. A Study of Actor and Society in Shakespeare's England. London, 1962.

384. ----------------. Elizabethan Stage Conditions: A Study of Their Place in the Interpretation of Shakespeare's Plays. London, 1968.

385. Busby, O. M. Studies in the Development of the Fool in the Elizabethan Drama. London, 1923.

386. Campbell, O. J. "Introduction" zu Wise Fools in Shakespeare, von R. H. Goldsmith. Liverpool, 1958.

387. Clemen, W. Shakespeares Bilder. Ihre Entwicklung und ihre Funktionen im dramatischen Werk. (BSEP 27). Bonn, 1936.

388. ----------. Wandlung des Botenberichts bei Shakespeare. (Sitzungsberichte 4). München, 1952.

389. Clemen, W. — Die Tragödie vor Shakespeare. Ihre Entwicklung im Spiegel der dramatischen Rede. Heidelberg, 1955.

390. Coe, Ch. N. — Demi-Devils. The Character of Shakespeare's Villains. New York, 1963.

391. ----------. — Shakespeare's Villains. New York, 1957.

392. Coleridge, S. T. — "Lectures" in Shakespeare Criticism. A Selection 1623-1840, ed. by D. Nichol Smith. London, repr. 1964.

393. Craig, H. — "Character and Event in Shakespeare". RenP, (1963), 31-39.

394. Dahl, L. — Nominal Style in the Shakespearean Soliloquy. With Reference to the Early English Drama, Shakespeare's Immediate Predecessors and His Contemporaries. (TYJ 112). Turku, 1969.

395. Draper, J. W. — "Flattery, A Shakespearean Tragic Theme". PQ, 17 (1938), 240-250.

396. Eckhardt, E. — Das englische Drama im Zeitalter der Reformation und der Hochrenaissance. Berlin, 1928.

397. Ehrl, Ch. — Sprachstil und Charakter bei Shakespeare. Heidelberg, 1957.

398. Ellis, R. — "The Fool in Shakespeare: A Study in Alienation". CritQ, 10 (1968), 245-268.

399. Erler, E. — Die Namengebung bei Shakespeare. Jena, Phil. Diss., 1913, gedr. Heidelberg, 1913.

400. Fermor, U. E. — The Frontiers of Drama. With an Introduction by Allardyce Nicoll and a Bibliography by Harold Brooks. London, ²1964.

401. Finkenstaedt, Th. — Die Verskunst des jungen Shakespeare. Richard III., Richard II., King John. München, Phil. Diss., 1955.

402. Fraser, R.   "Elizabethan Drama and the Art of Abstraction". CD, 2 (1968), 73-82.

403. Freeburg, V. O.   Disguise Plots in Elizabethan Drama: A Study in Stage Tradition. (CUSECL 51). New York, 1915.

404. Frye, N.   "Characterization in Shakespearean Comedy". SQ, 4 (1953), 271-277.

405. ---------.   Fools of Time: Studies in Shakespearean Tragedy. (Alexander Lects. 1966-67). Toronto, 1967.

406. Frye, D.   "Reading Shakespeare Backwards". SQ, 17 (1966), 19-24.

407. Gaedick, W.   Der weise Narr in der englischen Literatur von Erasmus bis Shakespeare. Berlin, Phil. Diss., 1928.

408. Goldsmith, R. H.   Wise Fools in Shakespeare. Liverpool, 1958.

409. Goldstein, L.   "On the Transition From Formal to Naturalistic Acting in the Elizabethan and Post-Elizabethan Theater". BNPL, 62 (1958), 330-349.

410. Gurr, A.   "Elizabethan Action". SP, 63 (1966), 144-156.

411. Harbage, A.   Shakespeare and the Rival Tradition. New York, 1952.

412. -----------.   As They Liked It: A Study of Shakespeare's Moral Artistry. New York, reiss. 1961.

413. -----------.   "Intrigue in Elizabethan Tragedy". Essays on Shakespeare and Elizabethan Drama in Honor of Hardin Craig, ed. R. Hosley. Columbia, 1962. 37-44.

414. Harris, M. D.   "Shakespeare and the Religious Drama". N&Q, 165 (1933), 254-255.

415. Hunter, R. G.   *Shakespeare and the Comedy of Forgiveness.* New York, 1965.

416. Hudson, H. N.   *Shakespeare; His Life, Art, and Character.* With an Historical Sketch of the Origin and Growth of the Drama in England. 2 Bde. Boston, 1886.

417. Kitto, H. D. F.   *Form and Meaning in Drama.* A Study of Six Greek Plays and of *Hamlet*. London, 1956.

418. ---------------. "Tragic Drama and Intellectualism". *EDH*, NS, 31 (1962), 95-113.

419. Knights, L. C.   *Some Shakesperean Themes.* London, 1959.

420. Lawlor, J.   *The Tragic sense in Shakespeare.* London, 1960.

421. Leavis, F. R.   "Diabolic Intellect And The Noble Hero: A Note on *Othello*". *Scrutiny,* 6 (1937), 259-283.

422. Lewis, W.   *The Lion and The Fox.* The rôle of the hero in the plays of Shakespeare. London, repr. 1966.

423. Lyons, C.   "Stage Imagery in Shakespeare's Plays". *Essays on Shakespeare and Elizabethan Drama in Honor of Hardin Craig,* ed. R. Hosley. Columbia, 1962. 261-274.

424. Matthews, H.   *Character and Symbol in Shakespeare's Plays.* A Study of certain Christian and Pre-Christian Elements in their Structure and Imagery. Cambridge, 1962.

425. Mehl, D.   "Versucher und Versuchte im Drama Shakespeares und einiger Zeitgenossen". *ShJb,* 1966, 146-172.

426. Michel-Michot, P. "Sir Walter Raleigh as a Source for the Character of Iago". *ES,* 50 (1969), 85-89.

427. Mullin, D. C. "An Observation on the Origin of the Elizabethan Theatre". ETJ, 19 (1967), 322-326.

428. MacCloskey, J. C. "The Plot Device of False Report". SAB, 21 (1946), 147-158.

429. Nagy, N. Ch. "Die Funktionen der Gerichtsszene bei Shakespeare und in der Tradition des älteren englischen Dramas". ShJb, 1967, 199-220.

430. Orgel, Sh. "Iago". AJ, 25 (1968), 258-273.

431. Plock, G. Über den Dialog in den Dramen Shakespeares und seiner Vorläufer. (Gießener Beiträge 2). Gießen, 1925.

432. Prosser, E. Hamlet And Revenge. London, 1967.

433. Ribner, I. Patterns in Shakespearean Tragedy. London, 1960.

434. Righter, A. Shakespeare and the idea of the play. London, 1962.

435. Rosenberg, M. "Elizabethan Actors: Men or Marionettes?" PMLA, 69 (1954), 915-927.

436. Schäfer, J. "Falstaff's Voice". N&Q, 16 (1969), 135-136.

437. Schöne, A. "Shakespeares weise Narren und ihre Vorfahren". JÄAK, 5 (1960), 202-245.

438. Schücking, L. L. Die Charakterprobleme bei Shakespeare. Leipzig, 1919.

439. Scragg, L. "Iago - Vice or Devil?" ShS, 21 (1968), 53-65.

440. Scrimgeour, G. J. "The Messenger as a Dramatic Device in Shakespeare". SQ, 19 (1968), 41-54.

441. Shakespeare, W. The Complete Works, ed. Peter Alexander. London, repr. 1964.

442. Shirley, J. W.   "Falstaff, An Elizabethan Glutton". PQ, 18 (1938), 271-283.

443. Smith, D. N. (ed.)   Shakespeare Criticism. A Selection 1623-1840. London, repr. 1964.

444. Sprague, A. C.   Shakespeare And The Audience. A Study in the Technique of Exposition. New York, reiss. 1966.

445. Stempel, D.   "The Silence of Iago". PMLA, 84 (1969), 252-263.

446. Thorne, W. B.   "The Influence of Folk-Drama upon Shakespearian Comedy". DA, 25 (1965), 6003f.

447. Walker, A. L.   "Convention in Shakespeare's Description of Emotion". PQ, 17 (1938), 26-66.

448. Wasson, J. M.   "The Elizabethan History Play: A Study of Its Types and Dramatic Techniques". DA, 20 (1959), 1358-59.

449. Wickham, G.   Shakespeare's Dramatic Heritage. Collected Studies in Mediaeval, Tudor and Shakespearean Drama. London, 1969.

450. Wright, L. B.   Shakespeare's Theatre and the Dramatic Tradition. Washington, 1958.

V. Allegorie

451. Beichner, P. E.   "The Allegorical Interpretation of Medieval Literature". PMLA, 82 (1967), 33-38.

452. Bloom, E. A.   "The allegorical principle". ELH, 18 (1951), 163-190.

453. Bloomfield, M. W. "Symbolism in Medieval Literature". MP, 56 (1958/59), 73-81.

454. Dundas, J.   "Allegory as a Form of Wit". SRen, 11 (1964), 223-233.

455. Dunlap, Rh. "The Allegorical Interpretation of Renaissance Literature". PMLA, 82 (1967), 39-43.

456. Fergusson, F. "Trope and Allegory: Some Themes Common to Dante and Shakespeare". DSARDS, 86 (1968), 113-126.

457. Fletcher, A. Allegory. The Theory of a Symbolic Mode. New York, 1964.

458. Frank, R. W. "The Art of Reading Medieval Personification-Allegory". ELH, 20 (1953), 237-250.

459. Hinks, R. Myth and Allegory in Ancient Art. London, 1939.

460. Honig, E. Dark Conceit. The Making of Allegory. New York, 1966.

461. Jackson, W. T. "Allegory and Allegorization". RS, 32 (1964), 161-175.

462. Katzenellenbogen, A. Allegories of the Virtues and Vices in Mediaeval Art. London, 1939.

463. Lewis, C. S. The Allegory of Love. A Study in Medieval Tradition. Oxford, 1936.

464. Murrin, M. The Veil of Allegory: Some Notes Toward a Theory of Allegorical Rhetoric in the English Renaissance. Chicago, 1969.

465. MacClennen, J. "On the Meaning and Function of Allegory in The English Renaissance". (UMCMP 6), Ann Arbor, Mich., 1947.

466. Newiger, H. J. Metapher und Allegorie. Studien zu Aristophanes. München, 1957.

467. Silverstein, Th. "Allegory and Literary Form". PMLA, 82 (1967), 28-32.

468. Skelton, R. The Poetic Pattern. Berkeley, 1956.

469. Topsell, E.   The History of Four Footed Beasts. London, 1607.

470. Tuve, R.   Allegorical Imagery: some mediaeval books and their posterity. Princeton, 1966.

471. Wheelwright, Ph. The Burning Fountain. A Study in the Language of Symbolism. Indiana, rev. ed. 1968.

472. ----------------. Metaphor and Reality. Indiana, 1962.

473. Wilson, Th.   The Art of Rhetorique, ed. S. H. Mair. Oxford, 1909.

474. ----------.   Art of English Poesie, ed. G. D. Willcock and A. Walker. Cambridge, 1936.

475. Wotton, Sir H. Elements of Architecture. London, 1903.

VI. Historischer, kultur- und geistesgeschichtlicher Hintergrund

476. Anderson, M. D. The Choir Stalls of Lincoln Minster. London, 1951.

477. ----------------. The Imagery of British Churches. London, 1955.

478. ----------------. Misericords. London, 1954.

479. Artz, F. B.   The Mind of the Middle Ages, A. D. 200-1500, a Historical Survey. New York, 1953.

480. Blench, J. W. Preaching in England in the late Fifteenth and Sixteenth Centuries. A Study of English Sermons 1450-c.1600. Oxford, 1964.

481. Burke, P.   "A Survey of the Popularity of Ancient Historians, 1450-1700". HT, 5 (1966), 135-152.

482. Coulton, G. G. Art and the Reformation. Cambridge, [2]1953.

483. Coulton, G. G.   Medieval Panorama. 2 Bde. Cambridge, 1938.
484. Craig, H.   The Enchanted Glass. The Elizabethan mind in Literature. New York, 1936.
485. Gilson, E.   Painting and Reality. London, 1958.
486. Hofgrefe, P.   The Sir Thomas More Circle. A Program of Ideas and Their Impact on Secular Drama. Urbana, Illinois, 1959.
487. Könneker, B.   Wesen und Wandlung der Narrenidee im Zeitalter des Humanismus. Brant - Murner - Erasmus. Wiesbaden, 1966.
488. Mazzeo, J. A.   "Universal Analogy and the Culture of the Renaissance". JHI, 15 (1954), 229-304.
489. Mohl, R.   The Three Estates in Medieval and Renaissance Literature. New York, 1933.
490. Murphy, C. M.   "The English Renaissance as an Age Conscious of Itself". DA, 26 (1965), 1025.
491. Newkirk, G. A.   "The Public and Private Ideal of the 16th Century Gentleman: A Representative Analysis". DA, 27 (1966), 1034.
492. Owst, G. R.   Preaching in Medieval England. Cambridge, 1926.
493. Pickering, F. P.   Literature and Art in the Middle Ages. London, 1970.
494. Pisk, G. M.   "Rogues and Vagabonds in Tudor England: A Study in Fact and Fiction". DA, 29 (1968), 576.
495. Poole, A. L. (ed.) Medieval England. 2 Bde. Oxford, 1958.
496. Rice, E. F.   The Renaissance Idea of Wisdom. Cambridge, Mass., 1958.
497. Ridley, J.   Writing Today on the Tudor Age. London, 1966.

498. Schirmer, W. F.   Der englische Frühhumanismus. Ein Beitrag zur englischen Literaturgeschichte des 15. Jahrhunderts. Tübingen, ²1963.

499. Schlauch, M.   English Medieval Literature And its Social Foundations. Warschau, 1956.

500. Simon, J.   Education and Society in Tudor England. Cambridge, 1966.

501. Stumpfl, R.   Kultspiele der Germanen als Ursprung des mittelalterlichen Dramas. Berlin, 1936.

502. Wellwarth, G. E.   "From Ritual to Drama: The Social Background of the Early English Theatre". JGE, 19 (1968), 297-328.

503. Williams, P.   Life in Tudor England. London, 1964.

VII. Theorie des Dramas, Theatergeschichte

504. Bentley, E.   The Life of Drama. London, 1965.

505. Clark, B. H.   European Theories of the Drama. New York, ²1964.

506. Courthope, W. J.   History of English Poetry. Bd. 2. London, 1897.

507. Hunningher, B.   The Origin of Theatre. Amsterdam, 1955.

508. Kernodle, G. R.   From Art to Theatre. Form and Convention in the Renaissance. Chicago, 1944.

509. Lawson, J. H.   Theory and technique of playwriting. New York, 1960.

510. Nicoll, A.   The Development of the Theatre. A Study of Theatrical Art From The Beginnings To The Present Day. London, ³1948.

511. ----------.   The English Stage. A Short History. London, 1928.

512. ----------.   The English Theatre. London, 1936.

513. Nicoll, A.   The Theatre and Dramatic Theory. London, 1962.

514. Nippold, E.   Theater und Drama. Gotha, 1949.

515. Olson, E.   Tragedy and the Theory of Drama. Detroit, 1961.

516. Packard, W.   "Poetry in the Theatre". Trace, 61 (1966), 136-144.

517. Peacock, R.   The Poet in the Theatre. London, 1946.

518. ----------.   The Art of Drama. London, 1957.

519. Perger, A.   Die Wandlung der dramatischen Auffassung. Berlin, 1936.

520. Robinson, J. E.   "The Dramatic Unities in the Renaissance: A Study of the Principles, With Application to the Development of English Drama". DA, 20 (1959), 292.

521. Schneider, H.   Das dramatische Spiel. München, Phil. Diss., 1955.

522. Sewall, R. B.   The Vision of Tragedy. New Haven, 1959.

523. Southern, R.   The Seven Ages of the Theatre. London, 1962.

524. Stuart, D.   The Development of Dramatic Art. New York, ^{2}1961.

525. Styan, J. L.   The Elements of Drama. Cambridge, 1960.

526. ----------.   The Dramatic Experience. London, 1964.

527. ----------.   "The Play as a Complex Event". Genre, 1 (1968), 38-54.

VIII. Dichtungslehre, Literaturtheorie u. -kritik

528. Atkins, J. Wh.   English Literary Criticism: The Medieval Phase. Cambridge, 1943.

529. Baldwin, Ch. S.   Medieval Rhetoric and Poetic (to 1400). Interpreted From Representative Works. New York, 1928.

530. Bodkin, M.   Archetypal Patterns in Poetry. Psychological Studies of Imagination. London, 1963.

531. Chari, V. K.   "Decorum as a Critical Concept in Indian and Western Poetics". JAAC, 25 (1967), 53-63.

532. Clark, D. L.   "Rhetoric and the Literature of the English Middle Ages". QJS, 45 (1959), 19-28.

533. -----------.   Rhetoric and Poetry in the Renaissance. A study of rhetorical terms in English Renaissance literary criticism. Columbia, 1922.

534. Collingwood, R. G.   The Principles of Art. Oxford, 1938.

535. Condon, H. M.   "The Ethical Element in Literary Criticism of the English Renaissance". DA, 14 (1954), 354-355.

536. Empson, W.   Seven Types of Ambiguity. London, ^{3}1963.

537. Eliot, T. S.   The Use of Poetry And The Use of Criticism. Studies in the Relation of Criticism to Poetry in England. London, repr. 1967.

538. -----------.   Poetry and Drama. London, 1951.

539. -----------.   Religious Drama. New York, 1954.

540. -----------.   On Poetry and Poets. London, ^{5}1969.

541. Frye, N.   Anatomy of Criticism. Four essays. Princeton, 1957.

542. --------. (ed.)   "Sound and Poetry".(EIE, 1956). New York, 1957.

543. Gardner, H.   The Business of Criticism. London, repr. 1966.

544. Gilbert, A. H.   Literary Criticism: Plato to Dryden. (An anthology). New York, 1940.

545. Hainaux, R.   "Foreword". WT, 14 (1965), 4-8.

546. House, H.   Aristotle's Poetics. Rev. with a preface by C. Hardie. London, 1967.

547. Howell, W. S.   Logic and Rhetoric in England, 1500-1700. Princeton, N. J., 1956.

548. Jarrett-Kerr, M.   "The Conditions of Tragedy". CLS, 2 (1965), 363-374.

549. Kayser, W.   Das Sprachliche Kunstwerk. Eine Einführung in die Literaturwissenschaft. München, ^{12}1967.

550. Ker, W. P.   Form and Style in Poetry. Lectures and Notes, ed. by R. W. Chambers. London, 1928.

551. Klein, K.   "Rhetorik und Dichtungslehre in der elisabethanischen Zeit". Festschrift zum 75. Geburtstag von Theodor Spira, ed. H. Viebrock und W. Erzgräber. Heidelberg, 1961. 164-183.

552. Knauf, D. M.   "George Puttenham's Theory of Natural and Artificial Discourse". SM, 34 (1967), 35-42.

553. Luick, K.   "Zur Metrik der Mittelenglischen Reimend-Alliterierenden Dichtung". Anglia, 12 (1889), unveränderter Nachdruck, 1963, 437-453.

554. MacKeon, R.   "Rhetoric in the Middle Ages". Speculum, 17 (1942), 1-32.

555. Richards, I. A.   Science and Poetry. London, 1926.

556. Richards, I.   Practical Criticism. London, 1929.
557. ------------.   The Philosophy of Rhetoric. New York, 1936.
558. ------------.   Principles of Literary Criticism. London, reset ed. 1967.
559. Ong, W.   "Tudor Writings on Rhetoric". SRen, 15 (1968), 39-69.
560. Rubel, V. L.   Poetic Diction in the English Renaissance. From Skelton through Spenser. New York, 1941.
561. Salmon, P. B.   "The 'Three Voices' of Poetry in Mediaeval Literary Theory". MAe, 30 (1961), 1-18.
562. Sidney, Sir Ph. "An Apology for Poetry". English Critical Essays (XVI-XVIII Centuries), ed. E. D. Jones. London, repr. 1965.
563. Spindler, R.   Englische Metrik in ihren Grundzügen an hand ausgewählter Textproben dargestellt. München, 1927.
564. Sweeting, E. J. Early Tudor Criticism. Oxford, 1940.
565. Taylor, H. O.   Thought and Expression in the Sixteenth Century. New York, ^{2}1930.
566. Weiss, A.   "The Interpretation of Dramatic Works". JAAC, 23 (1965), 305-321.
567. Wellek, R. u. Warren, A.   Theory of Literature. New York, ^{3}1956.

IX. Verschiedenes

568. Adolph, H.   "On Mediaeval Laughter". Speculum, 22 (1947), 251-253.
569. Allison, T. E.   "On the Body and Soul Legend". MLN, 42 (1927), 102-106.

570. Armstrong, W. A.   "The Enigmatic Stage". English, 13 (1961), 216-220.

571. Auerbach, E.   "Figura". Scenes from the Drama of European Literature. New York, 1959.

572. Ball, L. F.   "Morality Theme in Book II of the Faerie Queene". MLN, 56 (1931), 371-379.

573. Berndt, E.   Dame Nature in der englischen Literatur bis herab zu Shakespeare. Leipzig, 1923.

574. Bhattacharya, N.   "Fate in Drama". JJCL, 1 (1961), 39-45.

575. Bentley, E.   "Aspects of Farce". Encore, 12 (1965), 12-21.

576. Bodkin, M.   The Quest for Salvation in an Ancient and a Modern Play. London, 1941.

577. Bloomfield, M. W.   The Seven Deadly Sins. East Lansing, 1952.

578. Bowers, R. H.   "A Middle-English Diatribe Against Backbiting". MLN, 69 (1954), 160-163.

579. Brady, W. E.   "English Satire in the Sixteenth Century". DA, 19 (1959), 1751-52.

580. Brittain, K. C.   "The Sin of Despair in English Renaissance Literature". DA, 24 (1963), 281.

581. Brooks, N. C.   "Latin Morality Dialogues of the Fifteenth Century". JEGP, 42 (1943), 471-474.

582. Campbell, E. M.   Satire in the Early English Drama. Columbia, Ohio, 1914.

583. Cazamian, L.   The Development of English Humor. Durham, N. C., 1952.

584. Clark, J. M.   "The Dance of Death in Medieval Literature: Some Recent Theories of its Origin". MLR, 45 (1950), 336-345.

585. Clark, J. M.   The Dance of Death in the Middle Ages and the Renaissance. Glasgow, 1950.

586. Collins, J. Ch.   Essays and Studies. London, 1895.

587. Fisher, J. (ed.)   The Medieval Literature of Western Europe. A Review of Research, Mainly 1930-1960. London, 1966.

588. Gimson, A. C.   An Introduction To The Pronunciation of English. London, 1962.

589. Golightly, M. C.   "Proper Names in Plays, by Chance or Design?" BYUS, 5 (1962), 33-44.

590. Hammerle, K.   "Das Fortunamotiv von Chaucer bis Bacon". Anglia, 65 (1941), 98.

591. Hamilton, A. C.   "The Modern Study of Renaissance English Literature: A Critical Survey". MLQ, 26 (1965), 150-183.

592. Hunter, G. K.   John Lyly: The Humanist as Courtier. London, 1962.

593. Kahn, S. J.   "The Problem of Evil in Literature". JAAC, 12 (1953), 98-110.

594. Kaiser, W.   Praisers of Folly. Cambridge, Mass., 1963.

595. Kayser, W.   Das Groteske. Seine Gestaltung in Malerei und Dichtung. Oldenburg, 1957.

596. Kernan, A.   The Cankered Muse: Satire of the English Renaissance. New Haven, 1959.

597. Klein, K. L.   Vorformen des Romans in der englischen erzählenden Prosa des 16. Jahrhunderts. Heidelberg, 1969.

598. Klinefelter, R. A.   "The Four Daughters of God: A New Version". JEGP, 52 (1953), 90-95.

599. Koskenniemi, I.   "On the Use of 'Figurative Negation' in English Renaissance Drama. NeuM, 67 (1966), 385-401.

600. Krapp, G. Ph. — The Rise of English Literary Prose. New York, 1915.

601. Lehmann, P. — Die Parodie im Mittelalter. München, 1922.

602. Lindheim, B. von — "OE. 'Dream' and its Subsequent Development". RES, 25 (1949), 193-209.

603. Lower, Ch. B. — "Character Identification in the Theatre: Some Principles and Some Examples". RenP, (1967), 55-67.

604. Manning, St. — Wisdom and Number. Toward a critical appraisal of the Middle English religious lyric. Lincoln, Nebr., 1962.

605. Marshall, M. H. — "Boethius' Definition of Persona and Mediaeval Understanding of the Roman Theater". Speculum, 25 (1950), 471-482.

606. Meyerhoff, H. — Time in Literature. Los Angeles, reiss. 1960.

607. Morgan, M. M. — A Drama of Political Man. A Study in the Plays of Harley Granville Barker. London, 1961.

608. Patch, H. R. — The Goddess Fortuna in Mediaeval Literature. Cambridge, Mass., 1927.

609. Peter, J. — Complaint and Satire in Early English Literature. Oxford, 1956.

610. Poulet, G. — Studies in Human Time. Trans. E. Coleman. Baltimore, 1956.

611. Read, H. — "Originality". SR, 61 (1953), 533-556.

612. Schadewaldt, W. — Monolog und Selbstgespräch. Untersuchungen zur Formgeschichte der griechischen Tragödie. Berlin, 1926.

613. Scragg, L. L.   "Love Feigned and Unfeigned: A Note on the Use of Allegory on the Tudor Stage". ELN, 3 (1966), 248-252.

614. Sedgewick, G. G.   Of Irony, Especially in Drama. Toronto, ²1948.

615. Sergeant, H.   "Poetry and the Sense of Tradition". AP, 36 (1965), 78-82.

616. Snyder, S.   "The Left Hand of God: Despair in Medieval and Renaissance Tradition". SRen, 12 (1965), 18-59.

617. Stammler, W.   Frau Welt: Eine mittelalterliche Allegorie. Freiburger Universitätsreden, NF 23. Freiburg, Schweiz, 1959.

618. -----------.   Die Totentänze des Mittelalters. München, 1922.

619. Stoll, E. E.   "Slander in Drama". SQ, 4 (1953), 433-450.

620. Swain, B.   Fools and Folly during the Middle Ages and the Renaissance. New York, 1932.

621. Sypher, W.   Four Stages of Renaissance Style. London, 1955.

622. Tatlock, J. S. P. "Mediaeval Laughter". Speculum, 21 (1946), 289-294.

623. Thiel, H.   Das Frau-Welt-Motiv in der deutschen Literatur des Mittelalters. Saarbrücken, 1956. Phil. Diss.

624. Thompson, A. R.   The Dry Mock: A Study of Irony in Drama. Univ. of California Press, 1948.

625. Thomson, J. A. K. Irony: An Historical Introduction. London, 1926.

626. Travers, H. E.   The Four Daughters of God. Philadelphia, 1907.

627. Tucker, S. I. "Laughter in Old English Literature". *Neo,* 43 (1959), 222-226.

628. Weisinger, H. *Tragedy and the Paradox of the Fortunate Fall.* London, 1953.

629. Welsford, E. *The Fool: His Social and Literary History.* London, 1935.

630. Wenzel, S. *The Sin of Sloth.* Univ. of North Carolina Press, 1960.

631. White, B. "Mediaeval Mirth". *Anglia,* 78 (1960), 284-301.

632. Wilson, R. M. *The Lost Literature of Medieval England.* London, 1952.

633. Worringer, W. R. *Abstraktion und Einfühlung.* Ein Beitrag zur Stilpsychologie. München, 1948.

634. Zucker, W. M. "The Image of the Clown". *JAAC,* 12 (1954), 310-317.

ABKÜRZUNGSVERZEICHNIS

ABR	American Benedictine Review
AJ	Alliance Journal
AM	Atlantic Monthly
AnM	Annuale Mediaevale
Archiv	Archiv für das Studium der Neueren Sprachen und Literaturen
ArlQ	Arlington Quarterly
AP	Aryan Path
BNPL	Bulletin of the New York Public Library
BSEP	Bonner Studien zur Englischen Philologie
BUT	Bulletin of the University of Texas
BYUS	Brigham Young University Studies
CD	Comparative Drama
CE	College English
CHEL	Cambridge History of English Literature
CL	Comparative Literature
CLS	Comparative Literature Studies
CR	Contemporary Review
CritQ	Critical Quarterly
CUSECL	Columbia University Studies in English and Comparative Literature
DA	Dissertation Abstracts
DramS	Drama Survey
DSARDS	Dante Studies with the Annual Report of the Dante Society
EDH	Essays by Divers Hands
EEDS	Early English Drama Society
EETS	Early English Text Society
ELH	A Journal of English Literary History
ELN	English Language Notes
EIE	English Institute Essays
ESn	Englische Studien
ES	English Studies
ESRS	Emporia State Research Studies
ETJ	Educational Theatre Journal

Gießener-Beiträge	Gießener Beiträge zur Erforschung der Sprache und Kultur Englands
HAB	Humanities Association Bulletin (Canada)
HLQ	Huntington Library Quarterly
HSCL	Harvard Studies in Comparative Literature
HSE	Harvard Studies in English
HT	History and Theory
ISLL	Illinois Studies in Language and Literature
JAAC	Journal of Aesthetics and Art Criticism
JÄAK	Jahrbuch für Ästhetik und Allgemeine Kunstwissenschaft
JEGP	Journal of English and Germanic Philology
JGE	Journal of General Education
JHI	Journal of the History of Ideas
JJCL	Jadapur Journal of Comparative Literature
JWCI	Journal of the Warburg and Courtauld Institute
KN	Kwartalnik Neofilologiczny (Warsaw)
LM	London Magazine
MAe	Medium Aevum
MedS	Mediaeval Studies
MissQ	Mississippi Quarterly
MLN	Modern Language Notes
MLQ	Modern Language Qarterly
MLR	Modern Language Review
MP	Modern Philology
MSE	Mass. Studies in English
Neo	Neophilologus
NeuM	Neuphilologische Mitteilungen
N&Q	Notes and Queries
OHEL	Oxford History of English Literature
PMLA	Publications of the Modern Language Association
PQ	Philological Quarterly
PRMA	Proceedings of the Royal Musical Association
Probleme	Probleme der englischen Sprache und Kultur
QJS	Quarterly Journal of Speech
RenD	Renaissance Drama
RenP	Renaissance Papers
RenQ	Renaissance Quarterly

RES	Review of English Studies
REL	Review of English Literature
RN	Renaissance News
RORD	Research Opportunities in Renaissance Drama
RN	Research News
RS	Research Studies
RSSCW	Research Studies of the State College of Washington
SAB	Shakespeare Association Bulletin
SEL	Studies in English Literature
SELit	Studies in English Literature (Tokyo)
Sitzungs-berichte	Sitzungsberichte der Bayerischen Akademie der Wissenschaften
ShJb (West,Ost)	Jahrbuch der Deutschen Shakespearegesellschaft
ShS	Shakespeare Survey
SM	Speech Monographs
SMDEUW	Studies by Members of the Department of English, University of Wisconsin
SN	Studia Neophilologica
SP	Studies in Philology
SQ	Shakespeare Quarterly
SR	Sewanee Review
SRen	Studies in the Renaissance
SSL	Studies in Scottish Literature
TA	Theatre Annual
TDR	Tulane Drama Review
TN	Theatre Notebook
TR	Theatre Research
Transactions	Transactions of the Connecticut Academy of Arts and Sciences
TS	Theatre Survey
TSE	Tulane Studies in English
TSL	Tennessee Studies in Literature
TSLL	Texas Studies in Literature and Language
TYJ	Turun Yliopiston julkaisnja
UMCMP	University of Michigan Contributions in Modern Philology
UTQ	University of Toronto Quarterly

WT	World Theatre
WUS	Washington University Studies, Humanistic Series.
YSE	Yale Studies in English
ZAA	Zeitschrift für Anglistik und Amerikanistik

In der Reihe

DEUTSCHE HOCHSCHULSCHRIFTEN®
(DHS)

werden wissenschaftliche Arbeiten
(Dissertationen, Habilitationsschriften, Diplom-, Magister-,
Staatsexamensarbeiten, Bibliographien, Forschungsberichte, Monographien)

OHNE AUTORENVORSCHUSS
als zitierfähige Mikroedition®

oder mit einem Autorenzuschuß als hochwertige Paperback-Buchausgabe

VERÖFFENTLICHT

Deutsche Hochschulschriften

- mit International Standard Book Number (ISBN)
- Lieferbarkeit mindestens 5 Jahre
- Vertrieb über den internationalen Buchhandel
- im CIP-Neuerscheinungsdienst
- im „Verzeichnis lieferbarer Bücher (VlB)"
- im DHS-Gesamtverzeichnis
- mit Abgabevorteilen im Promotionsverfahren

Der Verlag informiert über die Publikationsmöglichkeiten
innerhalb der Reihe „Deutsche Hochschulschriften (DHS)"

HÄNSEL-HOHENHAUSEN
VERLAG DER DEUTSCHEN HOCHSCHULSCHRIFTEN (DHS)
Egelsbach · Frankfurt · Washington
Postfach 12 12 · Boschring 8 · D-63324 Egelsbach · Tel. 0 61 03-44 9 40 · Fax 0 61 03-44 9 77